新版 これからの雑木の庭

庭空間を改善して快適に

はじめに

東日本大震災から早くも10年が経過し、本著改訂版が出版されることになりました。もともと私が「これからの雑木の庭」を書いたのは、震災の経験がきっかけでした。土地本来の健康な木々とともにある暮らしがどれほどかけがえないものか、木々や虫たち小鳥たちとともにある安らぎを取り戻す、きっかけにしていただければと、そんな願いを込めて、書かせていただきました。

そして私は初版出版後、庭だけでなく、山や川といった自然環境全般の再生活動へと舵を切っていきました。

今、この改訂版の前書きを、東日本大震災震災被災地にて記しております。震災は多くの人の人生を変え、そしてその後の「復興」を通して、被災地の姿も環境も大きく変わりました。山も海も川も、もはや、これまで連綿と続いてきた営みもまた、大きく塗り替えられていきます。

その光景は、未来のために私たちは何を伝え守るべきか、改めて問い直しているようです。10年一区切りと言いますが、震災後の10年間を振りかえり、これから迎える新たな10年が、心豊かで未来への希望が持てる明るい社会になることを願います。

そのためにも、日常的に自然を感じてそこに発見と感動の喜びを得る、そんな日常空間がどれほど大切なものか、改めて感じております。

環境の問題はますます深刻さを増しております。この危機を乗り越えることは容易ではないでしょう。

新型コロナウイルスもまた、自然と断絶した暮らしの環境を作り続けてしまった文明社会への警鐘なのかもしれません。

しかしそんな中、庭や緑の環境に対する意識の高まっていることもまた、多くの方が、身近な自然との絆を取り戻し、心豊かな暮らしへの回帰を求めておられることでしょう。

心の豊かさを育む、豊かな自然環境、豊かな暮らしの環境がますます望まれる中、この本がその指針の一つになれば、そんな思いで、震災後10年の区切りに改訂版を発刊することとなりました。

10年後、緑豊かで明るい未来となることを願っております。

２０２１年3月13日　宮城県石巻市にて　高田宏臣

雑木の落葉高木は背丈より高い位置で枝葉を茂らせるので、上空を枝葉の空間、その下を生活空間に住み分けられる。雑木の庭は、狭い場所でも緑豊かな庭づくりができる。（山本さんの庭）

庭空間を改善して快適に

これからの雑木の庭

contents

雑木の庭 木の力が宿る 安らぎの庭

木々の緑に囲まれた緑陰でのくつろぎ時。そよ風と共にやさしい時間がすぎていく。(内山さんの庭)

夕暮れ時、庭は一日を祝福するかのような西日を浴びて、静寂のうちに輝く。（冨沢さんの庭）

雑木の庭では時間がゆっくりと流れます

窓辺から差し込む木漏れ日は、
刻一刻と表情を変えて目を楽しませ、
そよ吹く風と葉音は、
心地よい安らぎを与えてくれます。
雑木の庭は、
ゆったりとした時の流れで
私たちを包み込み、
心豊かなひとときを
約束してくれます。

緑豊かな里山の風情を
暮らしの中に

郷愁をかきたててやまない里山の風景。
それは身近な自然と共にある豊かな暮らしへの憧憬です。
雑木の庭は、里山の豊かな自然環境を
住まいに再現し、農のある暮らしをも潤してくれます。

上／デッキわきにつくった小さな雑木の島のおかげで、窓は心を潤すピクチャーウインドーに。（白須さんの庭）下／地元の自然植生を再現して樹木の階層を構成した、緑豊かなアプローチ。（高山さんの庭）

日当たりのよいところにつくった畑。雑木の庭は農の空間をもやさしく包み、健やかな暮らしを守る。（白須さんの庭）

公園のメタセコイアを借景にした雑木の庭。冬は日だまりとなって暖め、夏は緑陰となって暑さを鎮めてくれる。（亀田さんの庭）

風が吹き抜け 木漏れ日が降り注ぐ 心地よい庭

やさしく吹き抜ける風。
ちらちらと揺れる木漏れ日。
鳥の声。虫の音。
雑木の庭では、自然の「いのち」に呼応して
人の「いのち」も輝きます。
緑陰にイスを持ち出せば、
そこは都会の中の別天地。
本を読み、そして、まどろんだり……。

窓際に植えた木が、森の中のような窓辺に。（cafeどんぐりの木）

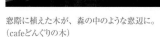

さまざまな「いのち」を育む雑木の庭は、私たちの心と体を健やかにし、自然と共にある喜びを教えてくれる。(白須さんの庭)

四季折々に
庭は穏やかに変化して……

命が輝く芽吹き時。萌黄色《もえぎ》の若葉。
すがすがしい青葉。燃えるような紅葉。
そして、天に枝張る冬木立。
四季折々に表情を変える雑木の庭は、私たちに月日の流れと
「いのち」あるものの移り変わりを教えてくれます。

落葉樹の萌黄色。常緑樹の深緑。春の雑木の庭は美しい。（松下さんの庭）

冬枯れる一瞬前。木々は赤や黄に染まって輝きを増し、美しい「いのち」のあり方を私たちに伝えてくれる。（星島さんの庭）

雑木の庭空間で快適に暮らす

make a good living
COMFORTABLE Garden

木々の緑は疲れを癒やし、
穏やかな心にしてくれます。
心地よい木漏れ日。
涼やかな緑陰。
吹き抜ける風。
雑木の庭空間は、
住環境を改善し、
暮らしを快適にします。

道路から玄関まで、細長い空間に秩父の豊かな自然を再現した雑木の庭。竣工後2年目の春を迎えて、木々は緑豊かに茂り、快適な暮らしを支えている。（白須さんの庭）

自然風の雑木林がある農の庭

長いアプローチを門、車庫、菜園つき前庭と使い分け雑木の島をつなげて奥深い庭に

埼玉県　白須さんの庭

上／道路からの眺め。コンクリートブロックの目地を広めにあけ、できるだけ自然な芝生の状態になるように、3種類のノシバのタネをまいた。門柱は、木立に調和するように、板張りの門柱に。シンプルな門灯、郵便受け、ベンチなどを設けている。右／前庭の日なたにつくった菜園。玄関に至るアプローチとの間には中低木を植えて、庭が重たくならないように配慮。畑につくられた4本の畝では、イチゴ、トマト、カブ、ニンニク、インゲン、ニンジンなどが育っていた。

間口7m、奥行き50mの変形敷地を最大限に生かす

緑豊かな飯能市に住む白須さんは、4年前に住宅地を入手しました。間口7m、奥行き50m。最大幅15mという変形敷地です。

「道路に接する間口が狭く、奥行きが長い。一見使いづらそうな土地でしたが、それがかえっておもしろい家づくりができそうで……」と白須さん。

購入後1年かけて家の設計に取り組んで決めたのが、「森の中の家」というコンセプトでした。住宅を一番奥に配置し、道路から玄関まで長さ36mの空間を森のようなアプローチにし、日なたに菜園をつくりたいという、大まかな計画を立てました。

その思いは住宅設計にも反映されて畑作業の一休みに、また、バーベキューを楽しむ場所として、土足で出入りできる土間が玄関わきに設けられています。ガラス戸をあけると庭とひと続きになる開放的な空間は、家族のお気に入りの場所になっていました。

苗の手入れにいそしむ奥さま。後方は草屋根の作業小屋。水道を引いて流しをつくり、農作業に必要な道具を収納できる。屋根は排水がよくなるように美しい曲面に。作業小屋も庭の添景になっていた。

DATA
敷地面積：530㎡
庭の面積：400㎡
竣工：2010年7月
設計・施工：高田造園設計事務所（高田宏臣）

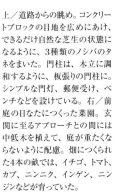

玄関前のアプローチ。玄関が雑木越しに見えるように、正面にも高木のコナラやジューンベリーを植え、中低木のトサミズキ、ツリバナ、ロウバイ、クチナシ、アセビなどで島をつくった。周りにギボウシ、シランなどの下草をあしらったので、地面からの立ち上がりが自然になった。

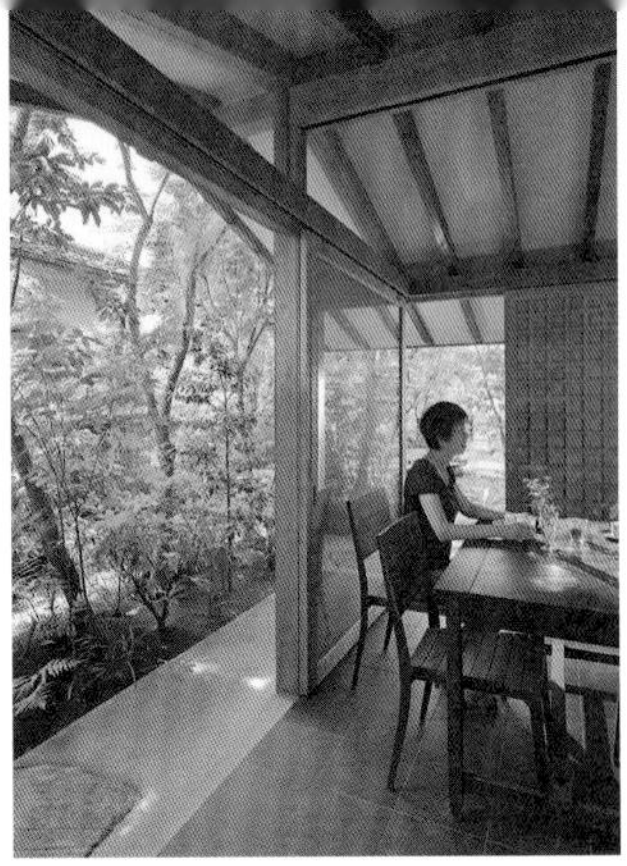

土間から庭の眺め。タイルを敷き詰めた土間は、農作業の合間の休憩室になるだけでなく、子供たちがおやつを食べ、お絵かきする場所としても重宝している。

上／土間わきにつくった庭。雨落ちの場所に大きな水がめを配し、周りに自然石をあしらってフォーカルポイントに。眺めながら歩を進めると、奥にあるリビング前の庭に至る。右／ベンチを配した開けた空間。ここに日が差し込むと、土間わきやリビング前につくった木陰の庭との間に温度差が生じ、風が起こって室内を涼しくしてくれる。

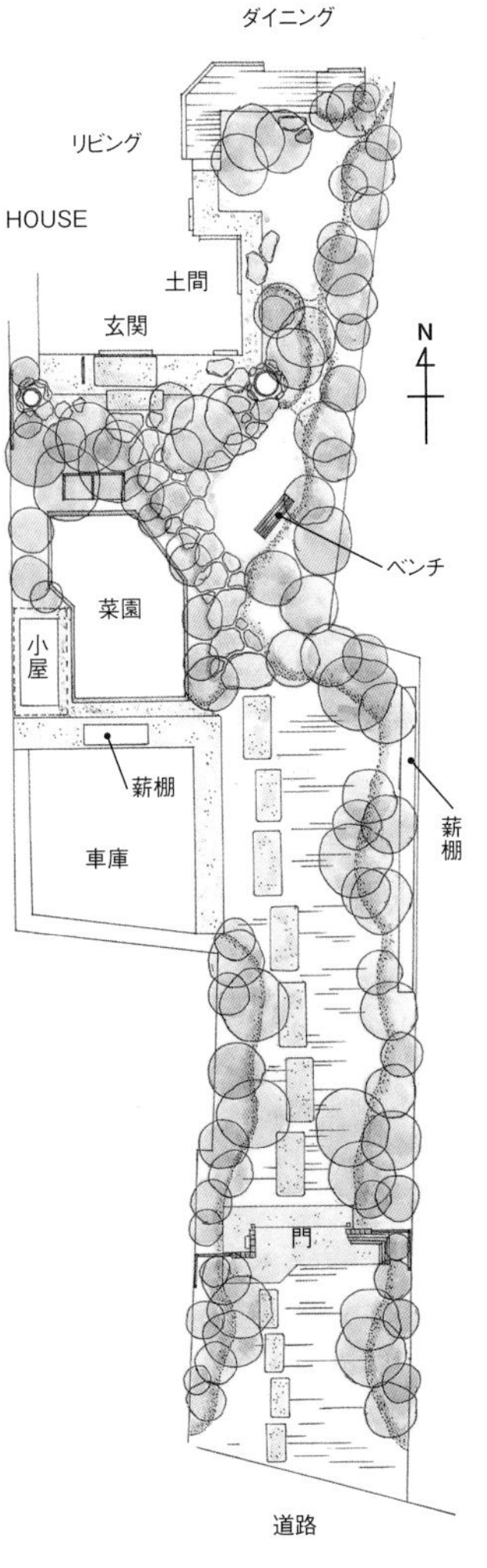

主な植栽

落葉高木：コナラ、モミジ、ヤマボウシ、アオダモ、ジューンベリーなど
常緑高木：アラカシ、キンモクセイ、サザンカ、モチノキなど
中木：ナツハゼ（落葉）、マルバノキ（落葉）、ツリバナ（落葉）、ソヨゴ（常緑）

長いアプローチを機能的に使い分けた雑木の庭を工夫

家ができると気になったのが、家の前に広がる何もない地面でした。荒れ地にぽつんと立つ丸見えの家では、不安がつきまといます。

「細長いところなので、どのような庭にしようか困っているときに見たのが、高田さんの庭でした。灯籠とかつくばいなどの造作物を使わない、樹木中心の自然な庭が気に入って」と白須さん。「森の中に家があるような庭にして、菜園も取り入れてほしい」と希望を伝えて、高田造園設計事務所の高田宏臣さんに庭づくりを依頼しました。

高田さんが一番気にかけたのが、細長いスペースをいかに便利に使い分け、全体を森としてどのように構成するかでした。

そこで、余裕をもたせて道路から6m奥まったところに門をつくり、建築家と相談しながら門から20m入ったところを車庫の位置と決めました。そこまでは林の中を車が通れるアプローチガーデンです。そして、車庫から玄関までの奥行き10mの空間は、歩いて楽しめる、菜園のある前庭として使い分けています。

アプローチ　アプローチの床は、車が楽に通れるように道幅を広く確保しました。一部にコンクリート洗い出しの歩道をつくり、その両側にコンクリートブロックを規則正しく埋めて、広い目地にノシバを植えています。

前庭　玄関に至るアプローチは、片流れの大きな屋根に調和するように、迫力ある木曽石を敷きました。大きなもので1・5m×1m、厚さ40cmの敷石など、大小バランスよく組み合わされた幅約1・5mの、緩やかに蛇行する道は、見た目にもどっしりした構えで、わきで咲く草花を見ながら安心して歩ける道になっています。

日当たりのよい南側には菜園をつくりました。枕木で縁取って幅3・4m、奥行き4・8mの畑をつくり、わきには草屋根の作業小屋、庭の落ち葉や野菜くずを集めて腐葉土をつくる木枠のコンポストを設けました。

植栽　敷地の周りに常緑樹の中低木を密に植えて背景をつくり、その内側に雑木の島をつくり、島がつながって森になるように工夫しています。

左／ストーブを部屋の真ん中に取り入れたリビングダイニング。窓際に植えたモミジとコナラの幹が近景となり、奥深い庭を見せていた。下／和室の掃き出し窓。庭が完成して美しいピクチャーウインドーになった。

右／車庫からの眺め。隣家との境に薪棚をつくり、薪をストック。雑木とよく調和して、美しい庭の一部を構成している。左／薪の材料は、近くの造園屋さんに軽トラックで行って、処分したい木をもらう。ひと冬で軽トラック10台分の薪を消費するとあって、薪割りはご主人の欠かせない仕事。

家際には幹の太い木を中心にした雑木の島を配し、部屋から見るとそれが近景となって遠近感が強調されて、インパクトのある景色づくりがされています。

さらに、車が通る車庫までのアプローチの両わきには、交通の邪魔にならないように高木を中心にした島を交互に配置。高さ3mくらいのところから枝葉を茂らせて、上空高いところで枝葉が茂るようにしました。

アプローチが開かれた緑の空間だとすれば、前庭は木の緑が多層に重なる緑豊かな空間です。高木、中木、低木などの枝葉が階層をなし、玄関までの石畳の道は、美しい緑のグラデーションが楽しめます。

雑木の庭に暮らして

雑木の庭は自然がいっぱいの庭。子供たちが虫となじんで、死んだ虫を見つけてはお墓をつくってあげる。トカゲのしっぽをつかんで、友達に見せるなど、自然児になっているのがいい。

子供がもう少し大きくなったら、土間わきの庭にテントを張って、家でキャンプして遊びたいですね。1階だけですが、夏にエアコンなしで涼しく暮らせるのも、雑木の庭のおかげ。うれしいですね。

雑木の庭空間で快適に暮らす
make a good living
COMFORTABLE Garden
case 02

既存のデッキを生かした雑木の庭

庭に突き出た三角形のリビングダイニングとデッキを雑木の力で、夏涼しく冬暖かに

滋賀県　亀田さんの庭

紅葉の季節を迎えた雑木の庭。クヌギ、コナラなど、時を経て太く美しくなった幹肌が庭に風格を添える。小さな砕石を敷き詰めた園路が繊細で、ツワブキ、シャガ、フユイチゴなどの下草と共によい雰囲気を醸し出していた。

DATA
敷地面積：260㎡
庭の面積：100㎡
竣工：2000年3月
設計・施工：庭　遊庵（田島友実）

デッキは木陰と揺れる木漏れ日で、心地よい場所になった。

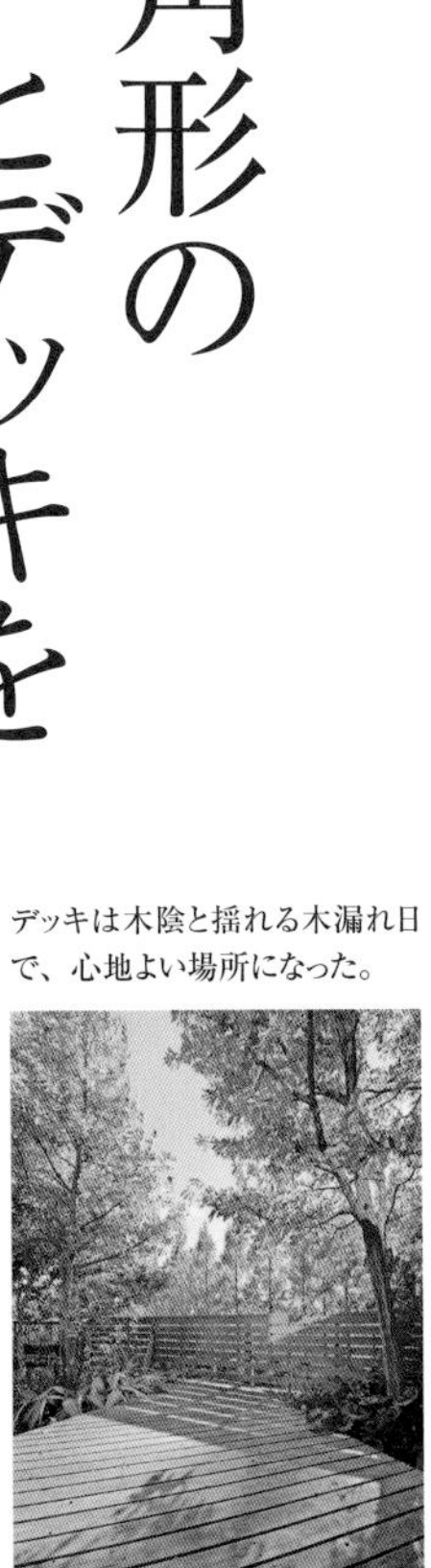

上／部屋の窓から板塀まで続く三角形のデッキ。デッキを挟むように植えた雑木の島が、公園に植えられたメタセコイアとつながり、庭が広々と見えた。晩秋の日だまりの中、飼い犬も気持ちよさそう。下／庭に突き出したリビングダイニング。左の窓越しに、夏に琵琶湖畔で開催される花火が見える。

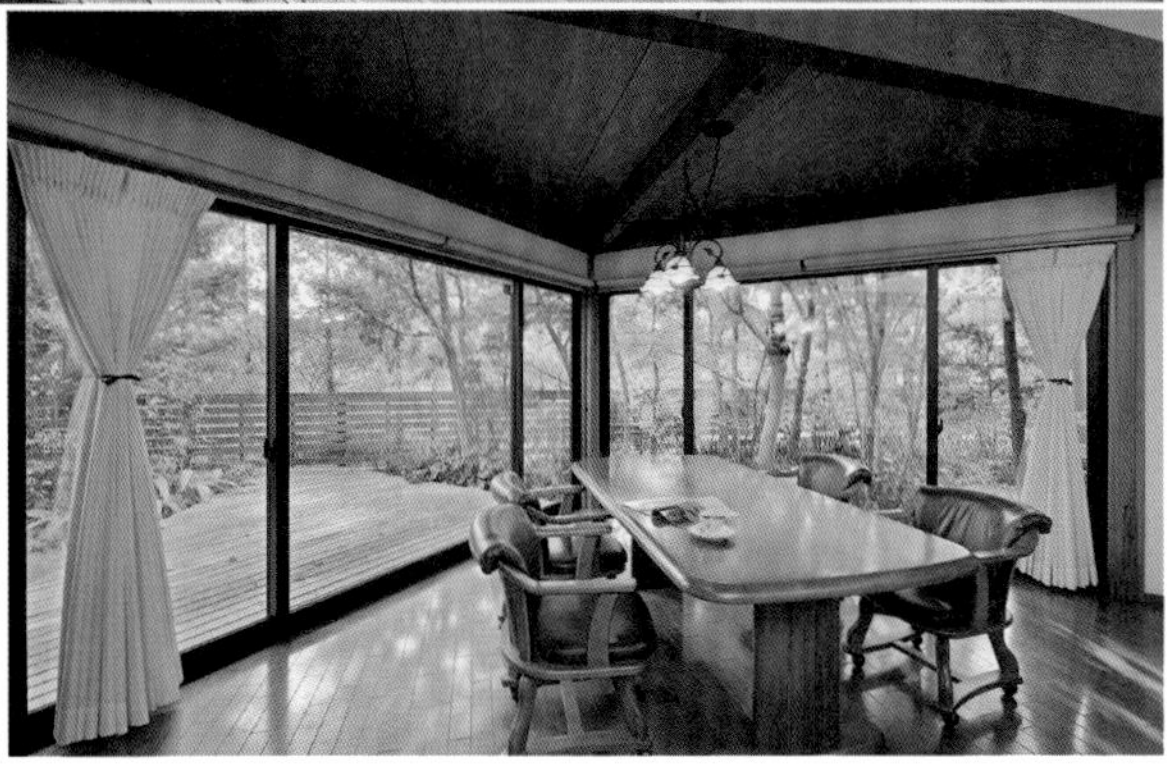

主な植栽

落葉高木：コナラ、ヤマモミジ、カスミザクラ、ケヤキ、クヌギ、ウリハダカエデ、カマツカ
常緑高木：アラカシ
中低木：クロモジ（落葉）

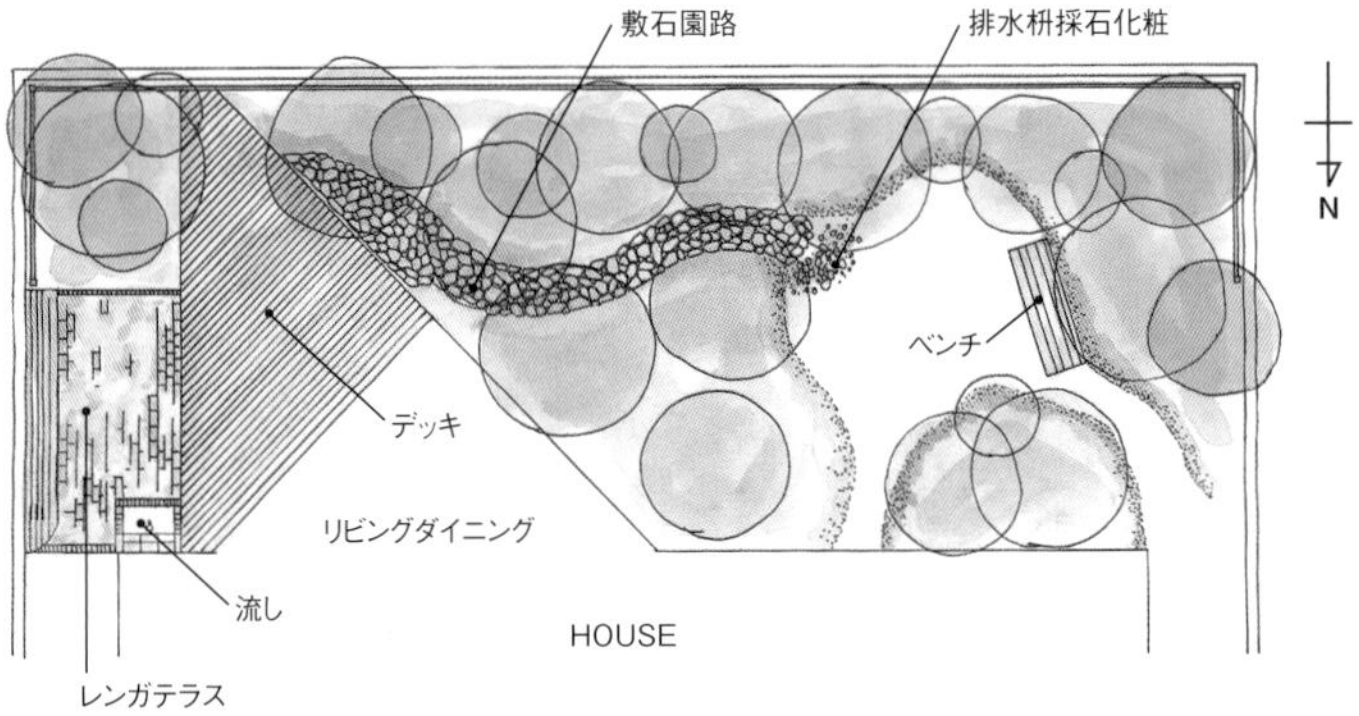

三角形のモダンな部屋とデッキを設けて

亀田さんは、13年前に裏手に広がる緑豊かな公園が気に入って、この地に家を建てました。裏庭に一辺4・5mの大きな三角形のリビングダイニングが突き出すモダンなデザインを取り入れ、左の窓際に部屋から直接出入りできる三角形の大型デッキを設けて、大勢の学生が集まれるようにしています。

そして、庭づくりを、雑木の庭で知られている京都の造園会社、庭遊庵の田島友実さんに依頼しました。

雑木のもつ環境改善効果で夏涼しく冬暖かな住まいに

リビングの右側に広がる庭には、ケヤキの木が1本あるだけで、路上から家が丸見え。夏には日が差し込んでいかにも暑そうでした。

田島さんは、家の裏にある公園のメタセコイアの並木を庭の景色に引き込んで、雑木林の中に家があるような庭づくりを目指しました。そればかりではありません。同時に夏は雑木の力で、夏涼しく冬暖かな庭づくりを工夫しています。

そのために取り入れたのが、樹高5m前後のコナラ7本と同じ樹高のヤマモミジ、カスミザクラなどの落葉高木です。これらの樹木を塀際と家際に植えて、デッキを緑陰に、家の外壁や窓辺が木陰になるようにして、真夏の日差しや輻射熱から住まいを守りました。

庭の中央には日が当たる土広場を設けました。真ん中に化粧石を積んだ排水枡《ます》をつくってアクセントにし、緑陰にベンチを配して休息できるようにしています。

明るい土広場と周りの緑陰。庭につくった明暗は趣を醸すだけではありません。庭の中に温度差を生じさせ、風を起こして涼しくしてくれるのです。

冬は、葉を落とした落葉樹の梢から暖かな日が差し込んで、デッキと部屋は日だまりとなり、何とも気持ちよい特等席に変わります。

たくさんの樹木が植えられた庭ですが、けっして鬱蒼とした暗がりではありません。枝葉が幹の高さ3mくらいから出て上空に茂るので、下の空間はすっきりとして快適です。

雑木の庭に暮らして

雑木のおかげで、夏は木陰で涼しく、冬は日だまりで暖かく快適になりました。雑木は四季の変化が繊細で、見飽きません。多いときには30人くらいの学生が集まってバーベキューをしますが、テラスやベンチ、雑木林の下に集って、みんな楽しくやっているようです。

施工後10年以上経過した庭は、樹高10mくらいに伸び、夏はリビングダイニングを心地よい緑陰で覆ってくれる。

土広場と周囲の植栽。毎年1回、定期的に剪定しているので、太りやすい雑木も、目の高さで幹まわり25～30cmに維持され、やさしい庭の風情を保っていた。

新しい住宅街につくった緑のオアシス

高木のコナラやクヌギを植栽して緑豊かな庭を演出。緑下のベンチテラスは憩いの場です

東京都　内山さんの庭

上／周囲に迫る隣家群が気にならないように、テラスの上部を木々の枝葉で覆い、周囲の殺風景な視界を遮断。木立の下にベンチをつくりつけ、夜間でも楽しめるように船舶用のライトを取りつけた。右／ダイニング前のデッキからの眺め。デッキとテラス、菜園スペースと三分割した庭が、木立によってそれぞれ見え隠れするようにつなげたので、奥深く見える。

駅前再開発で新しい住宅街に

内山さんが暮らしている東京の下町は、つい最近、駅前再開発が完了したばかり。区画整理された新しい街は2階建て家屋や低層マンションが密集する、緑が少ない住宅街でした。角地に立つ内山さんの3階建ての建物は、道路からよく見えるだけでなく、南に面したリビングダイニングと和室に、夏には強烈な陽光が差し込みます。

近所にあるおしゃれな喫茶店の庭が以前から気になっていた内山さんは、その庭を育成管理している高田造園設計事務所を紹介してもらい、「あのカフェのように、木々が自然でやわらかで、緑に包まれているような、涼しげな庭をつくってほしい。できれば、本を読んだりお茶したりできる空間と、年寄りが楽しめる小さな菜園がほしい」と要望して、庭づくりを依頼しました。

リビング前に設けた石敷きのテラス。大小の丹波石など自然石を敷き詰めたので、周囲の樹木とよく調和して落ち着いた庭になった。

DATA

敷地面積：360㎡
庭の面積：110㎡
竣工：2010年
設計・施工：高田造園設計事務所（高田宏臣）

右／デッキを挟むように植栽したので、デッキは木漏れ日と木陰が宿る憩いの場になった。左／2階の窓からの見下ろし。広いテラスを維持するために、植栽スペースはなるべく凝縮して面積を取りすぎないように配慮している。下／コナラやクヌギ、モミジなどの高木と中低木を組み合わせた雑木の島をつなげるように配植。竣工後も毎年継続的に土壌改良資材のすき込みを続けているので、健康で生き生きとした庭の姿となった。

樹高7mのコナラやクヌギを植えて森の中の家を実現

再開発で造成された土地の土質は劣悪でした。

高田さんは、悪土を深さ50㎝くらい撤去し、その下の土壌にも腐葉土などを大量にすき込み、その上に良質の黒土を客土することから庭づくりを始めました。

そして、大きな家屋が豊かな緑の中に落ち着いて見えるように、最初から7m程度のコナラやクヌギを主木に、樹高6m以上の落葉高木を十数本植栽。2階の窓から見ても、周囲の密集住宅地の雰囲気が気にならないように、雑木の枝葉を窓際に配置しました。

将来的には3階の窓の前まで家際に植えた雑木の枝葉を伸ばし、都会の密集住宅地にいながら、日々豊かな木々を身近に感じられる庭を目指しています。

庭の主景は、ベンチテラスです。リビング前にベンチのある石張りテラスを、ダイニング前にウッドデッキを設け、和室側奥にはミニ菜園と落ち葉ストックをつくりました。3区画それぞれに違った味わいが楽しめます。

限られた庭を3分割しながらも広い空間を確保するために、植栽スペースをなるべく凝縮して面積を取りすぎないように配慮しました。おかげで、庭は狭さを感じさせない緑豊かなテラス空間に。外から見ると小さな森の中に家があるようでいて、中に入ると木々の下は広々とした心地よい空間になっています。

雑木の庭に暮らして

一日の仕事を終えて家でくつろぐとき、テラスのベンチに腰掛けて、葉越しに月や星を眺めながらビールを飲む。こんなとき、とても幸せな気分で一日を終えることができます。庭のおかげですね。ときどき、庭でバーベキューも。室内と違って気兼ねなくできるので、家族みんなで楽しんでいます。

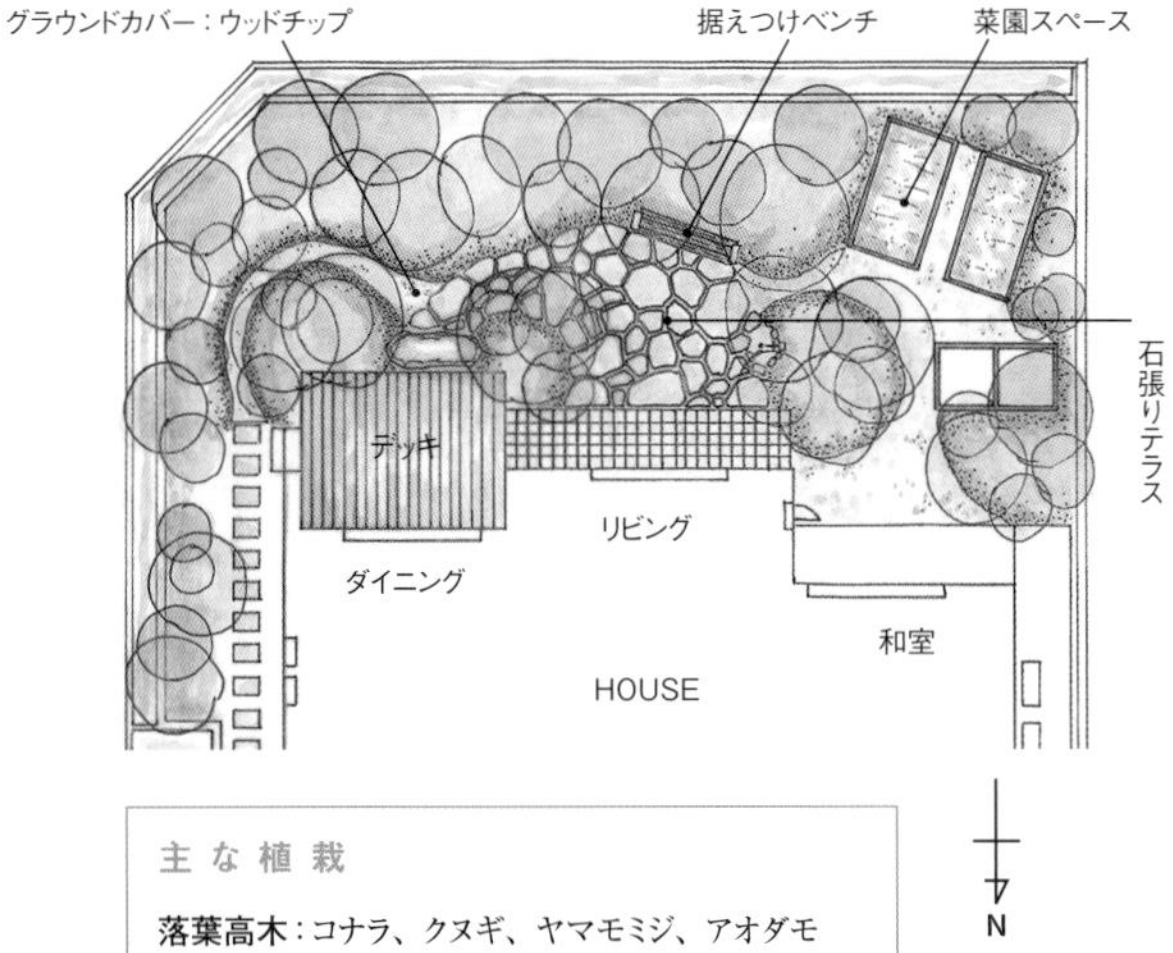

主な植栽

落葉高木：コナラ、クヌギ、ヤマモミジ、アオダモ
常緑高木：アラカシ、ヤブツバキ、サザンカ
中木：ソヨゴ（常緑）、ナツハゼ（落葉）

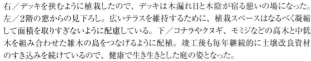

上空を覆う枝葉で隣家を隠し、上部の高窓にも枝葉の緑が映り込むようにしたので、ダイニングは心地よい雰囲気を醸している。

テラスと芝生がつくる明るい雑木の庭

住宅と庭をコーディネートして樹木とオブジェが映える憩いの庭に

熊本県　高山さんの庭

右／建物と庭が出合う象徴的な廊下。高山さんは、いたずらを見つけられた子供のような笑顔で「ガラスが入っているとわからずに、庭に出ようとしてぶつかる人がいるので、イスを置いたんです」。左／住まいは内外とも墨色に塗られているので、木々の緑のグラデーションが美しく映える。のびのびと育ったカツラの健やかな樹形がすばらしい。

右／デッキ前に植栽したイロハモミジ。一時期、樹勢が弱り心配したが、高山さんの厚い手当てでよみがえり、今では枝葉を勢いよく広げて庭を彩り、デッキを心地よい木陰にしてくれる。秋には見事に紅葉して喜ばせてくれた。下／テラスに施した2本の白い線が、廊下の床につながって、見る人を驚かせる。シンプルなフォルムが美しいオブジェ。高さ1.5m。

壁面を墨色で統一した部屋は庭を楽しむ特等席

息子さんたちに仕事を任せた高山さんは、阿蘇の別荘地に家を建て、庭をつくって、自然に恵まれた土地で暮らし始めました。

「交通は少々不便でも、気に入ったおもしろい空間をつくって、そこで暮らす。長い間の憧れでした」

高山さんは趣味の絵画の腕前を生かして、新しい暮らしの舞台となる家と庭をスケッチ。それをベースに設計してもらい、2、3回練り直して、理想的な住まいを手に入れました。

「父が書道が趣味だったので、私もいつしか和を尊ぶようになりました。和は陰影礼賛の世界。光によって多様な階調に変わる暗闇の空間が窓を介して、光に満ちた庭に出合う。そんな思いでデザインしてみました」

高山さんは家の壁面、天井、床にいたるすべてを墨色に統一。光の効果を楽しむためにリビング、ダイニング、寝室を庭に面してつくっています。

特筆すべきは、高山さんが思いっきり遊んだという廊下です。玄関とリビングの間に横たわる廊下は、闇が支配するトンネル。床の両わきを仕切る白石の帯だけが、視線を庭へと導きます。すると闇の廊下は大きな窓を突き抜けて外へ飛び出し、光の庭と出合うのです。

緑色の輝きを放つカツラの大木と落ち着いたフォルムと色彩をもつオブジェが、驚いた視線をやさしく受け止めるアイキャッチャーになっていました。

リビングに通されると、ここも黒の階調が支配する空間です。この暗い部屋からテラスを挟んで庭を見ると、太い幹をもつモミジも、広い芝生も、みな命に輝いて、見ているとうれしくなってくるのです。

右／リビングからの眺め。モノトーンでシンプルなインテリアから見る庭は、木々の命がみなぎりみずみずしい。手前のイロハモミジの力強い幹が近景となって、庭は一層広々と見えた。左／夜の廊下と庭。照明に照らし出されて、幻想的な眺めに。

DATA

敷地面積：1250㎡
庭の面積：950㎡（前庭含む）
竣工：2007年3月
設計・施工：グリーンライフ・コガ（古閑勝憲）

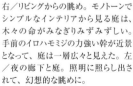

モノトーンのガーデンファニチャーを介して見た庭。手前のイロハモミジ、中景にあるカツラとケヤキの太い幹。遠景の楚々とした雑木群、奥に配した2脚の白いイスが遠近感を強調し、奥深い庭を見せる。

上／寝室前にあるテラスからの眺め。目隠しにつくった白い塀は、単調にならないように前後にずらして設置。植栽と合わせて庭に動きを表現している。下／もっと庭に触れたいという高山さんの要望で、作庭2年後につくった散策の小道。

ケヤキとカツラを主木に明るい芝庭を楽しむ

高山さんは、自然の中で生活したいためにここを選んだこと、明るい樹木の庭にしたい。この2点を伝えて、グリーンライフ・コガの古閑勝憲さんに庭づくりを依頼しました。

敷地を観察すると、すぐそばを国道が走り、隣接する民家や墓地も目に入ります。古閑さんは、国道に近い法面《のりめん》に生えていたササを厚めに残して騒音を遮断。墓地のある側には3つのブロック塀を前後にずらして配置して、余計な景色を隠しました。そして、庭の周囲にヤブツバキ、シラカシ、ソヨゴ、シャクナゲ、モッコクなどの常緑樹を、それに調和するように落葉樹のモミジ、コナラ、ヤマザクラ、ヤマボウシなどを植えて常緑落葉混交林を構成。下草にユキノシタ、クマザサ、ベニシダ、シャガ、ヤブラン、ツワブキを植えて、自然風の林を再現しました。

そして広々と開けた庭の中央に、50～60cmの緩やかな起伏を設けて、家際に樹齢30年相当の、横に広がる枝ぶりがすばらしいイロハモミジを植栽。さらに、庭の主木となって景観を引き締めるケヤキとカツラをそれぞれ対に植えています。

日照に恵まれてケヤキとカツラは、作庭から5年を経て樹高13mの大木に。たくさんの小鳥を呼び、芝生上に美しい木陰を巡らせながら庭を見守っています。

雑木の庭に暮らして

小鳥がたくさんやってきて、鳴き声で目覚めることもあります。目覚めると一番に庭を眺めるのが日課で、毎朝2時間くらい眺めていても見飽きない。伸びすぎたササを剪定し、夏には週2回芝刈りに精を出す。これがよい運動になるんですよ。午後には木にハンモックをつるして、木陰で昼寝することも。風が通って気持ちよい。この家と庭ができてから、遠出するのが減ってきましたね。できることなら、終わりの時にはこの庭を見ながら……、とひそかに思っているんですよ。

庭の周囲に植えた雑木群が常緑落葉混交林をつくり、人工林とは思えない自然な植栽になった。起伏を設けた地面をノシバが覆う。夕日を浴びた庭は、淡い陰影をつくりながら、心地よく静まっていた。

朝日を受けて葉が透けて輝き、木漏れ日が気持ちよいアプローチ。

主な植栽

落葉高木：ケヤキ、カツラ、コナラ、ヤマボウシ、シャラノキ、ヤマザクラ、イロハモミジ、クヌギ
常緑高木：シラカシ、ヤブツバキ、モッコク
中低木：アオキ（常緑）、ソヨゴ（常緑）、カクレミノ（常緑）、シャクナゲ（常緑）、ドウダンツツジ（落葉）、ガマズミ（落葉）

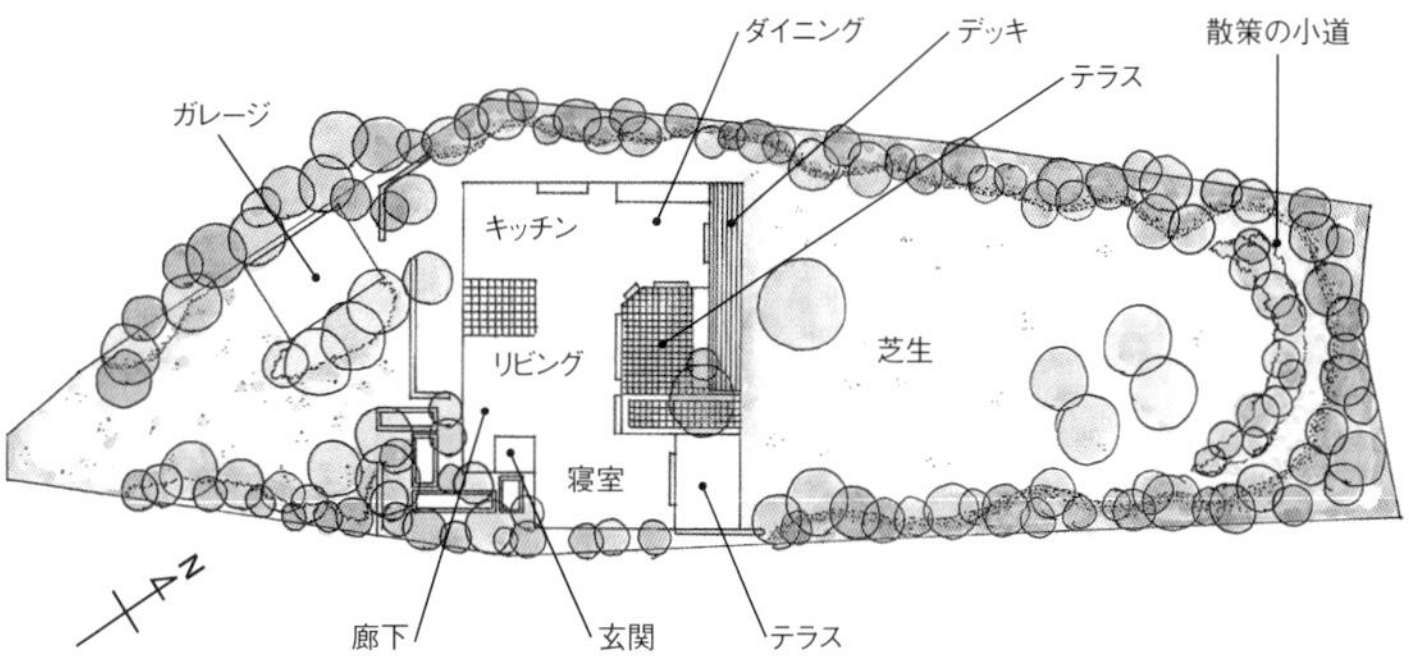

雑木の庭空間で快適に暮らす
make a good living COMFORTABLE Garden
case 05

住まいの環境を快適にする雑木の庭

家の設計段階からかかわり東西南北に適切な植栽を施して見て美しく、快適な住まいに

千葉県　平野さんの庭

上／2階までの吹き抜けにある縦長窓の前に高木を植えて木陰をつくり、夏の日差しによる室内の温度上昇を緩和している。下／ダイニングから楽に出入りできるように高いテラスと低くて広いテラスを設けて、使いやすくした。テラスの前に互い違いに高木を植えて、景色をつくると共に夏の日差しを和らげている。

理想的な庭をつくるために家屋配置から提案

住宅を設計する前に造園の依頼を受けていた高田造園設計事務所の高田宏臣さんは、敷地が826㎡と広いことから、家まわりに十分な植栽スペースが取れるような家屋配置を提案。東西南北に必要な外空間のスペースをバランスよく設けた理想的な植栽を実現しています。

そして、平野さんが要望した、「自然な樹木の中に、石と水のある潤い豊かな庭」と「菜園」を設けました。

和室前につくった雑木の庭。家際に幹の太い高木のコナラを植えて大きな木立をつくり、家の外壁を木陰にし、夏の直射日光と輻射熱を防ぐ。

DATA
敷地面積：826㎡
庭の面積：550㎡
竣工：2010年
設計・施工：高田造園設計事務所（高田宏臣）

南庭を主庭にし屋外リビングと雑木の庭をつなげる

高田さんは、南庭の面積を広めに配分して主庭としました。ダイニング前はコナラの木立と芝生が心地よい、明るいテラスガーデンです。そして主庭に面した和室の前に、平野さんが希望した、石と水鉢が景色となった落ち着いた雑木の庭をつくりました。

趣の異なる2つの庭をつないでいるのが、木立と回遊路です。まばらだった木立はいつしか林となって雑木の庭となり、ピンコロ石と枕木を組み合わせた回遊路は、林の中で敷石や飛石に姿を変え、変化に富んだ和の趣で庭を楽しませてくれます。

左／軒先の犬走りにかかるように、大きな陶製の水鉢古材を据えて家際の景色を引き締めた。小さなビオトープとして楽しんでいる。下／雑木の庭の主景に取り入れた、水掘れ石の水鉢。筧《かけい》から滴り落ちる水が、庭に心地よい水音を響かせていた。

北側は玄関アプローチ、カーポートなどが配されている。道路からの2mの高低差を生かして植栽枡を交互に設けて、木々の合間を歩ける広々とした玄関アプローチとした。

日当たりのよい北西は菜園コーナーに

南庭から西庭に歩を進めると、雑木の庭は木立下に広がる芝生広場の風景に変わります。西日除けの家際の木立、芝生の景色を引き締める石組み、水鉢の水景に目をやりながら、ゆったりとした足取りで歩き続けると、その先、北西の角によく日が当たる菜園がありました。落ち葉ストックや菜園小屋は高田造園設計事務所が設計して提案。水道栓や道具棚などを設けた小屋は、農のある暮らしの拠点として活用されていました。

やや狭いスペースの東側は、南庭につながる通り庭です。道沿いにつくられた水鉢と木立の景が、フォーカルポイントになっています。

北側は2mの段差を生かして立体的な雑木の前庭に

北側は玄関アプローチとカーポートです。北側隣接道路からの2mの高低差を生かして、植栽枡《ます》を互い違いに連ねて、その間に御影石のステップを設けました。

踊り場を広く取って空間にゆとりを設け、幾重もの木々の合間を上っていくように植栽したので、アプローチは緑のグラデーションが美しいトンネルです。

また、北側の家際にも大きな雑木を中心に植えて木陰にしたので、夏にはここに冷気がたまり、家屋を冷やしてくれます。

雑木の庭に暮らして

広い庭はいつもきれいで、快適です。家にいるときはほとんど庭に出っぱなし。菜園では野菜づくりを楽しんでいます。

家が緑に囲まれ、木陰ができて夏も快適。宅配便配達の人が「ここは涼しいなあ」といって、アプローチの木陰でしばらく涼んでいったこともありました。

庭の要所にある水鉢では、生き物が好きな主人がメダカを飼い楽しんでいます。

東側の通り庭につくった水景。この水鉢は門から玄関に行くアプローチ正面に位置し、潤い豊かなアイキャッチャーをも兼ねていた。

北側の家際に設けた高木の木立。大きな木陰をつくることで、夏にはここに冷気がたまり家屋を冷やしてくれる。

菜園わきにつくった小屋。広さは3.6m×2.7m。水道を引き、農具置き場と作業用土間を設けた。平野さんはここに木製のベンチを運び込んで、農作業の合間の休息に利用していた。

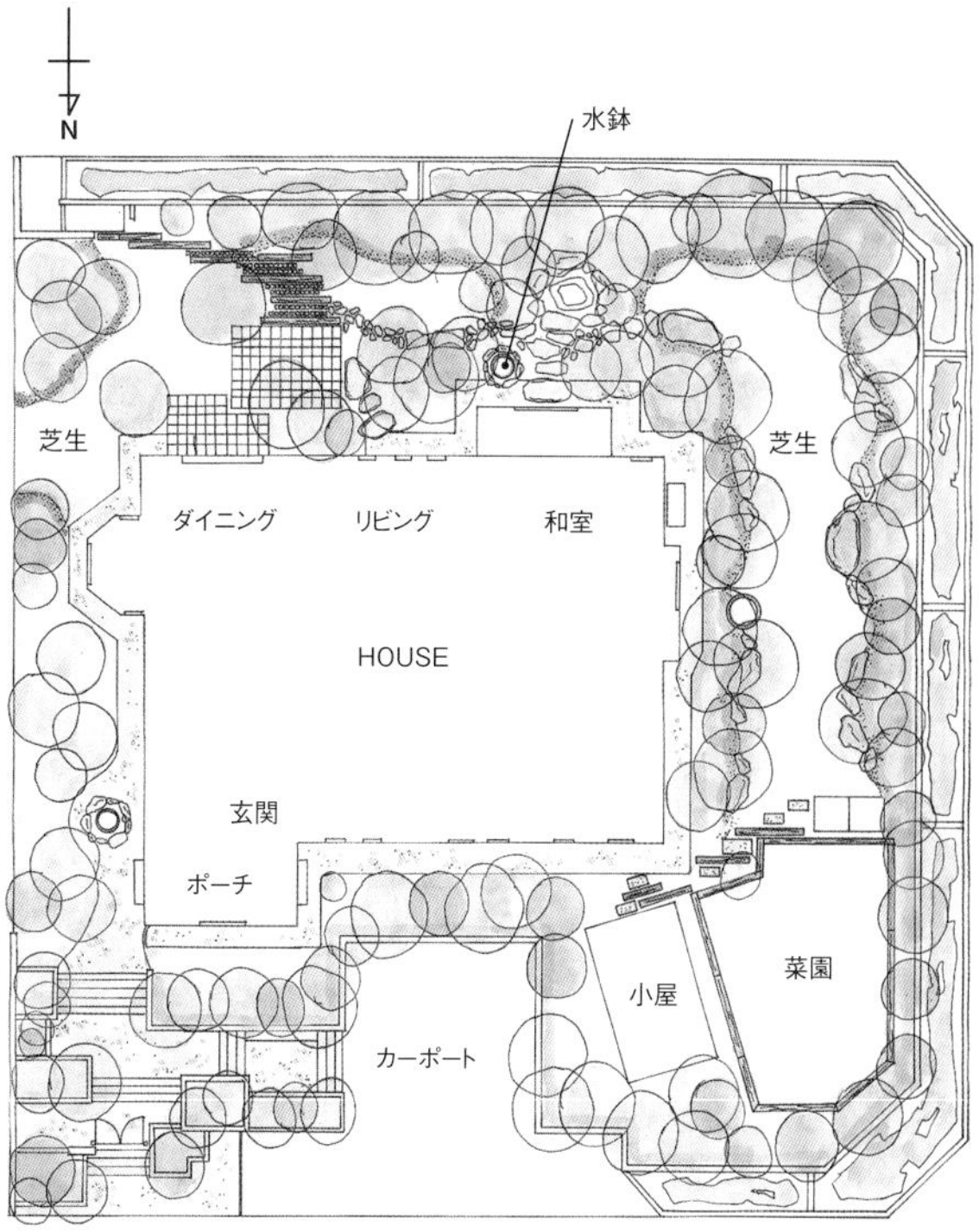

主な植栽

落葉高木：コナラ、モミジ、エゴノキ、ヒメシャラ、ケヤキ、ハクウンボク
常緑高木：ヤマモモ、モチノキ、アラカシ、ヤブツバキ
中低木：ナツハゼ（落葉）、アセビ（常緑）、シャクナゲ（常緑）

流れと雑木の庭

奥深い山の源流と周りの自然を取り入れて将来は蛍舞う庭に

東京都　冨沢さんの庭

一年を通して流れる清流で、滝口は苔むしていた。

この庭が幅11m、奥行き6mとはとても思えない見事な景観になった。里山の源流域の自然がここに凝縮されていた。

DATA

住居専有面積：108㎡
庭の面積：66㎡
竣工：2011年5月
設計・施工：藤倉造園設計事務所（藤倉陽一）

「仕事が多忙で、なかなか山に行けません。自宅にいながら大好きなモミジ林を楽しめる庭ができて、本当にうれしい」と冨沢さん。幅4.6mの窓から、ワイドビューで庭を楽しんでいる。

都内の住宅地で蛍の夢を追う

造園家にとって欠かせないのが、施主さんとの話し合い。できるだけいろいろなことを話し合う中から、庭の形を発想します。

庭づくりを依頼された藤倉造園設計事務所の藤倉陽一さんも、冨沢さんとたくさんの夢を語る中で、「蛍が庭で舞っていたらうれしいな」の一言から、庭のスタイルを流れのある雑木の庭に決めました。

庭が好きで、趣味で庭づくりをしたことがあるという冨沢さんも、この話に意気投合。早速、庭に井戸を掘ることから始めました。

起伏をつけて山を表し その山裾に流れをつくる

藤倉さんが発想した庭は、山の源流付近で見られる流れとその周りに広がる自然でした。

リビングから眺めたときに、庭が等身大に感じられるように、庭の床面がリビングの床と同じ高さになるように客土しました。そして左奥の滝口を90㎝、中央付近にあるテラスは40㎝高くなるように起伏をつけ、その山裾を縫うように「流れ」をつくっています。

極力、自然に見えるように、既存の石に秩父石を加えて流れを縁取りました。川に張り出す石、流れに覆いかぶさるような石、川の中に転がり落ちたような石などで渓流の趣を出し、川底に小石を敷き詰めて、緩やかに蛇行する流れに仕上げました。

流れの表情は豊かです。源流は、ごつごつした大きな石を組み合わせた落差40㎝の滝口です。流れ落ちた水はせせらぎとなって早瀬を下り、広がってたゆたい、急に狭まっては石にぶつかって伝い流れ、滑り落ち、ついに緩やかな流れに変わり、池となって空を映し出します。

流れの川底に落ち葉がいい感じに堆積して、やがて土に戻ると、土や腐葉土がカワニナのすみかになります。このカワニナを蛍の幼虫が食べて成長します。

上／西日を浴びると、流れはまた違った表情で目を楽しませてくれる。下／井戸水と循環水を併用して24時間流している。水音が庭に心地よく響いていた。

テラスと植栽で明暗をつけ、変化に富んだ庭をつくる

山の風景をつくるために、庭中に樹木を均一に植えたのでは、景色が単調になってしまいます。藤倉さんは、幅1・5m、奥行き2・3mのテラスを庭の中央に配置し、御影石の切石と三和土《たたき》で和の趣に仕上げました。

このテラスを挟むように、左奥の滝口付近にヤマモミジ、オオモミジ、アオダモ、ソヨゴ、コハウチワカエデなどの高木を植えて、こんもりと茂る森のゾーンに。右側にもカシ、モミジ、ジューンベリーを植栽しました。

テラス周辺を明るい庭に、両わきを落ち着いた風情の木陰ゾーンにして明暗をつけたので、庭は広く感じられます。

そして、藤倉さんは、探し求めて庭の主木と決めていた風格あるアカシデを庭の中央、家際に植えて、変化に富んだ庭の景色をまとめています。

雑木の庭に暮らして

この庭ができると、ジョウビタキ、ヒヨドリ、ムクドリ、シジュウカラ、キビタキなど好きな野鳥が水浴びにやってくる。いい庭を眺め、野鳥も見られて大満足です。まだ、蛍舞う庭になっていませんが、これから何年かかけてゆっくりと環境を整え、無農薬管理しながら挑戦していきたいですね。

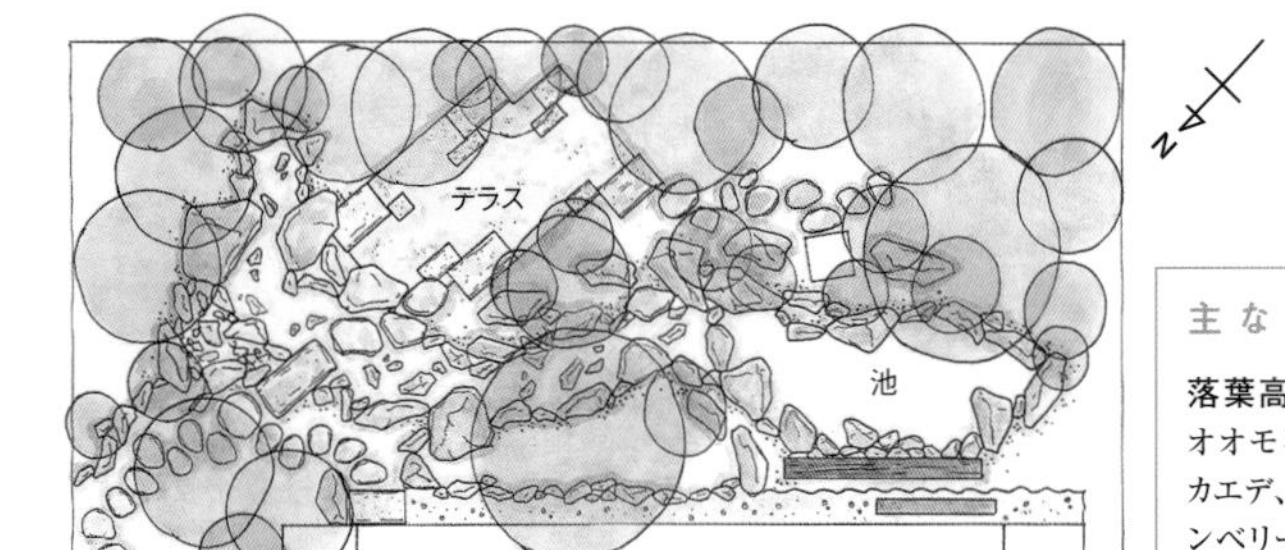

主な植栽

落葉高木：ヤマモミジ、オオモミジ、コハウチワカエデ、アオダモ、ジューンベリー、アカシデ、メグスリノキ

常緑高木：カシ

ヤマモミジとコハウチワカエデなどの緑陰と流れが心休まる景観をつくる。部屋の前に植えたアカシデの高木が建物を心地よく覆い、庭と建物をバランスよくつないでいた。

山腹のエノキ林につくった雑木の庭

裸同然だった家が庭のおかげで周りの自然とつながり本当に快適な住まいに

千葉県　高野さんの庭

エノキの大木越しに見た高野さんの住まい。真鶴石を用いて農道沿いに築いた田舎風の石垣が、房総らしい穏やかな風景をつくりだしていた。

DATA

敷地面積：6000㎡
前庭の面積：330㎡
竣工：2011年6月
設計・施工：高田造園設計事務所
（高田宏臣）

家際の石垣は、安定感が増すように大きくて角張った自然石を積んだ。竹垣だったのを家に合わせて低い板塀に替え、それを挟むように高木、中低木を組み合わせて植栽したので、立体的な林になった。

玄関前のアプローチは、両側に真鶴石を据え、地元鋸山の石と三和土で緩やかなステップをつくった。コナラ、モミジ、エゴノキの高木をアプローチ沿いに植えて景観をつくると同時に、西日を防いでいる。

農道沿いにつくった石垣。コンクリートを使わずに、大きな石を下に、上になるに従って小さな石を積んだ田舎風づくりが、周りの景観によく調和している。

人生二毛作 ついのすみかとして

高野さんの住まいは、南千葉の丘陵地にあります。

「主人は60歳を過ぎたら、穏やかな丘陵地が広がるここを第2のライフステージにしよう、と以前から考えていて、機会あるごとに候補地を探していました」と高野さん。

この場所にはじめて案内されたとき、「緑の斜面に大きなエノキが何本も茂っている風景にすっかり魅せられて、一目でここだ！」と決めました。

土地の古老によると、もともと棚田だったところで、50年以上放置されていたとのこと。エノキは樹齢60年以上を経た大木で、点々と茂って林となった風景は、この地域でも珍しいといわれています。

長く放置された棚田は、茅《かや》やノイバラなどが人頭を越す勢いでヤブ状に茂っていました。そこを、ご主人と近所の人で切り開き、家を建てたのが5年前でした。

「横浜市から移ったので、よその家が1軒も見えない緑豊かな風景と新しい住まいがとても新鮮で、自然の美しい移ろいや小鳥の鳴き声に驚き、感動して暮らしていました。家を建てて2、3年したころからでしたか……。家の周囲にも目を配れるようになると、強烈な西日が差し込む玄関前が気になって」と高野さん。そこを何とかしたいと思って出会ったのが、千葉の自然にマッチした庭づくりを提案している造園家の高田宏臣さんでした。

上／広いアプローチに張り出す石垣と家際に石垣をつくり、5カ所に植栽ブロックを設けて家を包んだ。おかげで右側のエノキの大木と景色がつながり、落ち着いた風情をもつ住まいになった。左／奥さまがニュージーランドで購入したベルが、門柱わきのよいアクセントに。鐘とつるした枝とで一つの作品となっている。右／門を入ってすぐ左側にある菜園。幅3.7m、奥行き8mの畑が薪棚を背景につくられている。畑の手前には枕木を敷き詰めたテラスがある。

雨落ちに大きな壺を配して石組みを施し、樹木の庭とデッキガーデンの間を飾るアイキャッチャーとした。

上／リビングのフィクス窓。庭ができたおかげで、本来のピクチャーウインドーになった。下／2階の和室からの眺め。竹天井に外の緑が反射して、幽玄な趣に。家際に植えたハクウンボク、サクラ'陽光'、コナラなどの近景が遠くの山並みと重なり、奥深い森の風景となった。

石垣を設け 5つの植栽ブロックで 家と周りの 自然をつなげる

高田さんがはじめて伺ったときに感じたのが、「豊かな自然に囲まれながら、家が自然から遊離して裸同然になっている」ということでした。

門からの眺めると、家の途中にある駐車場まで車で行けるようにした、幅広のコンクリート舗装通路が目立ちます。通路わきに芝生を張り、ドウダンツツジが植えられているだけなので、コンクリート道路の奥にある家が、乾いた感じに見えました。

そこで高田さんは、玄関前のアプローチも含めて家際に木を植えて、周りにある豊かな自然を引き込む庭づくりを提案しました。

家が丸見えだったアプローチの家寄りに高さ70㎝の石垣を、その手前、農作業のために近隣の人が通る農道際にも高さ60～150㎝の石垣を設けて、2段の石垣がアクセントになる地形を造成しました。

そして、門扉と通路を挟む2カ所にコナラとモミジの植栽群落を、駐車場の手前にはイヌシデ中心の寄せ植えをつくりました。農道際の石垣沿いにはコナラ、イロハモミジ、エゴノキなどの高木とトサミズキ、ミツバツツジ、ナツハゼなどの中低木を組み合わせた楚々とした雑木の島を、間隔をあけて植栽。ここを生け垣のようにして完全に遮蔽すると雰囲気が重くなってしまうので、建物が透けて見える明るい植栽を工夫しています。

家が落ち着いて見えるように、大きくて角張った石を積み上げた家際の石垣には、幹の間から家が見え、夏には外壁が木陰になるように、モミジ、コナラ、ハクウンボクなどの落葉高木をやや密に植えました。

門と建物の間に設けた5つの植栽ブロックは、枝葉がつながって美しく家を包み、幹越しに垣間見る家は、やさしい趣です。

家の周囲に出現した奥深い枝葉の群れは、エノキの大木と呼応し合い、その周りに広がる森をも引き込んで自然と一体になり、森の中に溶け込んでいました。

雑木の庭に暮らして

私たちは緑に包まれて暮らしていると思っていました。ところが、この庭ができて、家が裸同然だったということがよくわかりました。高田さんの作品を見て、とても気に入っていたので、お任せでお願いして本当によかったと思います。

これまでは、窓からの眺めも遠景だけでしたが、家際に木を植えてもらったので、近景と遠景で奥行き感ができ、想像しなかった美しい窓辺になりました。本当に緑に囲まれて暮らしていることを実感しています。

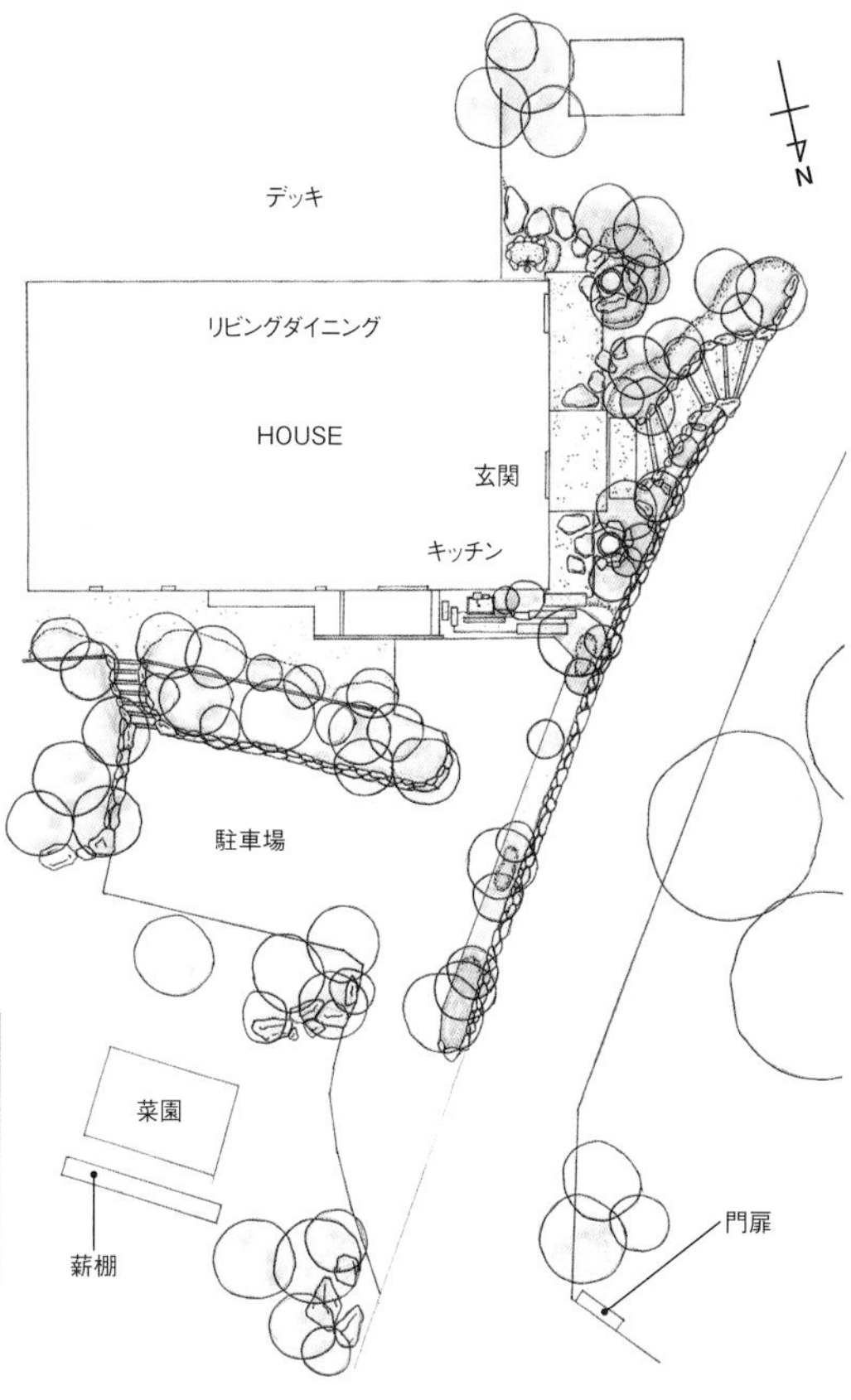

上／裏山の草原に面した南側は、開放的なデッキガーデン。11m×5mのデッキにガーデンセットを置き、バーベキューなどを楽しんでいる。初夏の草原はコウゾリナ、シロツメクサが咲き乱れ、春と秋は奥さまが植えたニホンスイセンとヒガンバナが草原を彩る。下／毎朝5、6時に起きるとコーヒーをいれ、野鳥観察用フィールドスコープをのぞく。早朝にやってくる小鳥たちは、この土地ならではの楽しみとなった。

主な植栽

落葉高木：モミジ、コナラ、ハクウンボク、ジューンベリー、エゴノキ、ヤマボウシ、イヌシデ
中低木：ツリバナ（落葉）、ウメモドキ（落葉）、ヒサカキ（常緑）、ヤマアジサイ（落葉）、ナツハゼ（落葉）、トサミズキ（落葉）ミツバツツジ（落葉）

雑木の庭空間で快適に暮らす
make a good living
COMFORTABLE Garden
case 08

雑木を取り入れたリフォームガーデン

日差しが強烈だった芝生の庭を雑木の庭に替えてガーデンライフを楽しむ

千葉県　菱木さんの庭

上／庭園灯は枕木と船舶用照明器具でつくった。右下／出入りしやすいように、部屋の床とほぼ同じ高さにつくったデッキまわりには、高木、中低木を組み合わせて植栽。高木でデッキを木陰にし、低木でデッキの高さを隠し、庭に溶け込ませている。

デッキとテラスで庭を楽しむために

菱木さんが最初につくった庭は、デッキとテラスを取り入れた明るく開放的な芝生の庭でした。部屋からデッキに出てくつろぎ、庭で子供たちが遊び回れるようにと考えたからです。しかし、塀沿いにシマトネリコとヒメシャラ、庭の中にキンモクセイとヤマボウシが植栽されただけの庭は冬暖かでも、夏になると南西からの日差しが強烈で、庭に出ることもできませんでした。そこで、デッキやテラス、園路を生かして雑木の庭にしてほしいと要望して、松浦造園の松浦亨さんに庭のリフォームを依頼しました。松浦さんはデッキの周囲とテラスまわりに樹高8mのモミジやコナラ、アメリカフウを用いて雑木の島を配置。デッキやテラスを枝葉で覆い、家の外壁も木陰になるように工夫しました。

たくさんの樹木を植えても、3mくらいの高さから枝葉を出す高木を用い、視界を遮る中木を控えたので、庭の中は見通せて、明るく開放的です。しかも、雑木の島の下草に濃い緑色のタマリュウを植えて芝生と対比させたので、見た目にも美しい庭になりました。

施工後1年を経た庭。枝葉のボリュームが増して、庭は木陰になりつつある。芝生はコウライシバ。秋になるとコウライシバは黄色に変わり、濃緑のタマリュウと美しいコントラストを見せる。

DATA
敷地面積：480㎡
庭の面積：160㎡（前庭は除く）
竣工：2011年3月
設計・施工：松浦造園（松浦亨）

雑木の庭に暮らして

雑木が植えられて、全然違う庭になりました。今では、木漏れ日の下で快適にくつろげます。新芽時の美しさは格別ですし、紅葉も見事。雪景色も最高で、年に1、2回自然が与えてくれるプレゼントでした。それに、家の外壁が木陰になったせいか、以前より涼しく感じられるのもうれしい。

主な植栽

落葉高木：コナラ、モミジ、アメリカフウ、ヤマボウシ、アオダモ
常緑高木：キンモクセイ、アラカシ
中低木：トサミズキ（落葉）、アセビ（常緑）、ツリバナ（落葉）

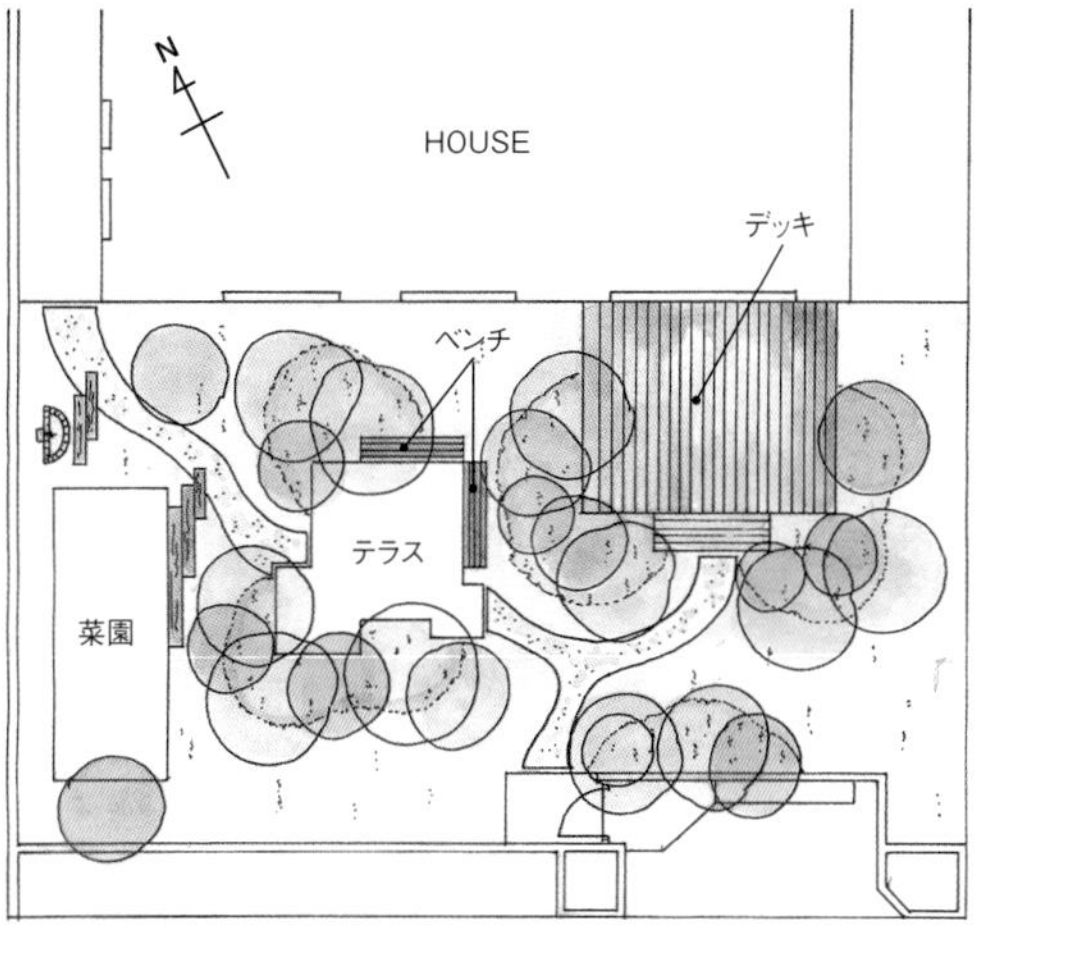

雑木を寄せ植えにした雑木の島を、木陰が必要な場所にポイント的に配置したので、庭は明るく開放的。右側にあるのが菜園で、トマト、キュウリ、タマネギなどを栽培していた。

雑木の庭空間で快適に暮らす
make a good living
COMFORTABLE Garden
case 09

自然林に囲まれた別荘地の庭

三角屋根の山小屋風建物を建て周りの植生にならった庭をつくる

熊本県　寺本さんの庭

上／擬木で敷地を囲い、付近の自然植生にならって植栽したので、庭は自然そのもの。庭の緑と周囲の自然がつながって、広々と見える。下／敷地の周囲と家際に植えることで、枝葉が重層的になり、より深い趣を醸し出している。

10年を経ても丈夫で美しい雑木の庭

熊本市内に住む寺本さんは、車で約1時間の距離にある自然豊かな阿蘇の別荘地を購入。自然に囲まれた暮らしを楽しむために1辺7・4mの山小屋風の家を建てて庭を広く取り、庭づくりをグリーンライフ・コガの古閑勝憲さんに依頼しました。そのときに要望したのが、家の周りに広がる自然植生を手本とした庭づくりでした。

三角屋根のシンプルな家は1階部分が玄関と駐車スペース、2、3階が住居スペースで、3階がロフトです。

古閑さんは、門から駐車場に直接行けるように、道幅を広く取り、アプローチ沿いに40cm盛り土して、コナラやエゴノキの高木を、その木陰にモミジ、ヒメシャラ、アセビを植栽。西側の庭には、落葉高木のコナラを5本植えて上空で枝葉を茂らせ、その下に落葉樹のモミジ、ヤマボウシ、ツリバナを、さらにヤブツバキ、シャクナゲ、アセビなどの常緑樹をバランスよく配植。周辺の植生にならった常緑落葉混交林をつくりました。

木陰に植えて生育をコントロールしたモミジ、ヒメシャラ、ヤブツバキは、10年を経ても枝ぶりはやわらか。庭はやさしい風情を保っています。

雑木林に暮らして

仕事を退いた今は、週末に限らずこちらに来ては、雑草を取り、アプローチ沿いにある木々の下枝を切り取るなど庭の手入れをして、自然に囲まれた暮らしをのんびりと楽しんでいます。

上／幹まわりで60cm、樹高10mくらいに育ったコナラと、その下の木陰でやさしい枝ぶりを見せるモミジが空間をうまく分け合って、美しく調和していた。下／車が通れるように幅広く取った門とアプローチ。自然な風合いを大切に、舗装せずに砂利敷きにした。アプローチに落ちた木陰が気持ちよさそう。

主な植栽

落葉高木：コナラ、モミジ、ヤマボウシ、エゴノキ
常緑高木：シラカシ、アラカシ、ヤブツバキ
中低木：ウメモドキ（落葉）、ツリバナ（落葉）、ヒメシャラ（落葉）

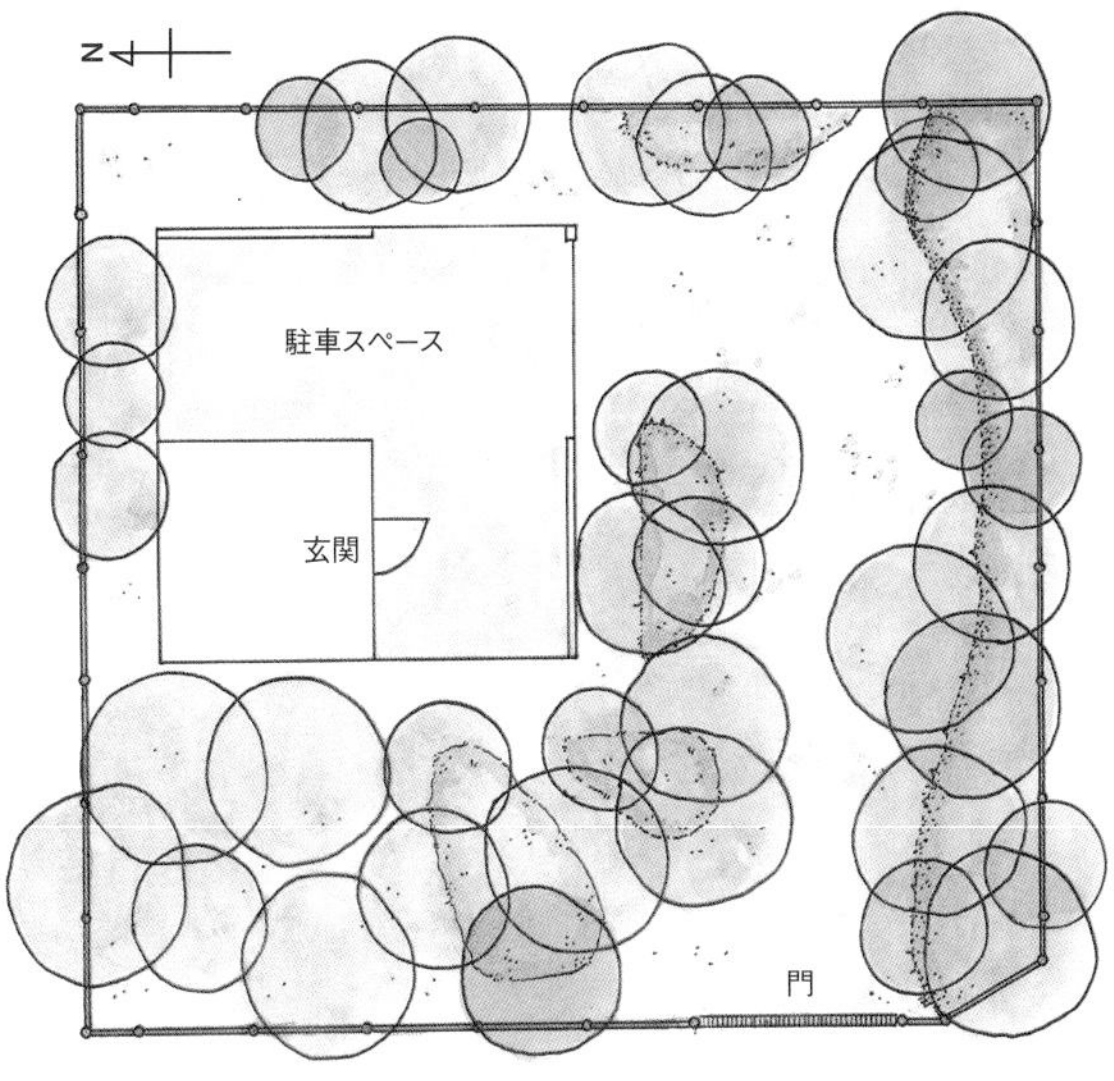

DATA

敷地面積：300㎡
庭の面積：240㎡（アプローチを含む）
竣工：2002年2月
設計・施工：グリーンライフ・コガ（古閑勝憲）

夕暮れ近くデッキから見る庭は、葉を透過して注ぐ緑色の光がデッキに落ちて、何ともいえない穏やかな雰囲気を醸し出していた。

ウッドデッキがある心地よい庭

隣家に囲まれた細長い庭が針葉樹とモミジ、コナラの植栽で快適なデッキガーデンに

千葉県　今西さんの庭

日当たりの悪い狭い庭を樹木の力で快適に

「こんな庭でも何とか憩いの場になりますか」という今西さんに、「大丈夫です。十分楽しめる庭になりますから」と答えた造園家高田宏臣さんの対話から、この庭づくりはスタートしました。

周囲を2階建て家屋に囲まれた細長い庭は、当然日当たりはよくありません。

高田さんは、細長い庭にベンチスペースを3カ所設けて、それぞれ別個の趣を楽しめるように工夫しました。

1階にある2人の子供部屋をウッドデッキでつなげ、テーブルとイスを置いてアウトドアリビングに。向かいに設けたシャコガイの壁泉がフォーカルポイントです。

1階の寝室前にはベンチを2カ所設けて、常緑針葉樹とモミジを主木に植栽。しっとりと落ち着いた雰囲気が楽しめる空間に仕立てました。夏は木立が西日を遮断して木陰となり、風が吹き抜ける夕涼みの場所になります。

そのほか、庭の東側にも小さな据えつけベンチを設けました。ここは冬でも唯一日が差し込む日だまりで、庭を眺められる冬のビューポイントです。

板塀は緩やかな曲線でデザインされ、庭の心地よい背景となっている。ヤマモミジの樹下にあるレンガづくりの壁泉は、デッキからの視線を受け止めるアイキャッチャー。水受けはシャコガイ。

寝室前の庭。作庭後10年を経て、庭はますます雰囲気が増して居心地よくなってきた。つくった当初は木も弱々しく、病害虫の被害も多く、雑草もよく生えたが、今は厄介な雑草はほとんど生えず、病害虫の被害もずいぶんと少なくなった。庭が健康になってきた証しなのだろう。

DATA
敷地面積：200㎡
庭の面積：66㎡
竣工：2002年2月
設計・施工：高田造園設計事務所（高田宏臣）

植栽を工夫して少ない樹木で奥行き感ある庭を演出

植栽は、奥行きが感じられるように、園路を挟んだ家際と外周とに、樹木が互い違いになるようにポイントを絞って植えています。

南側は奥行きがなく隣家が迫っているため、目隠しを兼ねた木柵を設置。木柵のラインはなだらかな曲線を描いて、園路の曲線とデザイン的に呼応させています。

植栽のポイントは2本のヤマモミジ。この2本だけで庭の大半は緑陰になります。

そして、家際に設けた2カ所の植栽スペースにコナラとトネリコを植えて、2階にあるリビングからも楽しめるように配慮しました。

右上／デッキのコーナーに植えた株立ちのナツツバキ。デッキと庭の木立を仲介するだけでなく、細い幹が繊細で美しく、初夏には白い花をつけて目を楽しませてくれる。上／一部を庭に張り出してつくったので、広いデッキが得られ、狭い庭ながら、ゆとりある屋外リビングとなった。やわらかい風情をもつモミジの枝葉が隣家を目立たなくしている。右／西側から見た景色。回遊路を設けたので、歩きながら景色の変化を楽しめる。直線的な石畳の道は先で曲線の洗い出しの道に。足元の表情にも変化をつけた。手前のベンチともう一つのベンチの間にすのこ状の板を渡すとベンチになる。

主な植栽

落葉高木：ヤマモミジ、コナラ、アオダモ、ナツツバキ
常緑高木：ツバキ、サザンカ、ヨシノスギ、チャボヒバ
中低木：ドウダンツツジ（落葉）、アオキ（常緑）

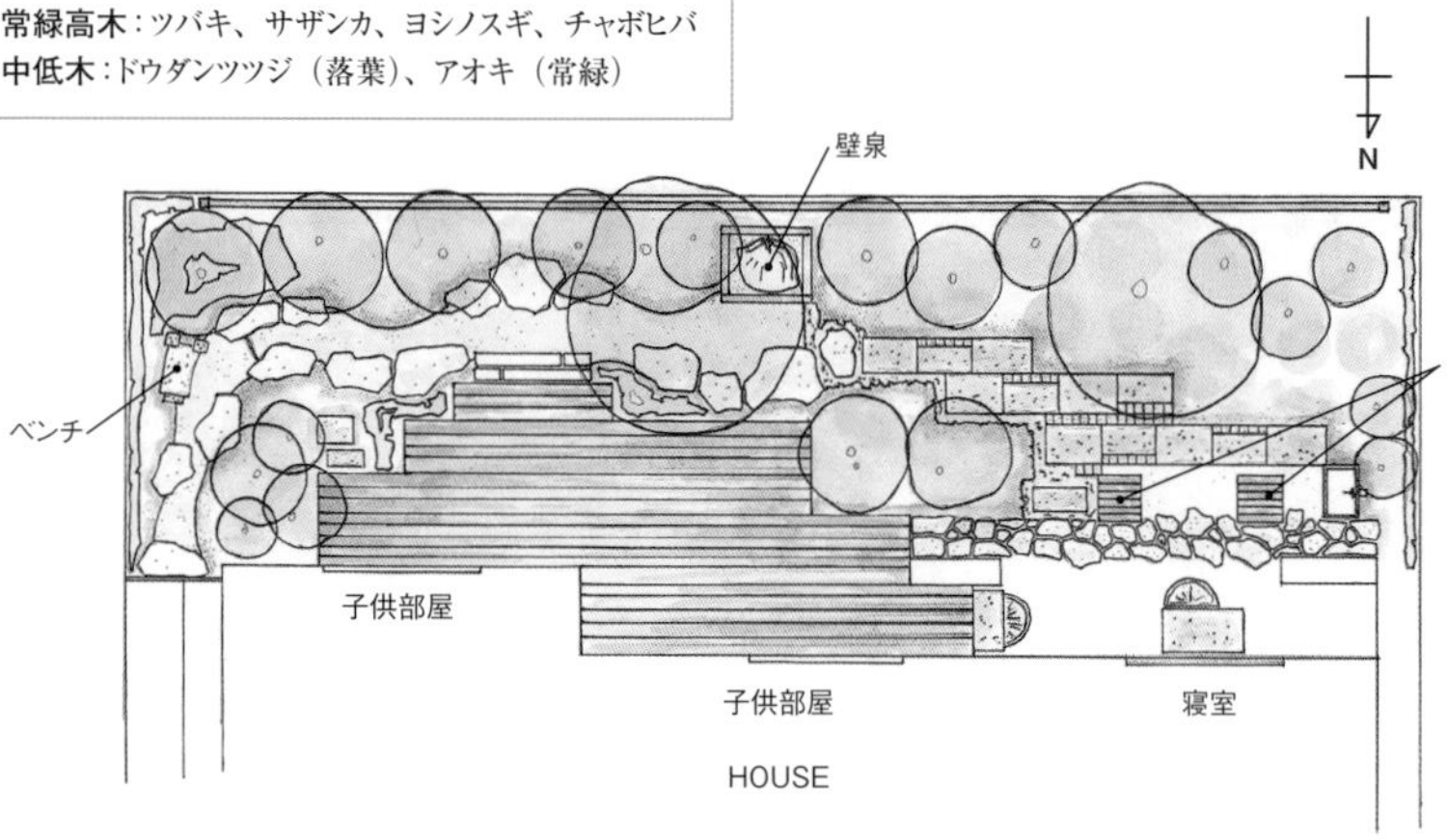

雑木の庭に暮らして

朝、寝室の雨戸をあけて見る庭の表情は毎日違っていて、いつ見ても飽きないですね。寝室前のベンチに寝そべって眺める逆光のモミジが美しいし、葉音も心地よく、ここにいるだけで癒やされますね。この庭なしの生活は考えられません。家の中にいるよりも庭にいる時間のほうが長いくらいです。

雑木の庭空間をつくる

ZOUKI
Natural Garden Space

コナラ、クヌギ、ヤマモミジ、ヤマボウシなど
自然樹形をもつ樹木の力を最大限に借りてつくるのが、
里山の風情豊かな「雑木の庭」です。
雑木の庭は、私たちが自然と共生して暮らせる身近な自然環境といえます。
木々がもたらしてくれるたくさんの恩恵を生かし、
狭くても心豊かな暮らしを約束してくれる雑木の庭が、
今、ますます求められてきています。

なぜ、雑木の庭の住環境が求められるのか

私たちの郷愁を誘いだしてやまない里山の風景。それは、身近な自然環境と相対しながらも、自然と共生してきた日本の暮らしがあったからです。

かつての私たちの暮らしの風景には、野山があって田畑があり、四季折々の自然の営みを暮らしの中で当たり前に感じ取ることができたのです。

泥んこになって田んぼで遊び、川ではフナやドジョウ、メダカやザリガニを捕まえ、そして野原ではバッタやカマキリ、チョウやトンボを追いかける。夏休みには、夜明け前の雑木林に分け入って、カブトムシやクワガタを捕まえました。

それが多くの大人たちにとっての、子供のころの美しい思い出の風景となっているようです。そこには太陽と木々、生きとし生けるものたちと共にある風景がありました。

身近な自然と共にある暮らしの環境が、私たちの心の中に豊かな原風景となって残っているのです。

今も小学校で歌いつがれる唱歌には、かつての身近な自然が生き生きと描写されています。

「春が来た　春が来た　どこに来た
山に来た　里に来た　野にも来た」

追いかけて遊んだ赤とんぼ。

稲刈りのころの谷地田（谷津田）の風景。

芽吹き時の雑木林。

秋の山路を彩るハギの花。

冬の雑木林。

里山の新緑。

「秋の夕日に　照る山もみじ　濃いも薄いも数ある中に
松をいろどる楓や蔦は　山のふもとの裾模様」

自然と共にあった暮らしの風景が、私たちの日常から遠ざかり、野山で遊んだ楽しい記憶は、今や過去のものになりつつあります。

雑木の庭に求められるもの

私たちの暮らしの場から自然とのつながりが希薄になった一方で、今、雑木の庭を求める人が非常に増えてきました。あたかもそれは、経済発展と暮らしの変化の中で失ってしまった自然との絆を、現在の暮らしの風景の中に取り戻そうとしているかのようです。

生き物たちとのつながり、四季の変化に気づき感動する心。それは、子供たちの健全な心を養うためにも、そして私たち自身が心豊かに生きていくためにも、何かとても大切なことなのではないでしょうか。

生き物の気配にあふれる雑木の庭。それは日ごと季節ごとに変化し、生長していく住まいの豊かな自然環境なのです。

これからの時代、雑木の庭に求められるものは、現代日本の狭い住宅敷地の中に、豊かな自然環境、それも本物の自然環境をつくりだすということも、その役割の一つといえるかもしれません。

暮らしの中の身近な自然は、そこで育つ子供たちにとってさまざまなことを発見できる大切な学びの場であり、大人にとっては暮らしを心豊かにする癒やしと安らぎの場なのです。

つくり込んだ庭ではなく、何気ない自然の存在、現代を生きる多くの人たちが雑木の庭を求める理由はそんなところにあるのではないでしょうか。

たくさんの命にあふれた雑木の庭は、子供たちの格好の遊び場。

日差しをいっぱいに浴びた冬の山路。

郷愁を誘う風景。

これからの雑木の庭

木々の力を生かして、現代の住環境を快適に

夏の雑木の庭。家際の雑木植栽が、家屋の壁面や窓辺に差し込む厳しい日差しを和らげる。

冬の雑木の庭。窓辺に差し込む陽光は家屋を暖め、そして縁側は日差しや壁面の反射熱が集まる、心地よい日だまりとなる。

木々による微気候改善の仕組みを知ろう

住まいの微気候改善のための植栽は、夏は葉を茂らせて木陰をつくり、そして冬には葉を落として暖かな日差しを住まいに取り込めるよう、高木の落葉樹を主木として構成していきます。

樹木の葉による微気候改善

住まいの環境要素として木々をじょうずに生かしていくためには、樹木の葉による微気候改善の仕組みを知る必要があります。

夏の住まいを涼しくするための木々の効用には、主に図**1**で示した3つの作用があげられます。

1 直射日光の遮断

枝葉によって夏の強烈な直射日光を物理的に遮ることで、木陰となる地表にも冷気が宿ります。都会における夏の日なたが異常に暑い理由は、日差しによる直接的な熱射(直射熱)だけでなく、日なたの道路や地面などからの照り返しによる熱(輻射熱)による相乗作用があります。

木々の枝葉によって夏の直射日光を遮ることで、地表や家屋壁面の温度上昇を防ぐことにもつながり、その相乗効果によって日なたと木陰の体感温度差は、実際の温度差以上に大きく改善されるのです。

図1 住まいを涼しくする木の効用

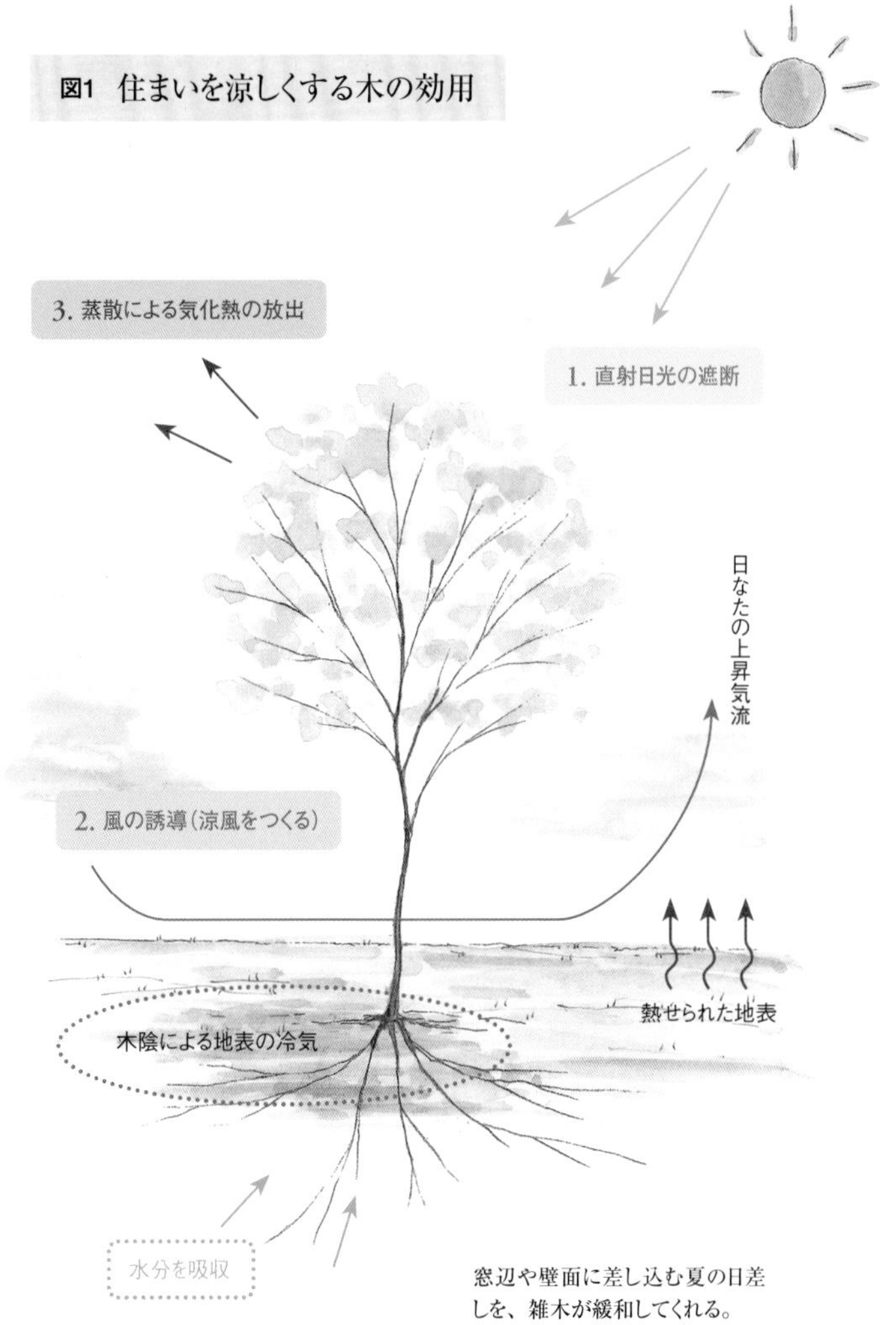

窓辺や壁面に差し込む夏の日差しを、雑木が緩和してくれる。

2 風の誘導

夏の日中、木立があることによって日なたと木陰との間に大きな温度差が生じます。風はこの温度差によって発生します。

暖かな空気は下から上へと吸い上げられて上昇気流となり、それが木陰の冷気を引っ張るのです。

夏の日中、木々があふれる森や公園の前を通ると、ひんやりとした空気の流れを感じるのはこの作用によります。

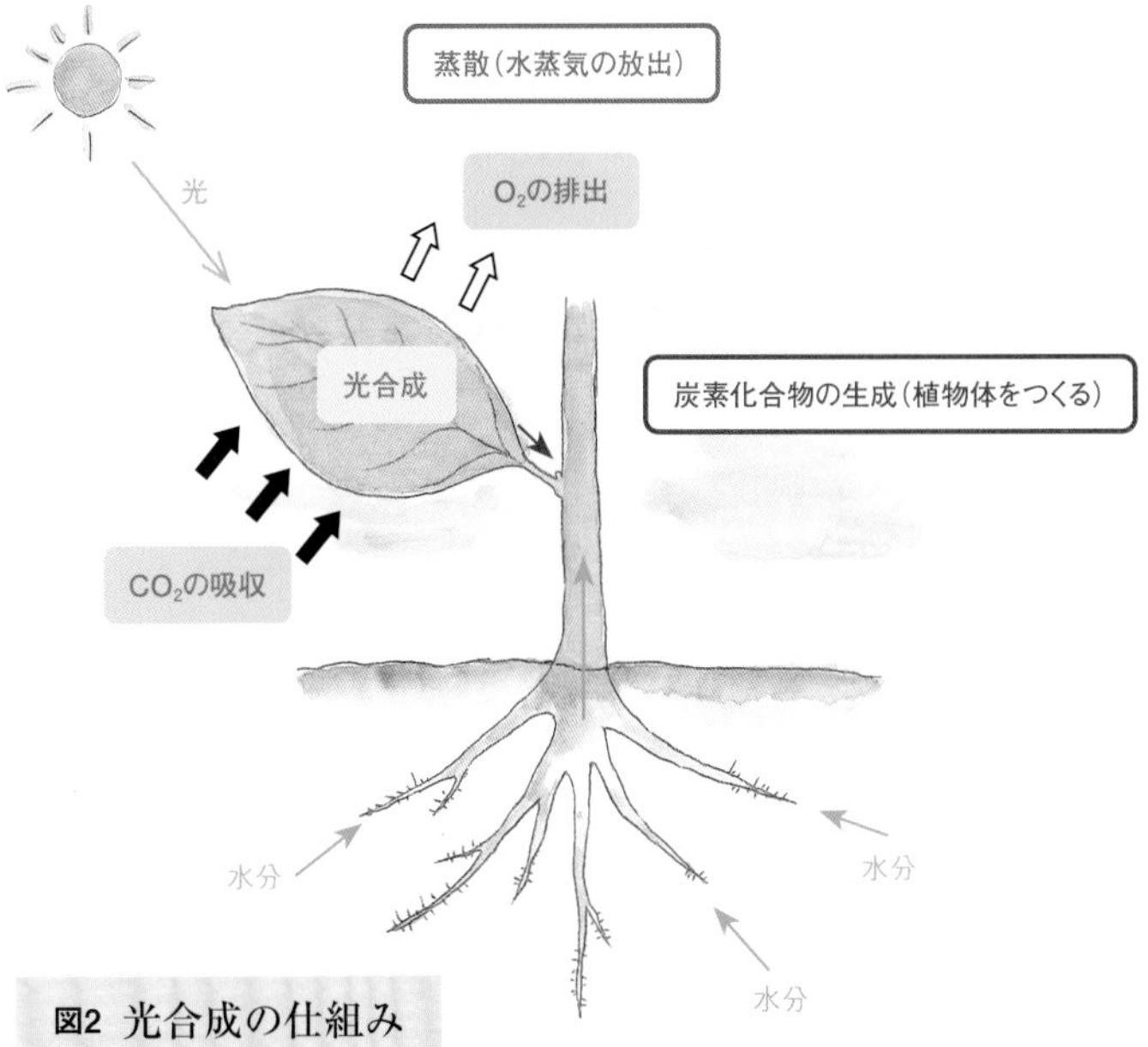

図2 光合成の仕組み

蒸散機能をもつ樹木は、天然の空調装置。

3 蒸散による気化熱の放出

葉の細胞組織には、葉緑素があります。葉緑素は太陽の光を受けると、根から吸い上げた水分と、葉の表面にある気孔《きこう》から吸い込んだ二酸化炭素（CO_2）を原料に、光化学反応によって、植物の体に必要な炭素化合物をつくりだします。その過程で、葉から副産物としての酸素（O_2）と水蒸気が放出されます。気孔を通してなされる水蒸気の放出活動を蒸散といいます。蒸散の量は、樹木自らが気孔を開け閉めして調節している点で、単なる蒸発とは異なります（図2）。

根から吸い上げた水分は、一部は光合成に消費されますが、大部分は蒸散によって気孔から放出されるのです。これは、直射日光にさらされた葉の温度が上がりすぎないように、蒸散によって木が自ら調節しているのです。

暑い夏ほど、活発に蒸散が行われ、周囲から気化熱を奪います。

木陰の涼しさは単なる日陰であることだけが理由なのではなく、上部の空間を占める葉の蒸散活動による冷却効果が大きいからです。樹木は偉大なる天然の空調装置なのです。

暮らしの環境の中で、木々のこうした効果をじょうずに活用することによって、住まいの環境をより健康的で、快適なものにしていくことができるのです。

木々の役割を現代に生かす雑木の庭

屋敷林または家屋背面の山や木立が、北風の遮断、西日よけ、延焼の防止など、多目的な機能を果たしている

直射熱の遮断

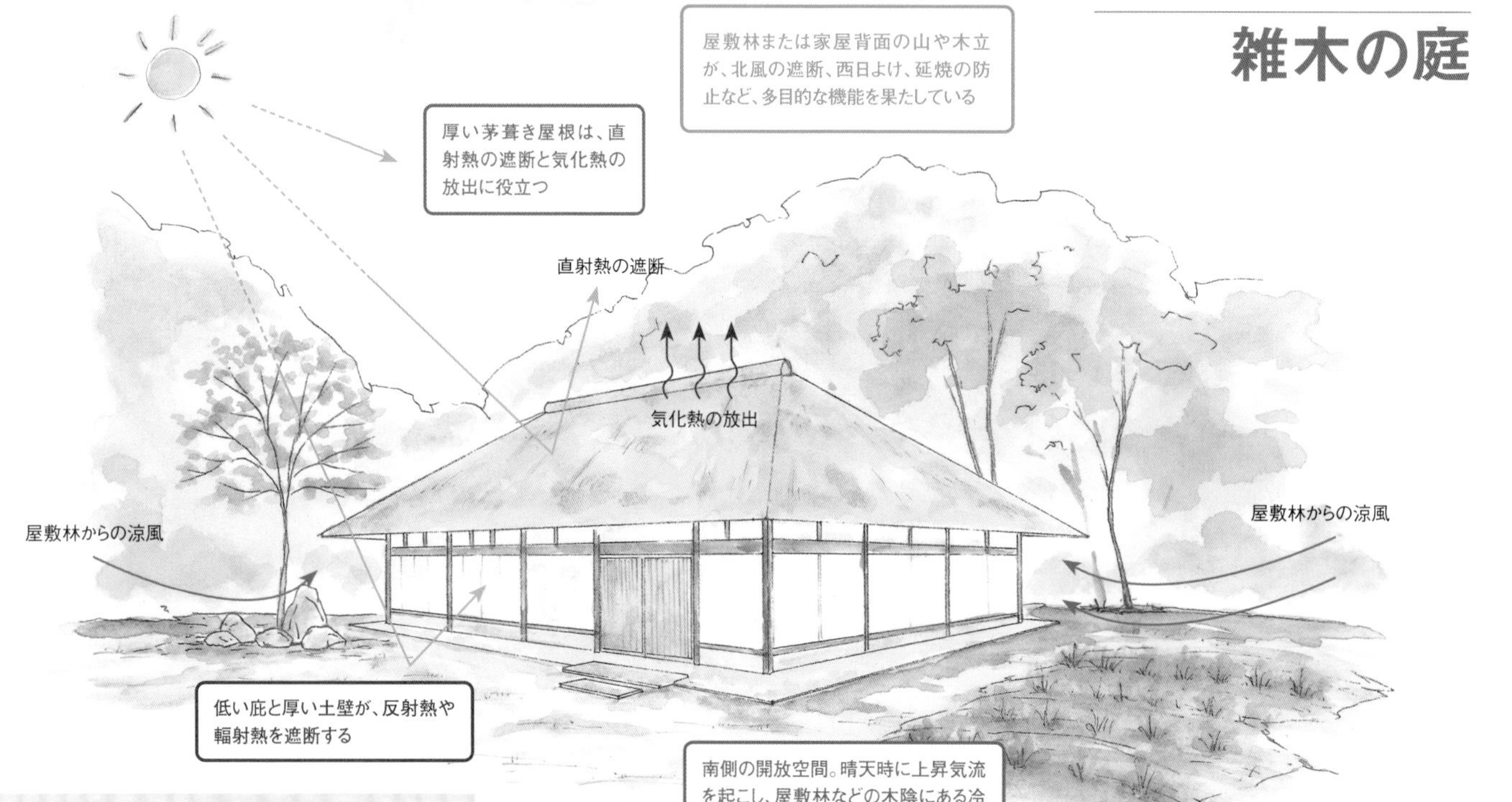
屋敷林からの涼風
屋敷林からの涼風
南側の開放空間。晴天時に上昇気流を起こし、屋敷林などの木陰にある冷気を涼風として家の中に誘導する

図3 茅葺き民家 夏の環境改善の仕組み

現代住宅と、かつての民家の違い

1 古民家と暮らしの知恵

昔は空調装置の設備などありませんでした。そのかわりに、家のつくり方や外環境を利用しながら快適な住まいの環境をつくる、たくさんのヒントが暮らしの中にありました。

「家の作りやうは夏をむねとすべし」（兼好法師『徒然草』）。四季の中でも特に蒸し暑い日本の夏をどうしのぐかということが、快適な住まいをつくるうえでの最大の課題だったようです。

木々を用いた現代住宅の環境改善についてのお話の前に、ここでまず、かつての日本の住まいにおける環境改善の知恵を紹介しましょう。

図3は、かつては日本の民家づくりとして一般的であった、茅葺《かやぶ》きの家屋です。

蒸し暑い真夏の日中でも、茅葺き民家の中に入ると、ひんやりした空気にほっとした体験をした人も多いと思います。エアコンなどなかった時代のかつての民家には、蒸し暑い夏を快適に暮らすためのさまざまな知恵が凝縮されています。

屋根の工夫　幾層にも重ねられた分厚い茅葺きの屋根は、直射日光の熱

現存する日本最古の民家とされる箱木千年家（兵庫県）。茅葺き屋根の深い庇が夏の直射日光を遮り、分厚い土壁が夏の反射熱を遮断し、気温の日中変化を緩和する。

を遮るだけでなく、適度に含んだ水分をゆっくりと蒸発させることで、気化熱を奪い、夏の室内をひんやりと涼しくしてくれます（写真1）。

かつての暮らしに不可欠な囲炉裏《いろり》やかまどは、冬の暖房となり、炊事、採暖、衣類などの乾燥だけでなく、茅を燻《いぶ》すことで屋根を長持ちさせました（写真2）。

室内で薪や炭を燃やすため、煙を逃がす必要があります。天井を設ける場合でも、基本的に竹すのこなどを用いて、煙が屋根裏へと抜けていくように工夫されています。これがまた、夏には暑い空気を屋根裏へと逃がす役割を果たしてくれました（写真3）。屋根裏に上った夏の暑い空気は、茅葺き屋根の気化熱放出作用によって冷却され、あるいは、越し屋根と呼ばれる屋根の上の煙抜き（写真4）から上昇気流となって抜けていきます。

厚い土壁は、地面からの照り返しの熱の進入をシャットアウトします。深い庇《ひさし》は夏の直射日光の差し込みを退け、また、庇の下の縁側部分が家と外との緩衝地帯となり、外部の熱気が室内に伝わるのを遮ります（写真5）。

日照の差し込み角度が浅くなる冬の間は、南側の縁側を通して家屋室内に日が差し込みます。夏の日照を遮り、冬の日差しを取り込む工夫がなされているのです（写真6）。

縁側の工夫　外と中との境界は、広縁（廻《まわ》り廊下など）、濡《ぬ》れ縁など、緩衝スペースを設けることで、夏の直射日光や周囲からの輻射熱を遮ります。同時に、可動性の高い間仕切りによって通風が確保され、風を呼び込む工夫がされています。家だけを見ても、かつての民家は、自然の力を利用して、夏の暑さをしのぐ快適な居住環境をつくりあげていたのです。冬には、間仕切りを閉めることによって室内の熱を閉じ込めます（写真7）。

環境の工夫　さらには、周囲の環境を利用した適切な家屋配置や、屋敷林と呼ばれる環境改善林の育成など、家単体だけでなく外空間を活用して、快適性を生みだす工夫がなされてきたのです。

屋敷林は、その土地の気候風土上の必要性によって異なりますが、一般的には家屋の西側や北側に配されます（写真8）。

周囲に山や森がある場合は、家の北面や西面を林に寄せて、南側に開放空間をつくるという建て方が多かったようです。これが冬の北風や夏の西日を防ぐといった機能を果たしているだけでなく、夏には冷気を蓄積するという、住まいの微気候改善上、とても大切な機能がありました。

そして、南に面した庭は、空間としてあけておきます。収穫物を干したり、しまうための準備作業をしたり、脱穀、餅《もち》つきなど、作業場として利用しました。樹木は端のほうにカキノキなどの有用木を少しばかり植えるといったことはあっても、基本的には広い空間が取られていたのです。

1

2

3

4

5

6

7

8

2 現代の分譲住宅

都市近郊で今も増え続けている分譲住宅の特徴を見てみましょう。

郊外に拡張されて増え続ける住宅地は、多くの場合、残念なことに家屋の環境を改善するための外空間という発想をもたずに家屋が建てられてしまっているのが実際です。

密集した今の分譲住宅地では、家屋の2面ないし3面には室内環境を補う外空間の余裕がないケースが多いようです。

隣接する家屋の排熱や壁面からの輻射熱、周辺のアスファルトやコンクリートの照り返しなどが、夏の住まいを襲います。

高い蓄熱性をもつコンクリートやアスファルトは、日中に熱せられると夜でも冷却されることがなく、街の空気を一晩中暖め続けてしまいます。

そのため、かつては夏の夕方には気温も下がり、夕涼みができましたが、今の住宅密集地ではそれもなかなかできなくなってしまいました。

また、庇の浅い2階建て家屋では、日差しの高い夏でさえ窓を通して室内に直射日光が入り込みます。また、家屋の西側や北側も隣家や道路に囲まれて植栽のゆとりもなく、冷気をためる場所もありません。

外界を遮断して家屋の断熱性能を高め、空調装置によって室内温度をコントロールできる現代だからこそ、このような住環境でも人が住めるのでしょうが、その反面、街の環境も風景も劣悪で潤いはなく、そこに住む人たちさえも愛着が感じられない街並みになってしまったようです。

区画分けされた最近の住宅地。敷地いっぱいに2階建ての家が立ち並ぶ。

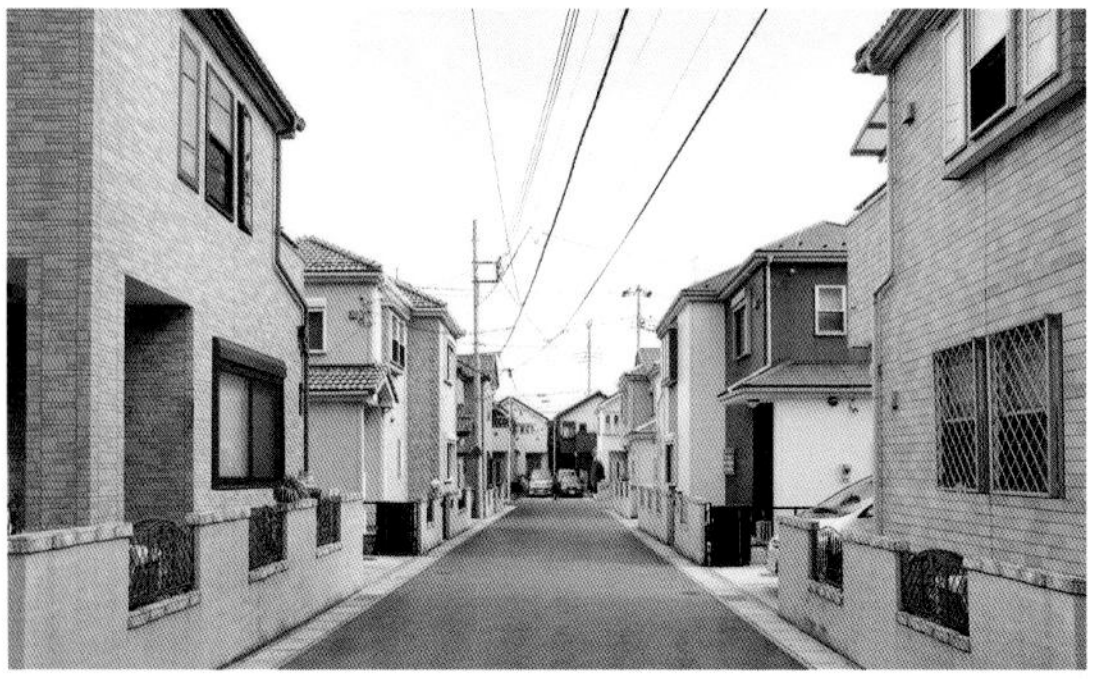

道路や隣家ぎりぎりに立ち並ぶ住宅地の光景。

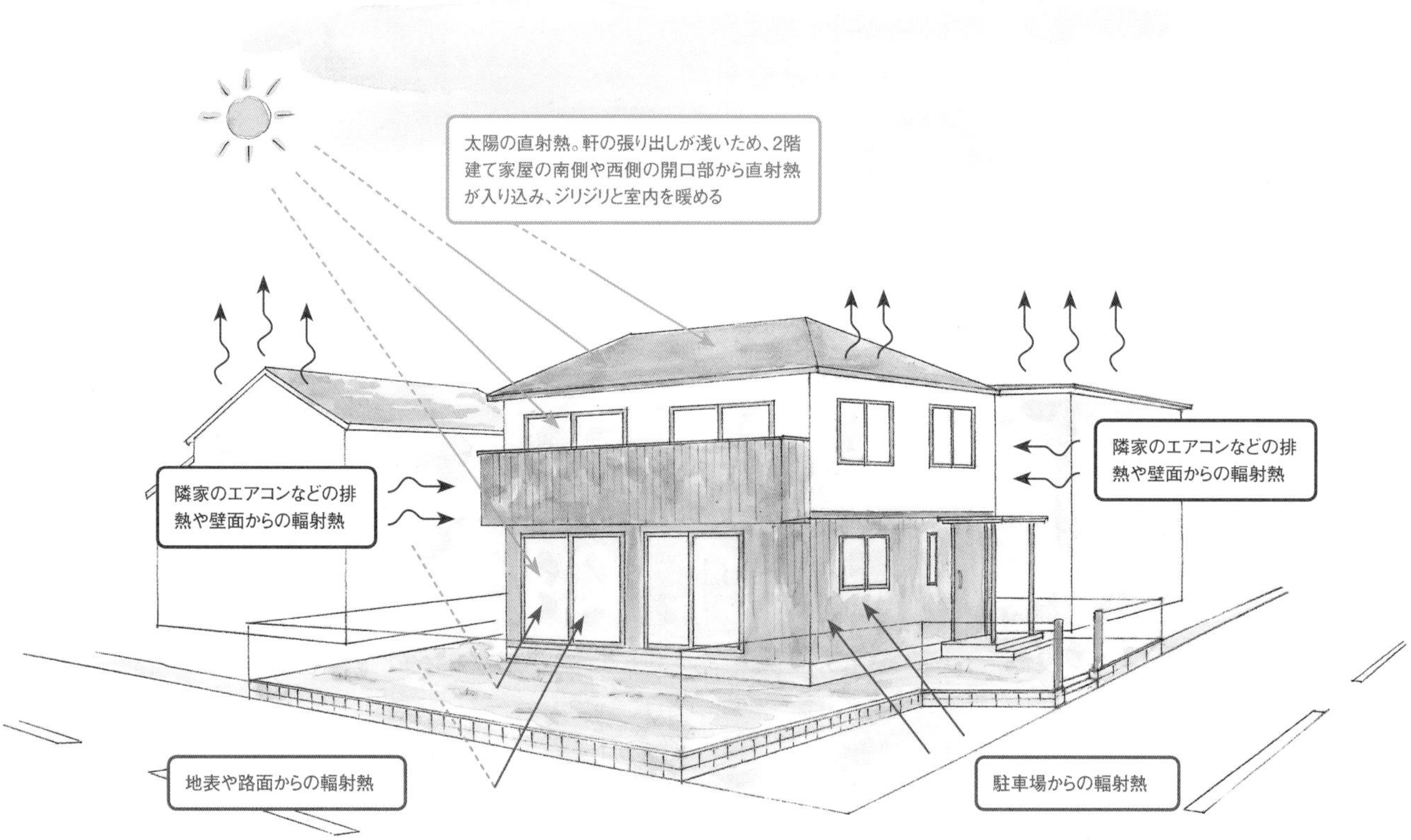
太陽の直射熱。軒の張り出しが浅いため、2階建て家屋の南側や西側の開口部から直射熱が入り込み、ジリジリと室内を暖める
隣家のエアコンなどの排熱や壁面からの輻射熱
隣家のエアコンなどの排熱や壁面からの輻射熱
地表や路面からの輻射熱
駐車場からの輻射熱

図4 現代住宅における夏の熱環境

3 木々の効果で環境改善

これからの時代、低炭素社会、持続可能な社会を築き上げていくためにも、街のあり方、住まいのあり方を考え直さなければならない時期にきているように感じます。

その一つとして、木々の効果をじょうずに生かして健康的で心地よく、愛される住まいの環境に改善していこうという考えが「これからの雑木の庭」なのです。

図5は、先の図4で示した住宅地に雑木を配して環境改善を試みた場合の植栽イメージです。

効果的な植栽によって、現代の住宅においても住まいの環境を大きく改善することができます。

写真9は植栽後3年経過した家屋西側の様子です。自然乾燥木材で建てられたパッシブソーラーハウスで、エアコンはありません。家屋の西側と北側の雑木植栽が、夏を心地よく暮らすために効果的な役割を果たしています。

現代住宅にはそれに応じた効果的な環境改善の仕方があります。家屋のあり方、住宅地のあり方にもたくさんの課題がありますが、まずは木々をじょうずに使って快適で美しい住まいの環境をつくってみませんか。

9

家屋西側の木立。この木々が夏の西日を遮り、家の周りに心地よい木陰をつくってくれる。

外周植栽による道路や隣家からの輻射熱を遮断
家際の落葉樹によって、夏の直射日光を遮断
高木は落葉樹主体で、冬は日が差し込む明るい庭に

図5 図4をもとにした雑木植栽のイメージ

雑木の庭空間をつくる設計のポイント

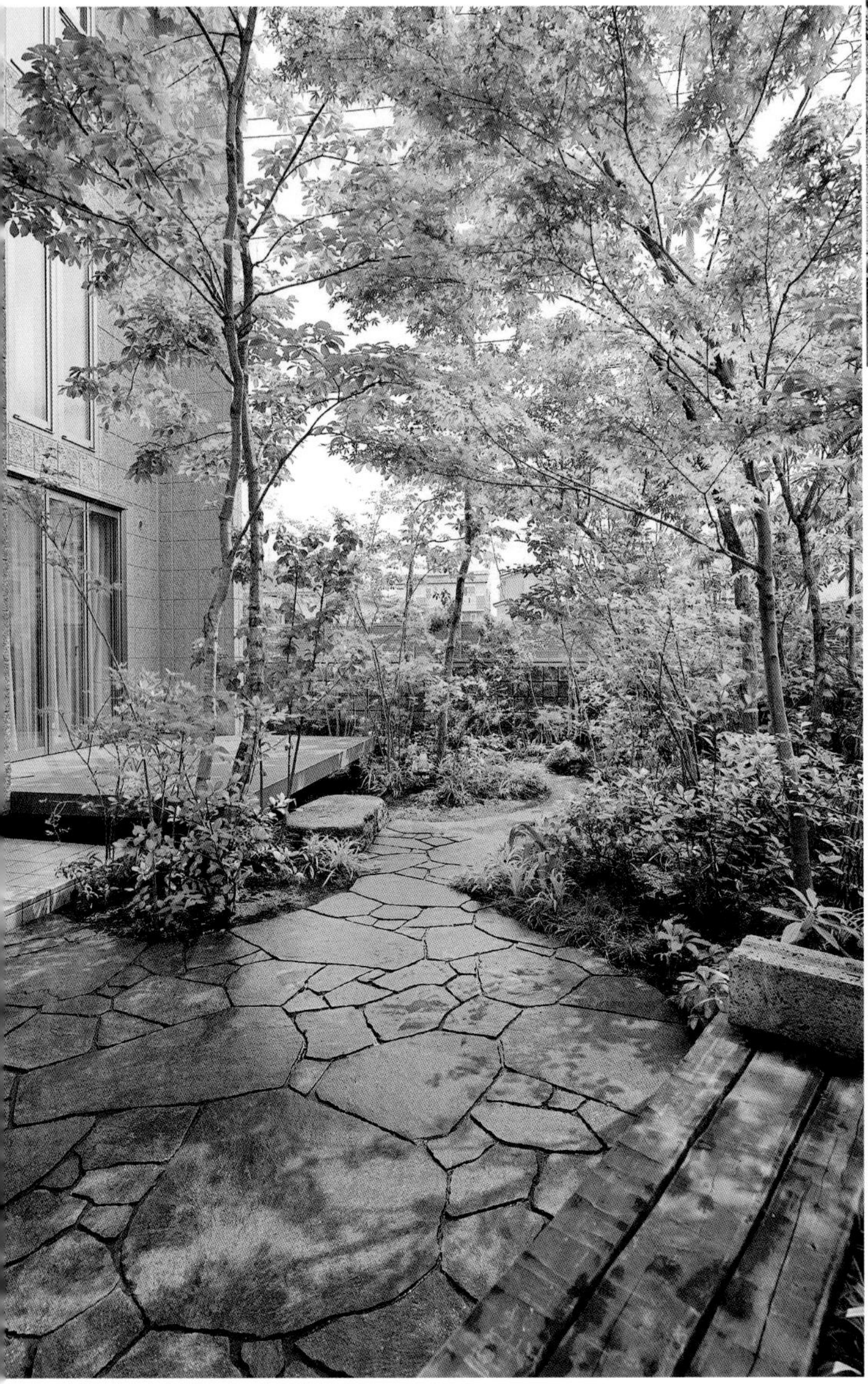

1階の窓にかかる木陰の動きや、2階や3階の窓からの樹木越しの景色を考え、必要かつ効果的な植栽配置を重視して計画する。

植栽スペースの下にテラスや生活動線など、暮らし方に応じて配していくことで、室内からの眺めもよくなり、外空間も奥行き感のある心地よい庭になる。

よい空間を設計するには

庭をつくる目的はさまざまです。住む人自身がそれぞれの求める理想の庭を思い描いてつくればいいわけですが、ここでは雑木の庭をつくる場合、あらかじめ知っておきたい大切なポイントを取り上げます。

植栽配置を第一に工夫

雑木の庭の場合、屋外空間は住環境の一部として、雑木を用いて心地よい暮らしの環境をつくり、その環境を維持するために樹木を育て、管理します。そのためには、家屋の配置や敷地条件を知り、周囲の状況に応じた適切な植栽配置がとても大切になります。

バーベキューテラスや回遊路、広場スペース、ウッドデッキなど、庭を楽しむためのさまざまなパーツも、植栽によって雰囲気をつくらなければ、落ち着きのある心地よい空

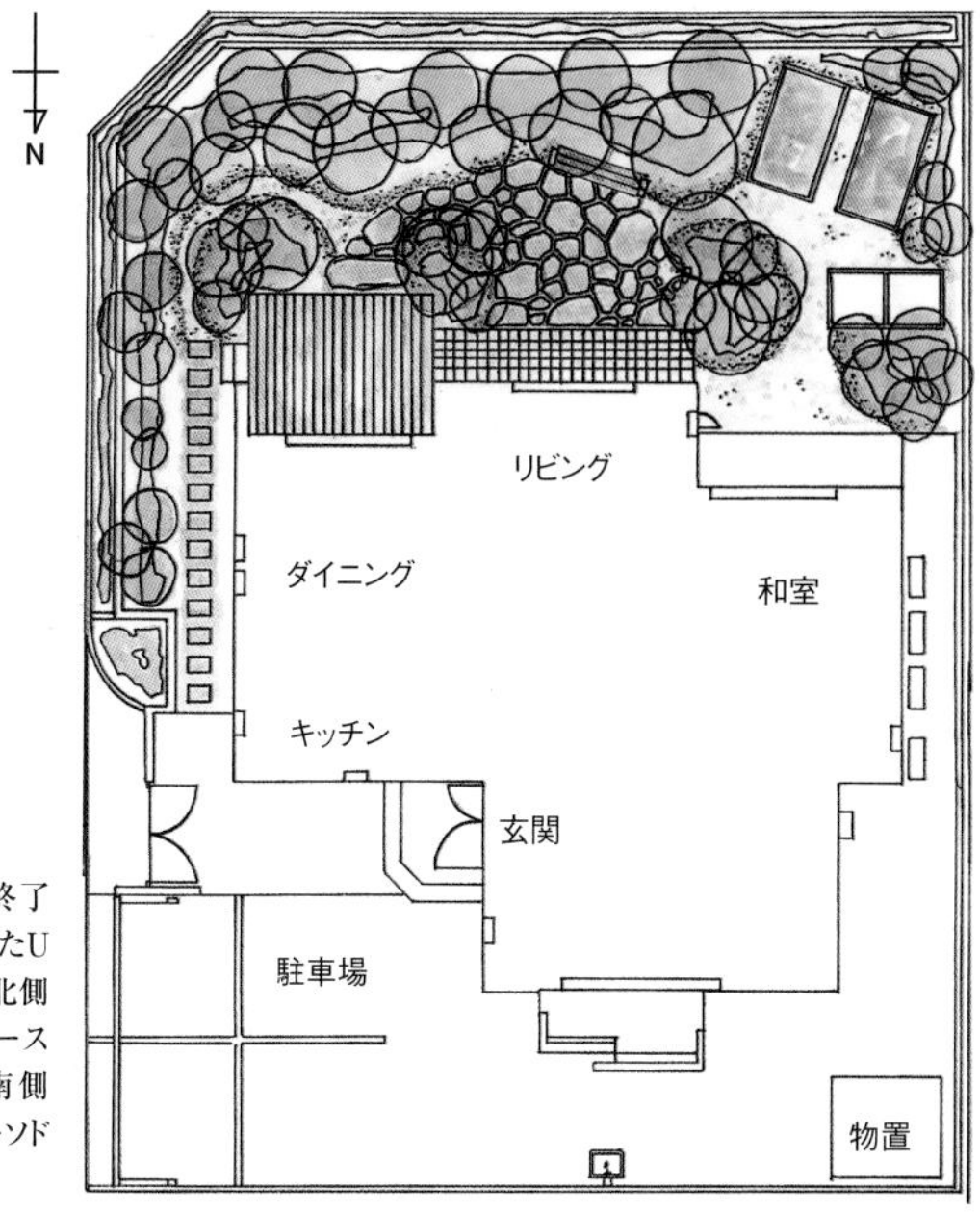

図6

家屋の外構工事終了後に設計依頼されたU邸の敷地平面図。北側と西側に植栽スペースが取れず、庭が南側だけに集中するオーソドックスな配置。

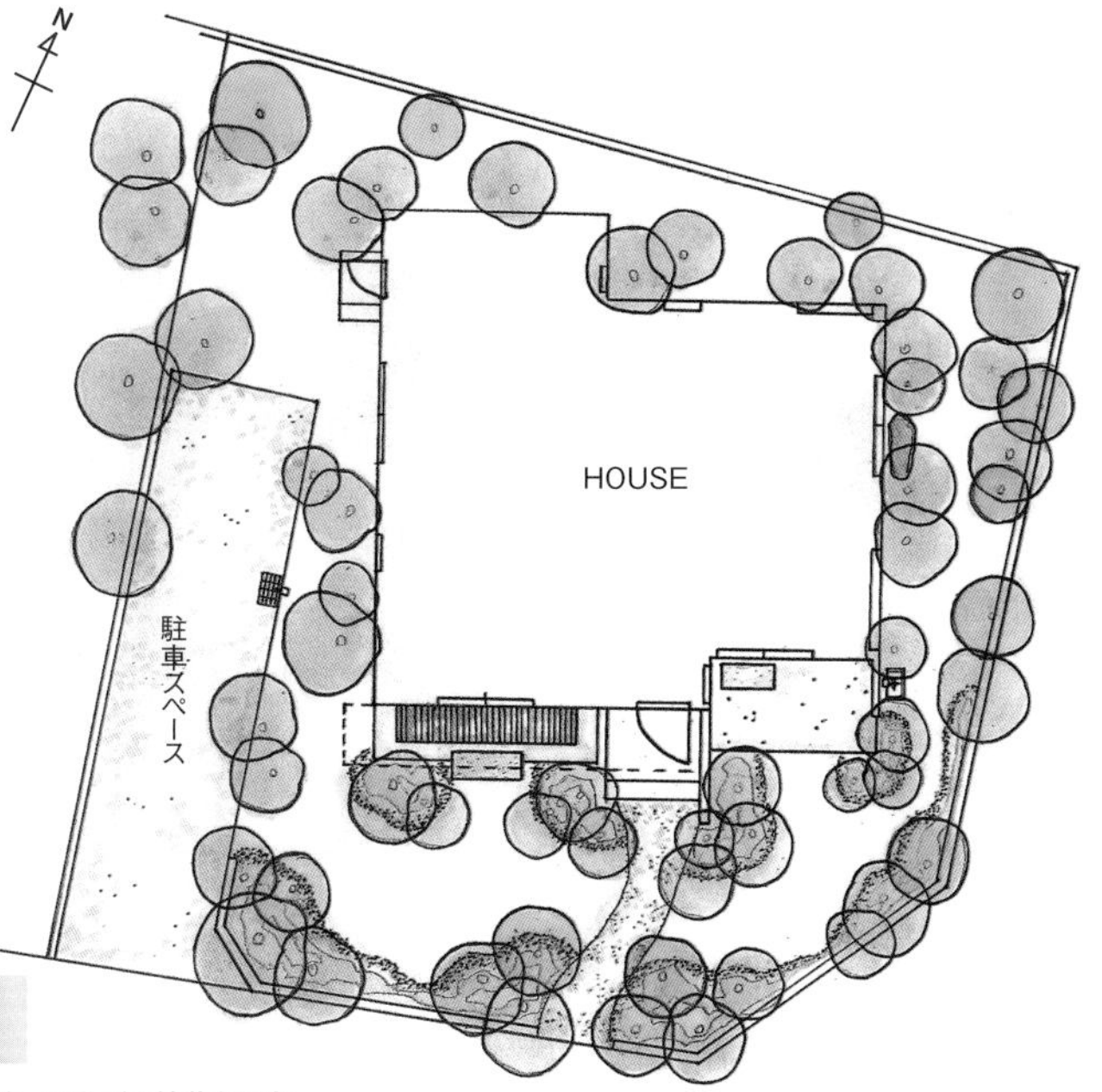

図7

住まいにとって必要な植栽を四方に施すため、家屋の配置の段階から外空間を含めて検討した住環境計画平面図。北側や西側、駐車スペース周辺にもバランスよく、必要な植栽スペースが配分されている。

図8

図7平面図の住まいの外空間イメージ。駐車スペースを含めて樹木越しに家屋の風景を構成し、住まいの環境を美しく見せている。2階を含めた窓から見える景色が枝葉の緑で潤うだけでなく、夏には木陰が壁面を覆って涼しくなるように工夫されている。適切な植栽配置が心地よい住環境をつくる。

間にはなりません。

よい住環境をつくるためには、まずはその場所でどのような植栽配置が効果的かを考えることが、最も重要なことになります（図6）。「欲しいものを庭の中に適当に配置して、余ったスペースに植栽する」などといった考え方では、愛着のもてる住環境などできるはずがありません。

家と庭とが一体となった潤い豊かな暮らしの環境を実現するには、樹木などの植栽配置と庭での暮らしを楽しくしてくれるパーツとを同時に考えて、設計に取り入れることです。こうした発想に立つときに、よい住環境が生まれるのです（図7、8）。

造園設計の理想的な開始時期

よく「住まいを新築するとき、造園設計はどの段階から始めたらよいか」と聞かれます。そのときは「家屋や、住む方のニーズやライフスタイルに合った最適の住環境をつくるためには、建築設計と同時進行で外空間（庭）を設計するのがベストです」と答えています。

限られた敷地に最適な植栽配置を計画するためには、敷地における家屋の配置や窓の配置だけでなく、家の周囲との関連性をもって考えることが、よい住環境づくりに欠かせないからです。

内と外の境界部分
建築と造園の
中間領域の設計

家屋の掃き出し口からの伝い（通り道）の表情。足元の表情が室内から庭へと自然と導いてくれる。掃き出し口は庭へと伝う起点となる。

中間領域は重要な設計ポイント

軒内の空間や玄関ポーチ、濡《ぬ》れ縁や掃き出し窓、あるいは中庭やテラス、部屋から出入りできるデッキなど、室内と屋外とが接し合う部分が内と外との境界部分です。

外でもあって内でもあるような中間領域は、心地よい住まいの環境を設計するうえで、とても大切なスペースとなります。使いやすさや景色の構成を含めて、慎重に設計する必要があります。

内と外とを心地よく接続していくことによって、美しい住まいの環境が生まれます。

かつての日本の住まいでは、この中間領域をじょうずに生かして、内と外とが互いに補完しながら、よい住環境を築いてきました。

建築と造園はどちらも一つの住環境です。外へのつながりを重視した家屋を考え、外空間も単に庭をつくるという発想を超えて、家と庭とが一体となるように、日本の伝統的な住まいづくりの知恵を再び生かしながら、住環境をよいものにしていくことが大切です。

住まいの内と外、そして住まいと街が調和し、共存して補い合う環境づくりが、愛着のもてる街をつくります。

玄関をあけると外の風景が心地よく内側へ入り込み、庭への期待感が膨らむ。（高野邸）

広い軒下の玄関ポーチ。ここは庭や駐車場へ行く、生活動線の起点となる。（高野邸）

右／玄関からの伝いの様子。三和土（たたき）の土間に埋め込まれた敷石を伝う。軒内の袖垣が景色を引き締め、品格のある玄関の雰囲気をつくりだす。（白須邸）
下／室内から続く屋外デッキも中間領域の一つ。屋外にある部屋として家屋とひと続きで気軽に出入りできると同時に、外空間の清々しさを室内に引き込む場にもなっている。（白須邸）

上／玄関ポーチから軒下を通って駐車場へと抜ける伝いは、広い三和土の土間空間。主要な生活動線は広く歩きやすいものがよい。同時に庭を楽しめる意匠との両立によって、愛される生活空間がつくりだされる。（高野邸）
下／窓は内と外との境界の一つ。窓越しに外へと吸い込まれていくような景色のつながりが、心地よい住まいをつくるキーポイント。（高野邸）

東西南北の植栽配置

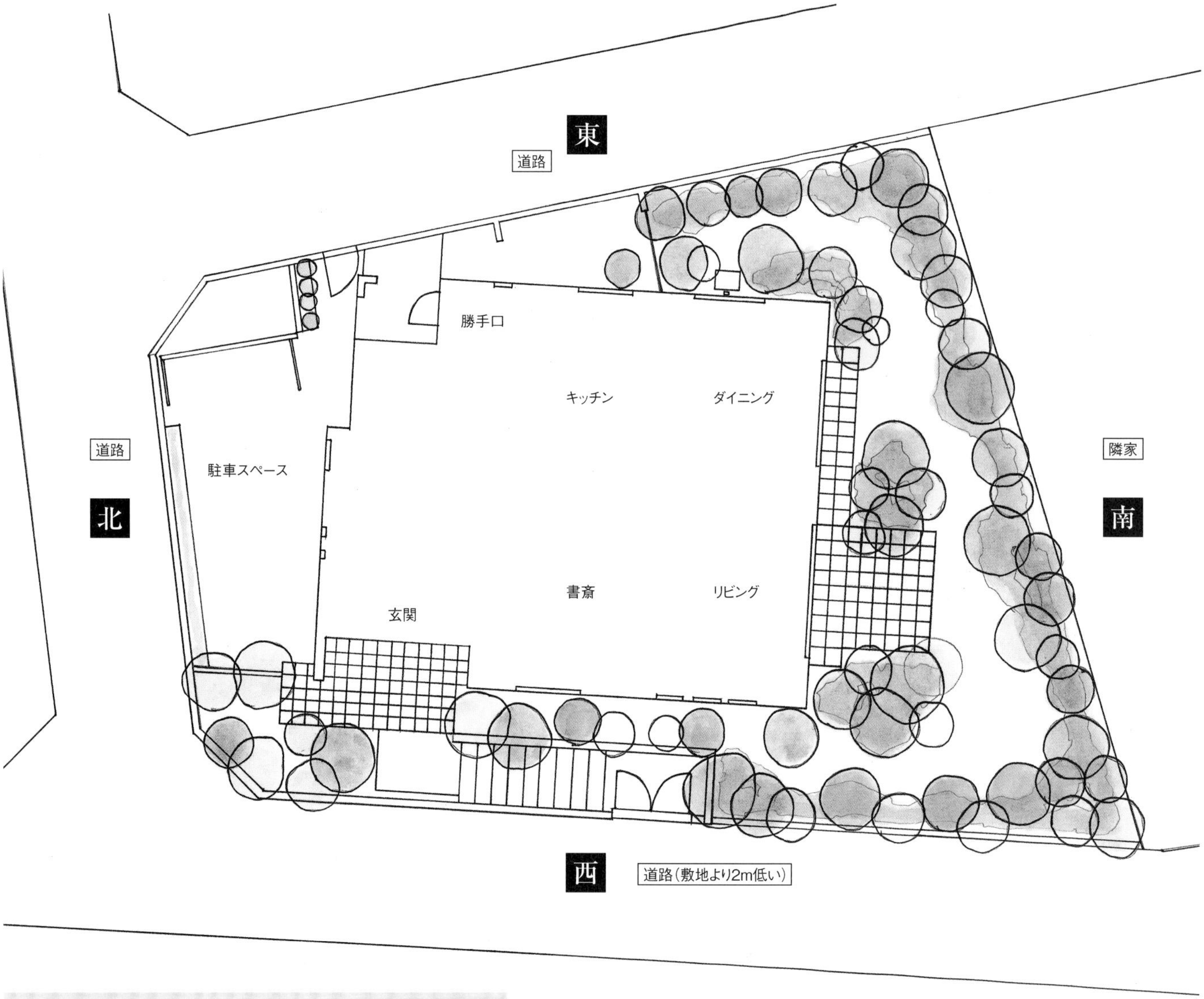

図9　東京都練馬区の住宅密集地に立つ敷地平面図

造園設計の理想的な開始時期

一般的な住まいの敷地の中で、木々を効果的に生かして快適な住まいをつくるためには、家屋の東西南北4面の外空間をフルに活用することです。つまり、住まいの内と外を相互に補い合いながら、全体としてよい住まい、最適な住環境をつくっていくのが、これからの雑木の庭の考え方です。

こうした理想的な住環境を都会の狭い住宅地の中でつくっていくためには、住まいの環境的な補完を考慮して、できるだけ家屋の周囲全体に必要な緑を取り込めるように植栽配置を計画することです。

ここでは、都会の住宅密集地の中でも理想に近い家屋と植栽の配置がなされた事例をもとに、方位ごとの植栽のあり方について考えてみます。

図9は、東京都練馬区にある住宅密集地の敷地平面図です。

西側を除いて家屋と敷地のラインとが平行でなく、角度を振っているのが見て取れます。このおかげで植栽場所が確保でき、都会の限られた敷地でも環境づくりのために必要な植栽が実現できているのです。

また、各方位の植栽は、主に家屋の窓配置を中心に考えていくことが、よい住環境をつくるうえでのポイントとなります。

東側の植栽

東側の植栽

家屋東側の窓は、午前中の日差しや木漏れ日を室内に届けてくれます。目覚めの朝、外のさわやかな空気や光を取り込むことができれば、明るい気分で一日を始めることができるでしょう。同時に、人通りや隣接家屋からの目線が気になる住宅地の中では、カーテンをあけても周囲が気にならないような配慮が必要です。また、夏の間は日差しを遮断するための木陰づくりも大切です。

図10と写真1をご覧ください。東側の植栽場所の奥行きは2m50㎝程度のスペースです。1階にはダイニングの東窓、そして2階には寝室の窓が取られています。寝室の東側にある窓は、朝に雨戸をあけるとその後、夕方まであけたままというのが普通です。そのため、夏は日差しを遮断し、逆に冬は日差しを取り込む工夫が必要になります。

2階の窓正面には、落葉樹の枝葉が適度に差しかかるように高木を配置します。

ダイニングの東側にある窓となる1階窓は、開放感を損なうことなく、周囲の目線が気にならないように、フェンス際の境界部分を中心に、必要に応じて軽やかな枝葉の常緑樹を配します。必要な常緑樹の高さは、周辺の状況により異なりますが、一般的に2mから高くて3m程度で、歩く人の目線から窓が隠れる程度の高さがあればよいのです。

狭いスペースで目隠しばかり重視

図10 東窓周辺の植栽

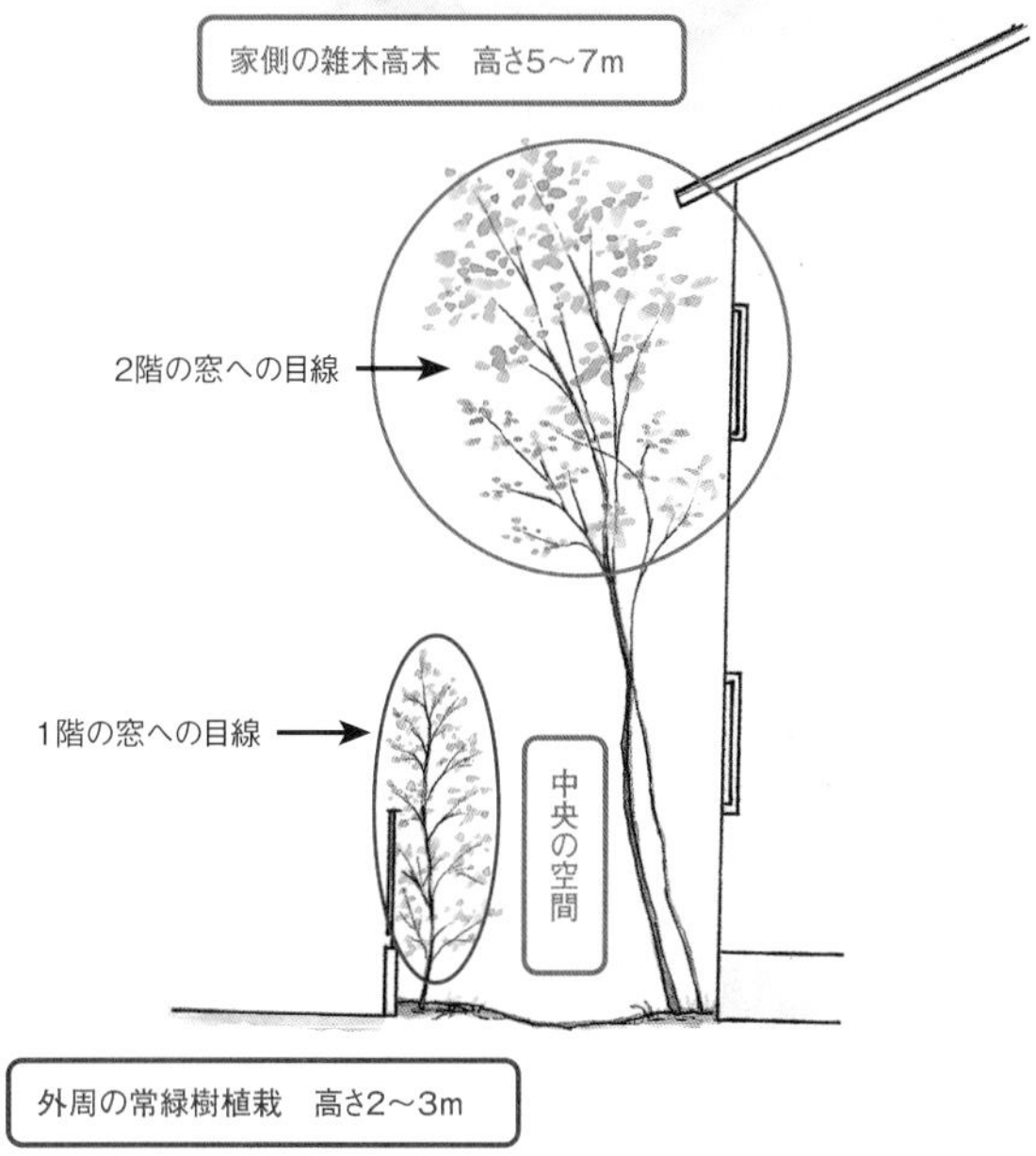

して生け垣のように葉が密生した重い植栽にすると、開放感や明るい雰囲気も失われ、さらには庭全体の連続性をも犠牲にすることになります。

外周といえども植栽はあくまで軽やかに、枝越しに透けて見える程度がよいのです。狭い場所での過度の目隠し植栽は、住まいを息苦しく感じさせてしまいます。

生け垣のように密に遮蔽するのではなく、枝葉越しに外を垣間見る安心感と開放感、そして立体感をもった植栽こそ、狭い空間を快適に活用する理想的な植栽といえます。

右/葉を落とした冬の窓辺に差し込む朝の日差し。
左/窓際の高木、塀際の中木群、中間の空間は樹間の園路に。

南側に設けた屋外リビング。

2

南側の植栽

写真**2**の家は、南側に主庭としてメインスペースを設けています。2階の各部屋も、この家にとって主要な窓を南側に配しています。

リビングの窓の前にあるタイル張りのテラスが、住まいの内と外との中間領域となり、庭の起点にもなっています。この庭の景色を構成する大切なところです。

家際の雑木植栽は、このテラス際や窓際を中心に配置し、外周の木々と連続性をもって重なり合い、そしてつながっていくように見せることで、奥行きと落ち着きのある雰囲気を醸し出しています。

一般的に、南庭は屋外リビングとして、あるいは室内からの観賞を重視した主庭とするケースが多く見られます。

こうした屋外リビングスペースを落ち着きあるものとするためには、図**11**のようにテラスの両わきに取り入れた樹木群の植栽が効果的です。これが窓際の近景植栽となり、2階にある窓の前で枝葉を揺らし、その下のテラスは枝葉の木陰となります。

南側の家際植栽は、夏には家に近い位置に効果的に木陰をつくります。それによって家際の地面が冷却され、家屋を涼しくしてくれるのです。

また、家際の植栽群は、1階にある窓辺の景色となります。主木に中木や低木を組み合わせて、軽やかで透過性がある景色をつくって、窓辺

家際の植栽群は、1階窓辺の風景になるように、高木、中木、低木を組み合わせる。

テラスの両わきに設けた植栽。

東庭から南庭を見ると、木々が連なって奥行き感が生まれている。

図11　テラスわきの植栽モデル

を演出し、潤いをもたせるようにします（写真3）。

東庭と南庭がつながり、東庭側から南庭を望むと、家際の木々と外周の緑が連なって見え、奥行き感も生じます（写真4）。

ポイントを絞って植栽した木立と木立とが、連続性をもって視覚的につながることで、まるで森の中のような豊かな緑が感じられます。

木漏れ日の下の屋外リビングとしての主庭、木立が生み出す遠近感をじょうずに生かすことで、狭いながらも心地よい空間がつくりだせます。

西側の植栽

夏の炎天下、高い角度から日が差し込む南側は、庇《ひさし》などによって日射しが室内へ差し込むのを防げます。一方、西日は大気が暖まっている夏の昼下がりから夕方にかけて、低い角度からダイレクトに家屋の外壁に当たり、窓から差し込んで室内を暖めます。

自然の力を利用して住みやすい環境をつくるためには、実は西側の植栽が鍵となるともいえます。

図12をご覧ください。西側は高木から中木まで、主に落葉樹を中心に植栽することで、側面から差し込む夏の西日を遮断し、なおかつ、冬の日差しを取り込むことができます。

樹木の効果をじょうずに生かすことで「夏は涼しく、冬は暖かく」、本来の自然と共生した暮らしが可能になります。

写真5の西側植栽幅は50cmから1m50cm程度です。この家の場合、道路から敷地が2mほど上がっているため、道路に張り出す枝葉が通行の邪魔になることなく、西日の緩和に必要な植栽ができました。

写真6は2階の窓の前には雑木の枝葉、そして目隠しが必要な1階の窓の前には、透過性のある常緑樹を配しています。

西側に植栽スペースを設けることで、夏の西日を気にせずに西側に大きな開口部を設けていくことができます。これが実は、冬の西日の熱を無駄なく室内に取り込むことに大きな役割を果たしてくれるのです。

現代の高気密住宅では、多くの場合、西側や北側には植栽することを想定せずに、東側や南側ばかりに庭空間を設ける形で家屋配置がなされてしまいます。そのため、夏の西日を防ぐために、西側の窓を減らしてしまうのですが、それではせっかくの冬の日差しを十分に生かせません。

夏の涼しさ、冬の暖かさ、その双方を満たすためには、西側に開口部を設けて、なおかつ窓辺に植栽スペースを設けることが大切です。

西側に植栽スペースをつくることで、西日を気にせず開口部を設けられる。

西側の植栽。

図12 西側の植栽群モデル

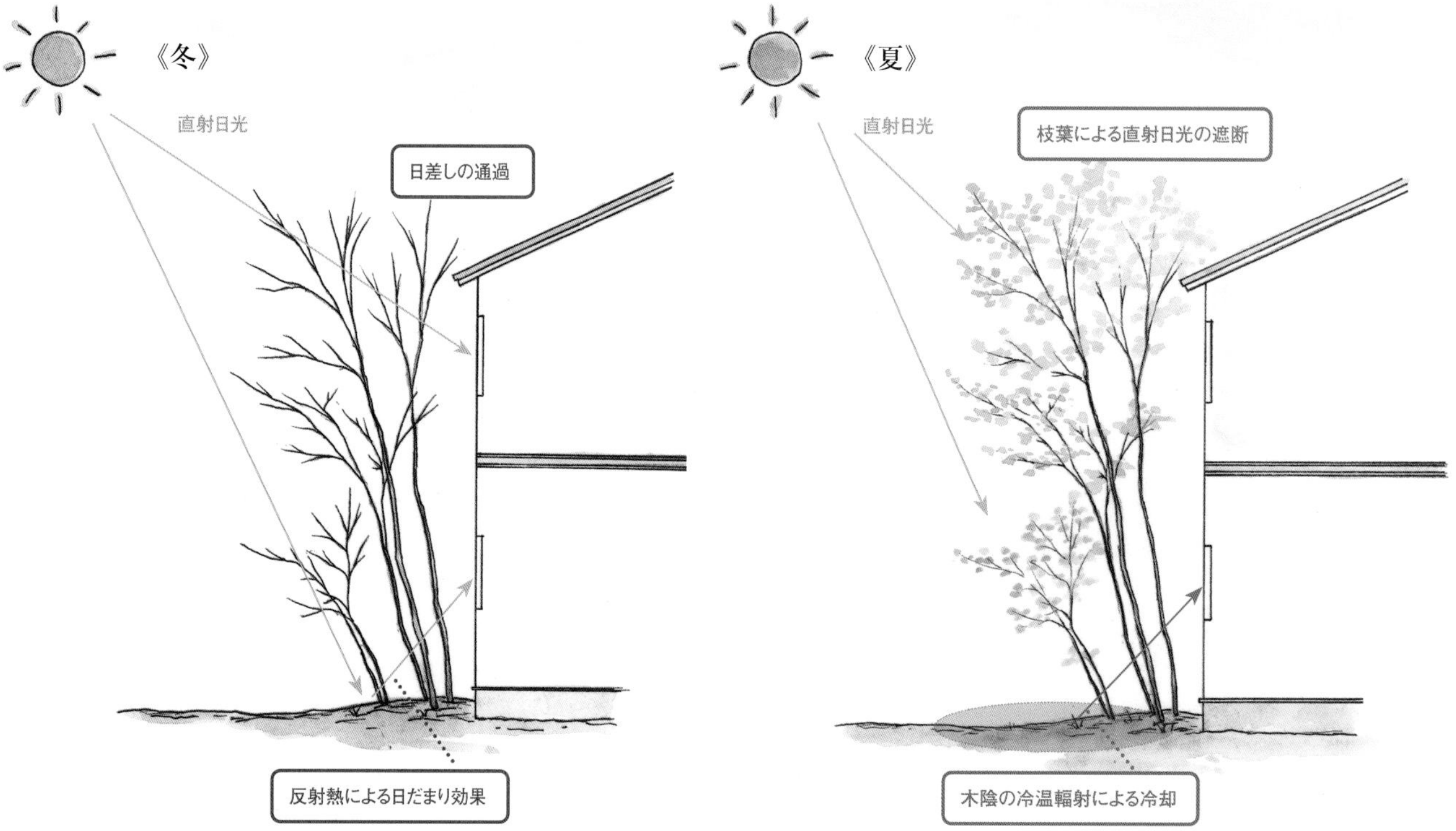

図13　家への冷気の吸い込み

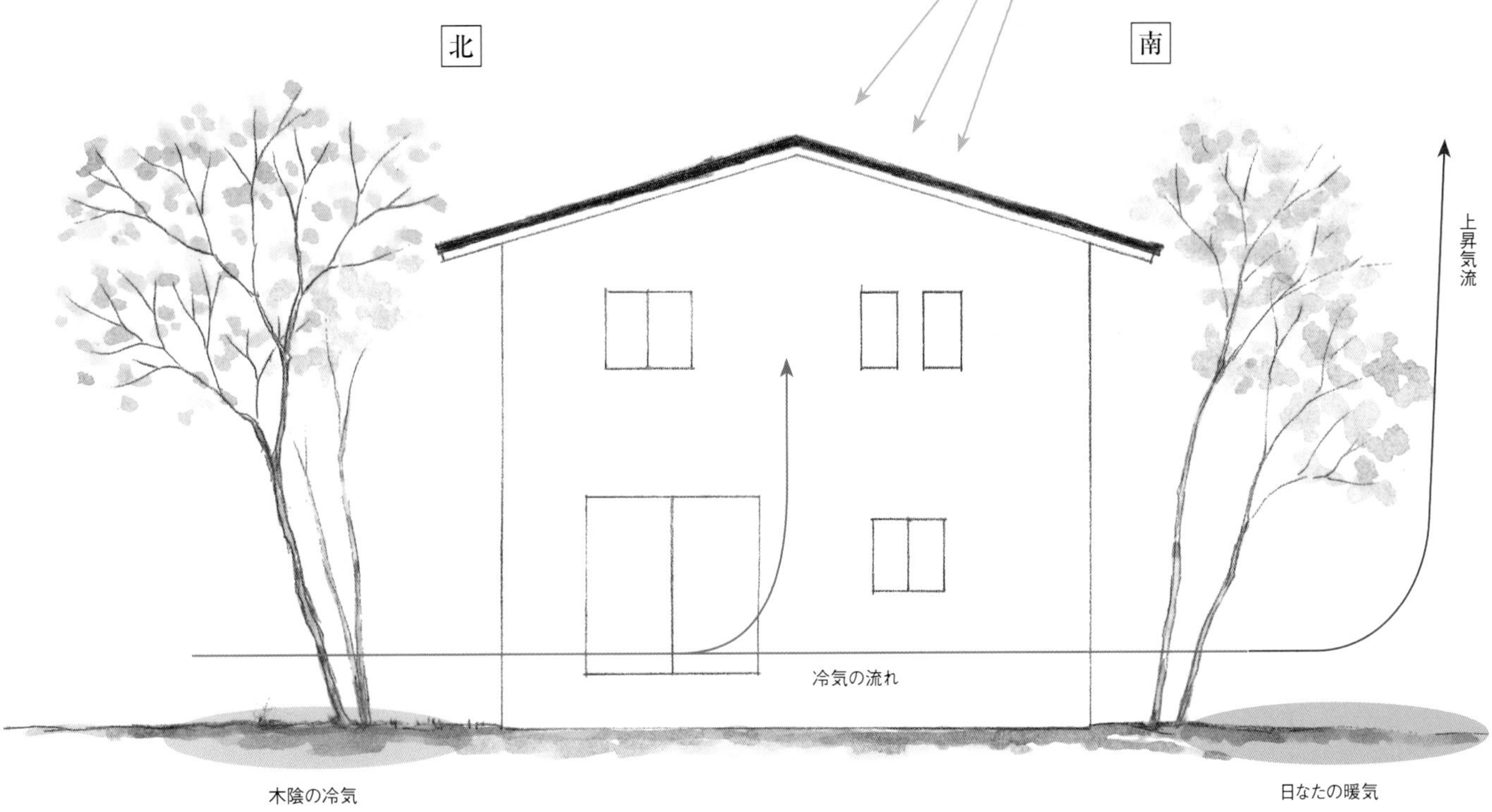

図14

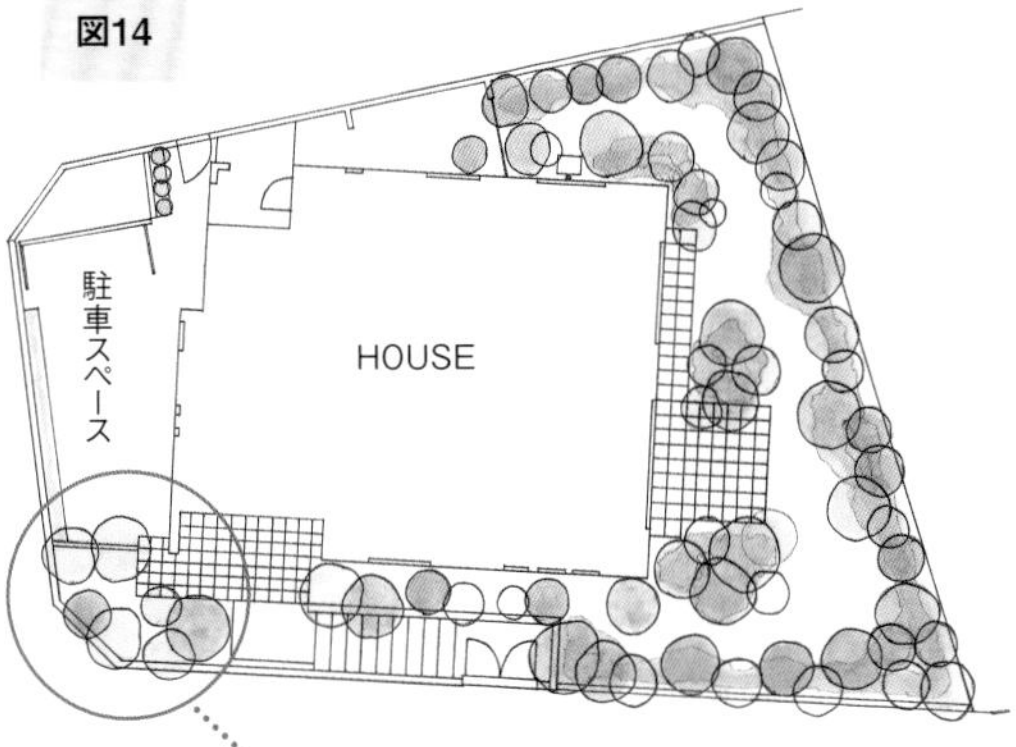

北西に植栽スペースを設けて、駐車場の蓄熱を和らげている。

北側の植栽

西側と同様、家屋の北側の植栽も、夏の住まいを涼しくするうえでとても大切な役割があります。

家屋の陰となる北側も、夏の南中時には2階屋でも1m余りしか日陰は伸びません。

しかし、図13のようにそこに木立があれば、家屋北面の大きな木陰によって冷やされた地面は、そこを抜ける風の温度を効果的に下げます。

この冷気は、家屋南側の日なたで起こる上昇気流に引っ張られて、北側の窓から室内を通り抜けます。

この性質は、かつての日本家屋では当然のこととして生かされ、民家は北側や西側に木立を背負うように建てられたのです。

北側や西側の樹木は夏の冷却のためだけでなく、冬に吹きつける冷たい強風を防ぐ防風林としての役割も果たしてきました。

しかし、限られた敷地に駐車場を設けねばならないのが今の住宅事情です。4面すべてを満たす理想的な住環境はなかなか難しいのが実際です。

図14のケースでは、北西のコーナーにボリュームのある植栽スペースを設けることで、駐車スペースのコンクリートへの、夏の蓄熱を和らげています。

最近の住宅は高断熱高気密住宅がうたい文句になり、空調の効率性ばかりを高めることが省エネ住宅だと考える人が今も多いようです。

しかし、そうした暮らしのあり方が自然との断絶を促し、街の環境の悪化につながり、さらにはヒートアイランド化を促進してきました。そして、殺風景で潤いのない住まいの環境が当たり前になってしまいました。しかし近年、人々は再びかつての美しい暮らしの風景を思い出し、そこに郷愁を感じるようになってきたようです。気候風土をうまく利用して快適な住環境をつくってきた、かつての暮らしの先人の知恵に学び、自然の恵みを生活環境の改善に生かしていく試みが、徐々に広がりつつあります。

木々を生かして住まいを美しく、なおかつ快適にする雑木の庭が、今求められています。そのためには、方位ごとの植栽の役割を把握し、東西南北に適切に植栽スペースを配していくことが大切です。

1

木立の組み合わせ

森の立体構成に学ぶ

雑木の庭空間では、樹木をそれぞれ1本ずつ平面的に植えていくのではなく、数本から十数本単位の木立として、立体的に組み合わせて配置していきます。このことは健康で自立した住まいの自然環境をつくるうえで、とても重要な植栽の方法なのです。

ではなぜ雑木の場合、これまでの庭木のように一本一本並べるように配置していくのではなく、木立として植える必要があるのでしょうか。

写真1は新緑の雑木林です。木々は密集して上下の空間を競い合い、緑のトンネルとなっています。よく観察すると、高木から中木、低木、そして林床植物と、空間をじょうずに住み分けながら立体的に形成されています。この姿こそ、自然で健全な森の姿なのです。

健全な森の条件は、人工の森でも天然の森でも、「共生関係をもつ生物の多様性が実現している」ということに尽きるかもしれません。

健全な森の大きな特徴は、図15のように「立体的な階層が成立している」ことです。

図15 健全な森林植生

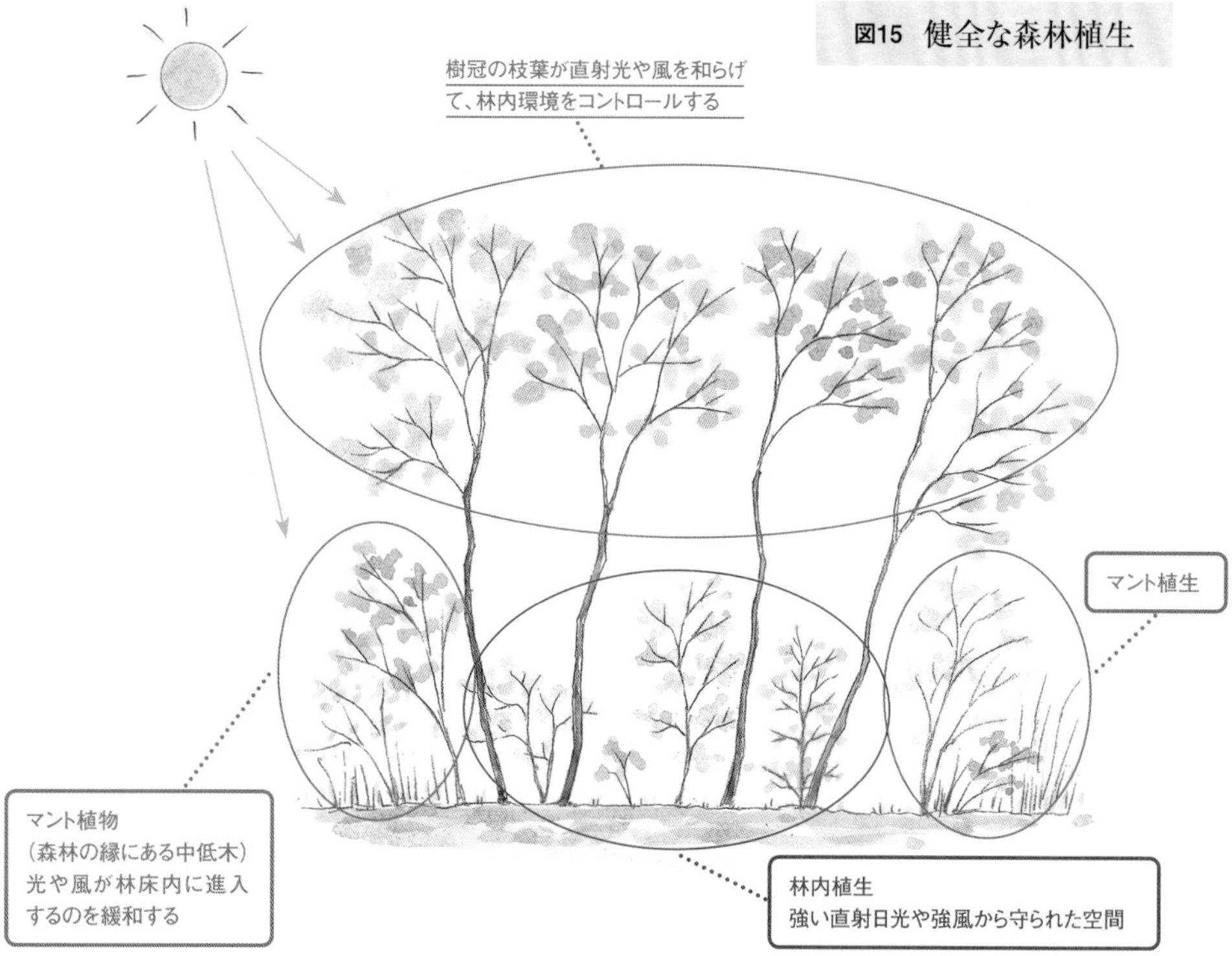
樹冠の枝葉が直射光や風を和らげて、林内環境をコントロールする
マント植生
マント植物
(森林の縁にある中低木)
光や風が林床内に進入するのを緩和する
林内植生
強い直射日光や強風から守られた空間

最上部の空間は高木が競い合って枝葉を伸ばし、それが林内に差し込む直射日光を軽減します。高木の下枝は、陽光の差し込みが少なくなるために枯れ上がり、林内には木陰の安定した広い空間が生まれます。

こうして生じた空間には、その環境に適応する木々が進出し、木漏れ日を拾い、ほっそりとした樹形に生育します。そして、林床には木陰の下草や苔類が繁茂し、しだいに階層的な植物相がつくられるのです。

森の縁には、マント植物と呼ばれる日なたの植物が茂り、それが林内に吹き込む強風を緩和し、森の中を常に湿潤で静かで涼しい状態に保ってくれます。このマント植物は、木陰となる林内には進出できず、あくまで林縁で生育を続けるのです。

多様化した森には多様な生き物がすみつき、それが生物的な拮抗作用をつくりだし、特定の病害虫の大量発生をも抑制しています。

こうして、木々は競合しながらも お互いがつくる環境改善効果を利用し合い、健全な姿を維持するのです。

健全な木の組み合わせをつくる

この木々がつくりだす環境改善効果を住まいの環境づくりに生かそうとするのが、雑木の庭空間をつくる基本的な考え方です。

しかし、ただ単に木陰をつくるために、雑木林の中で適応してきた下枝のない形状の自然樹木を、都会の砂漠のような厳しい環境に1本だけで植栽すると、直射日光や地面の照り返しの熱が幹から水分を奪い、木を傷めてしまいます（図16）。

文明活動の排熱に包まれた都会の夏の環境は、人にとって大変不快なものであるばかりでなく、木々にとっても同様に耐えがたいほどの辛い環境なのです。

こうして傷んだ木は衰弱し、病害虫への抵抗力をも失います。衰弱した木にはいっせいに病原菌や害虫が襲いかかり、さらに樹勢が衰えていきます。

そこで、図17のように階層的な木立をつくって、木々同士がお互いに守り合うように植栽します。そうすることで都会の厳しい熱環境の中に移植された自然樹木たちも健全に育つようになるのです。

つまり、高木の枝葉が直射日光を遮り、その下で守られるように中木、低木を添えていきます。中木は高木の幹に横から差し込む直射日光を遮ります。木陰の林床に適応する低木や下草は、地表温度の上昇を抑制し、それが土中微生物活動をも活性化するのです。

また、木立際の日なた側には、ツツジやウツギ類、アセビ、ヤマブキなど、日なたに適応する中木や低木をマント植物として植栽して、木立の中の環境をさらに安定するようにします（図18）。

こうした自然林に学ぶ植栽によって、はじめて、より健全で自立した庭の環境が生まれるのです。

図16　下枝のない樹木を独立で植えた例

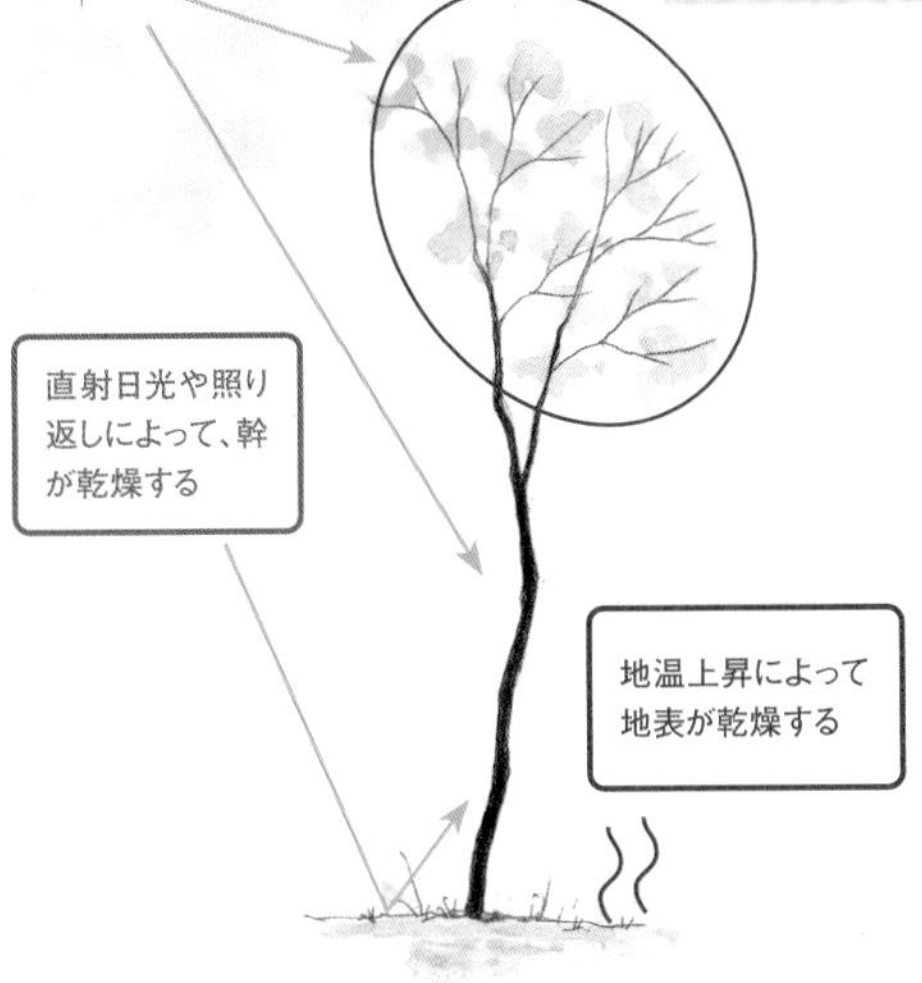

直射日光や照り返しによって、幹が乾燥する
地温上昇によって地表が乾燥する

図17　階層的に樹木を組み合わせて植えた例

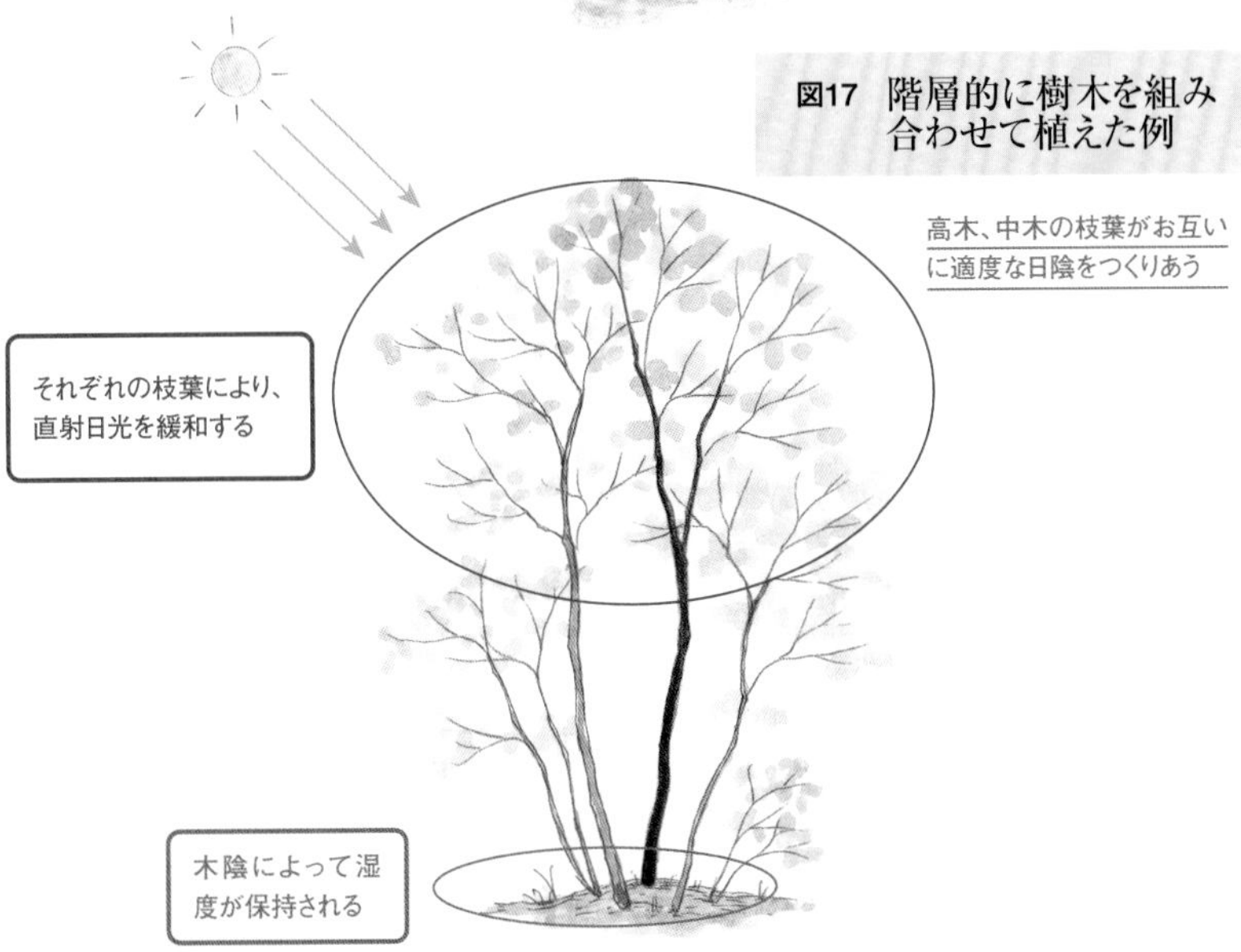

高木、中木の枝葉がお互いに適度な日陰をつくりあう
それぞれの枝葉により、直射日光を緩和する
木陰によって湿度が保持される

図18　健全な森林植生を縮小して住環境に生かす組み合わせ

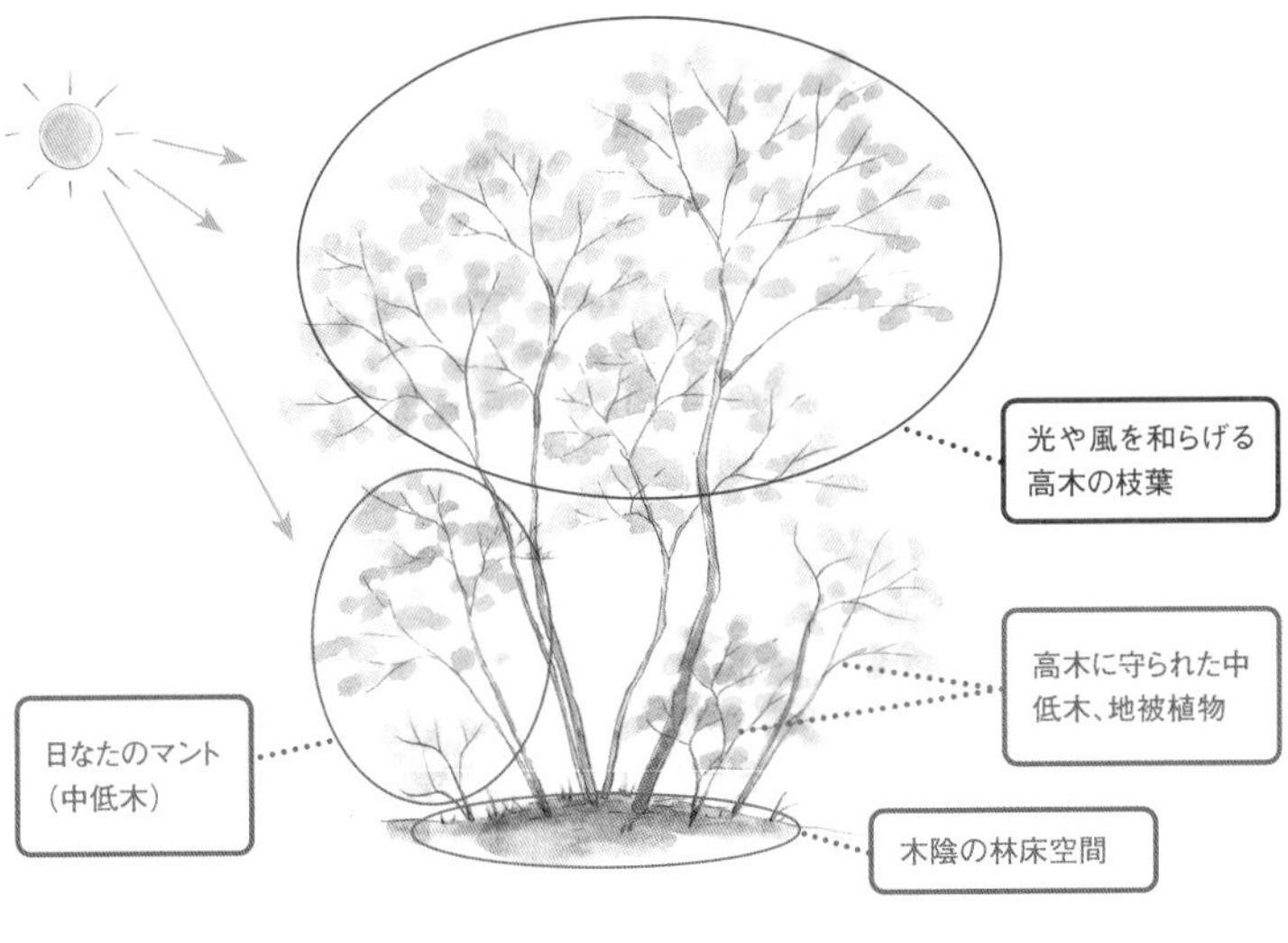

光や風を和らげる高木の枝葉
高木に守られた中低木、地被植物
日なたのマント（中低木）
木陰の林床空間

2

木立の連続が景色をつくる

この木立の組み合わせを、ポイントを絞って配していくことで、庭に広い空間が生まれます。写真2のように木立と木立が連続して見えることによって、庭に奥行きが生じ、さらに樹木越しに空間全体が見通せ、開放感をも感じられるようになるのです。

写真3はデッキ側から見た、植栽直後の庭の様子です。

庭空間の植栽を、木立の植栽群落ごとに凝縮して植えていくことにより、空間にメリハリが生じます。風が吹き抜ける木漏れ日のデッキは、憩いの場所となり、住む人を心身ともに癒やしてくれます。

そして、木立がつくる幹のラインがそれぞれつながり合い、広い空間がありながらも、まるで森の中にいるような豊かさを感じさせてくれるのです（写真4）。

これこそが、木立としての植栽のつながりが生み出す効果といえるでしょう。

写真5は美しい新緑の雑木林です。自然樹木はけっして1本だけで生きているのではありません。周辺の木々と時には競合し、時には補い助け合い、共生関係の中で健康な命をつないでいるのです。

雑木の庭空間、それは暮らしの環境をよくするために、健全な木々の力を利用させてもらおうとする試み

4

3

6

5

なのです。

利用させていただく以上、木々と人との良好な共存関係をつくらなければなりません。ただ単に私たちの暮らしの環境をよくするために、木々の声に耳を傾けることなく一方的に木を利用しようとする発想では、木々はその効果を発揮し続けてはくれないのです。

木々の恩恵を暮らしに生かす。そのために私たちは、それぞれの自然樹木が寂しくならないよう、できるだけ健全な本来の姿で生育できるように配慮する必要があります。

それが、自然の森に学ぶ木立の組み合わせ植栽の基本といえるでしょう。

写真6は、林床の豊かな木漏れ日と風に揺らぐ葉のざわめき、そして、美しい幹のラインを楽しませてくれる、木立としての植栽組み合わせです。

このスタイルが同時に、自然の理にかなった植栽のあり方ともいえるでしょう。

家際・外周・中央
3段構成の空間づくり

植栽のポイントで空間を分ける

一般的な住宅地の主庭で、木立をどのように配置すればよいか、配植のポイントについて述べます。

ここでいう主庭とは、「リビングやダイニングあるいは和室など、そこに住む家族にとって生活の中心となる部屋の、主要な窓（掃き出し窓など）が面する外空間」のことです。

主庭は、屋外生活の中心的な場であり、室内を快適にするためにも、とても大切なスペースです。この主庭が木々の緑にあふれ、四季の変化を身近に体験できれば、暮らしはどれほど豊かになることでしょう。

潤い豊かな庭空間をつくるために欠かせないのが、適切な植栽配置なのです。

落ち着きのある雑木の庭空間をつくるためには、家屋の窓からの距離によって庭を、次の3つの空間に分けて配植することがポイントとなります。

3つの空間とは、以下のとおりです（図19）。

1 家際の雑木植栽スペース
2 中央の空間
3 外周の境界植栽スペース

ここでは、それぞれのスペースの植栽ポイントについて説明します。

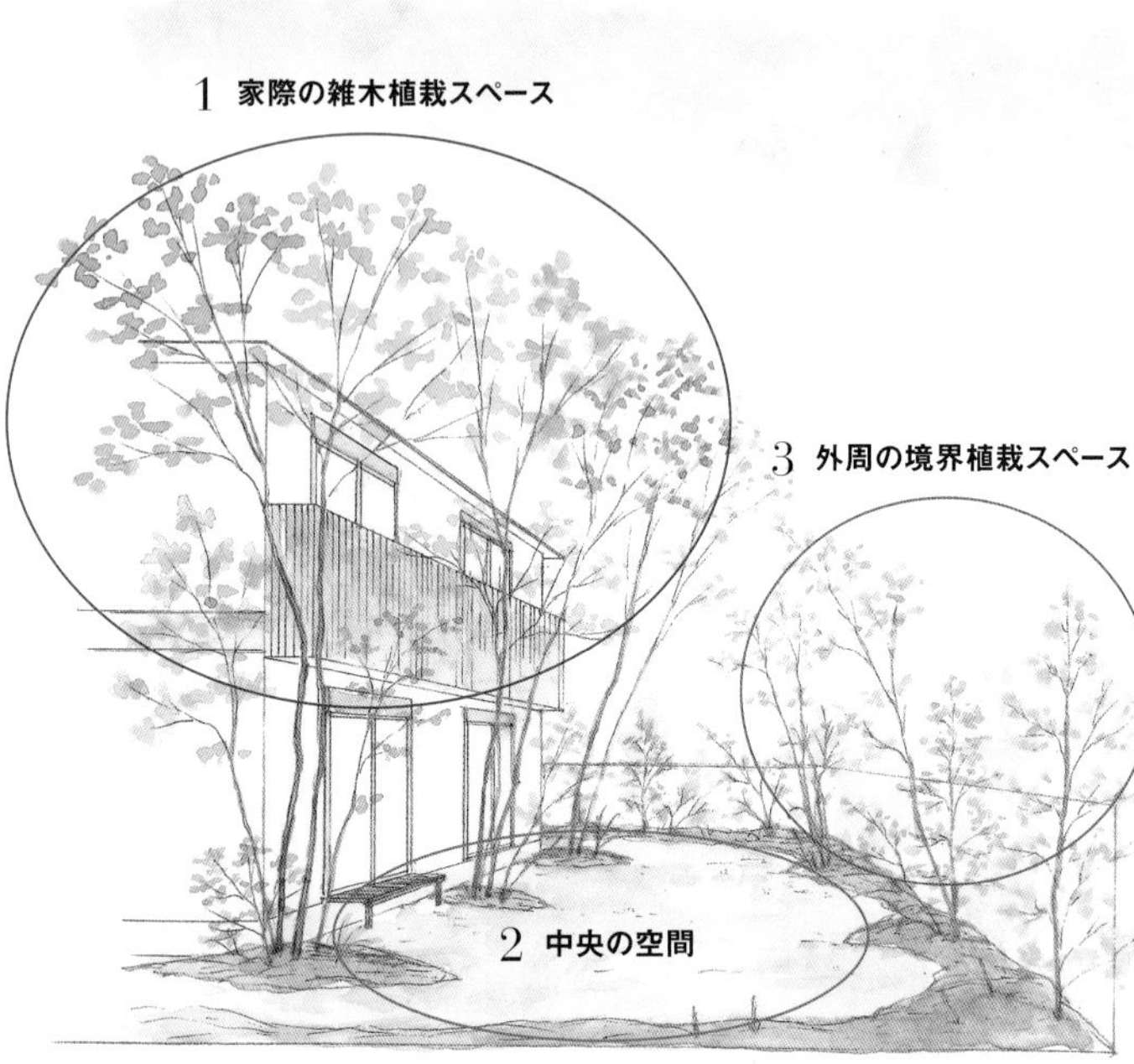

図19 主庭における3段構成の空間づくり

1 家際の雑木植栽スペース

家際の植栽が、雑木植栽の最重要ポイントであるといっても過言ではありません。

家際の高木植栽は、庭の広い上空スペースに枝葉を広げることによって、広い面積に木陰をつくり、家屋に入り込む照り返しの熱をも防ぐことができます。

家際の雑木植栽は、主要な窓の両サイドが配置のポイントとなります（写真**1**）。

室内から見たとき、この窓際の雑木の幹や枝がちょうど絵画のフレームのようになって庭の景色を絞り込み、室内からの景色に奥行き感を演出してくれます。

また、外から見ても木々越しに見える家屋のたたずまいは、潤いと落ち着きのある美しい住まいの風景となります。

2 中央の空間

家際の植栽と外周の植栽に囲まれた中央に、樹木植栽のない空間を設けることも、よい庭空間をつくる大切なポイントです。

この空間は、芝生やテラス、花壇スペースなど、ライフスタイルに応じて思い思いに利用できる屋外の生活空間となります。

中央にある明るい空間によって、雑木の庭に明暗が生じます。明暗があることで、人は空間の広がりを、いっそう印象的に認識できます。

日なたの空間と木漏れ日下のやや暗い空間、さらに暗い木陰が庭に広がりを演出します。それだけでなく、日差しが動き、一日をとおして日なたと木陰が変化していくことによって、ゆったりとした時間の流れをも感じ取ることができるのです（写真**2**）。

3

4

2

また、庭の中に木陰と日なたの温度差が生じることで、夏の日中に空気の動きが生じ、木陰の冷気が流れだします。それが夏の住まいや庭をひんやりと涼しく感じさせてくれるのです。

3 外周の境界植栽スペース

境界沿いの外周部分は、敷地の外の不要な視界を遮蔽、あるいは緩和し、庭の雰囲気が散漫になるのを防ぐためにも必要な植栽スペースです。

雑木の庭の中では、この外周植栽も、単に列状に植えるのではなく、ある程度の植栽群単位にまとめます。例えば家際の植栽スペースと互い違いに配置していくことによって、全体の植栽が連続して一体となって見えてきます。

写真3のように、家際の木立と互い違いになるよう、外周植栽のボリュームをつける場合、ちょうど窓の正面にボリュームのある植栽スペースがくるので、室内からの景色も、窓辺の景色を中心に整います。

外周の植栽は基本的に、敷地外への枝葉の張り出しは控えねばならないことが多いため、境界際には常緑樹を配して、それを背にして家側に落葉樹の枝葉の気勢（枝が勢いよく伸びる方向）を向けるように、植栽を組み合わせていきます。

これによって主庭は、緑のトンネルの中のようになり、まるで明るい森の中にいるような趣が醸し出されます。

庭の境界となる見切りが敷地内に後退して設けられる場合は、敷地外に向けて樹木の気勢を大きく張り出すことができます。

そのほうが、街の中の家屋の景色として、常緑樹の外周植栽に囲まれた庭に比べ、はるかに美しく見えることが多いものです。

写真4の事例は、駐車スペースを挟んで道路に接しているために、庭部分の植栽を外に向けて大きく張り出すように植栽した例です。

家屋を中心に植栽全体の気勢が外側へと向かうことによって、家屋と木々が風景として一体となって、潤いを感じさせる街の風景となっています。

自分の庭があることで街の景色が少しでも潤うのであれば、それはとてもすばらしいことではないかと思います。また、そこに暮らす家族にとって、自分の家の風景が美しいものであれば、そこに暮らすことに対する愛着も生まれ、家に対する満足や喜びにつながることでしょう。それが家族共通の美しい心の原風景となるのです。

なるべく美しい環境の中で暮らしたい、それは多くの人が共有する思いではないかと思います。家屋の外周植栽を少しばかり工夫して、街の風景をも豊かにする、そんな視点も、愛される住まいづくりのために、必要なことなのではないでしょうか。

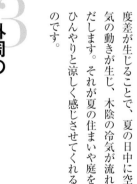

図20 日本（亜熱帯地域を除く）の潜在自然植生図

照葉樹林
夏緑広葉樹林
常緑針葉樹林
低小草原

出典『日本の植生図鑑Ⅰ　森林』保育社
中西 哲　大場達之　武田義明　服部保共著

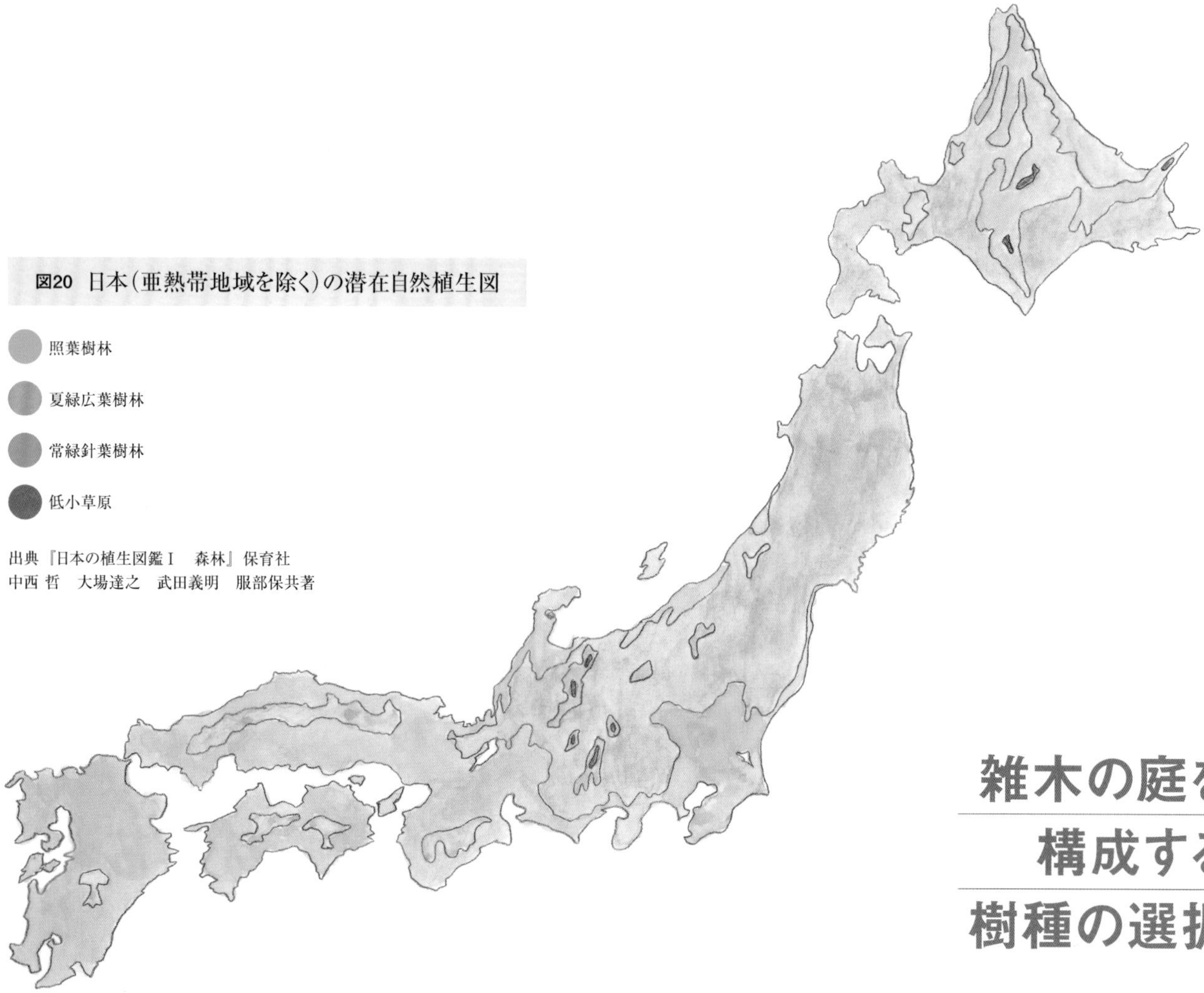

雑木の庭を構成する樹種の選択

これからの雑木の庭をつくる樹種を、どのような基準で選ぶとよいか、考えていきたいと思います。

それにはその土地の気候風土の下で、健全に生育してきた自然林を構成している樹種の組み合わせを知ることが、とても大切です。

身近な自然を再生して、その恩恵を暮らしの環境づくりに生かすのがこれからの雑木の庭の考え方なのです。

そのためには、モノいわぬ木々を人間の都合や好みだけで強引に配置するのではなく、それぞれの樹木本来の性質を知ったうえで木々の声に耳を傾け、末永く健康的に住環境の中で共生していける環境をつくる必要があります。

放置された雑木林は、しだいに元の姿である照葉樹林に移り変わっていく。

日本の気候風土と自然植生

雑木の庭、それは人によっては「自然に近い庭」と定義されます。その土地の気候風土の下、世代交代を繰り返しながらも、何十年何百年という長い年月を生き抜いてきた自然林の樹木構成を参考にすることです。そうすることによって、健全に生育し、私たちの暮らしに豊かな恩恵を与え続けてくれる、健全で自然な生態系をもつ庭が生まれます。それには、日本の気候風土の下で生育する自然林の姿を知ることが大切です。

図20は、日本（南千島・亜熱帯地域を除く）の潜在自然植生を表しています。潜在自然植生とは、「人間による土地への一切の干渉がなされない場合、その土地の気候風土によって最終的安定的に成立する植物相の姿」と、植物生態学的に定義されます。

潜在自然植生図を見ると、日本列島は一部の高山などを除き、主に照葉樹林域と夏緑広葉樹林域とに二分されていることがわかります。

照葉樹林とは、シイノキやカシノキ、タブノキなどの常緑広葉樹を主木に構成される、いわば冬でも青々とした深い緑の森のことです（次ページの図21）。

夏緑広葉樹林とは、ブナ、ミズナラなどの落葉広葉樹の高木を主木に、その下にはナナカマドやハウチ

冷涼な気候条件の下で、持続的に生育する明るく清らかな夏緑広葉樹林。

夏緑広葉樹林域の、自然樹木に包まれた高原の庭。

原生状態ではなく、人とのかかわりの中で二次的に生育する落葉樹主体の雑木林。

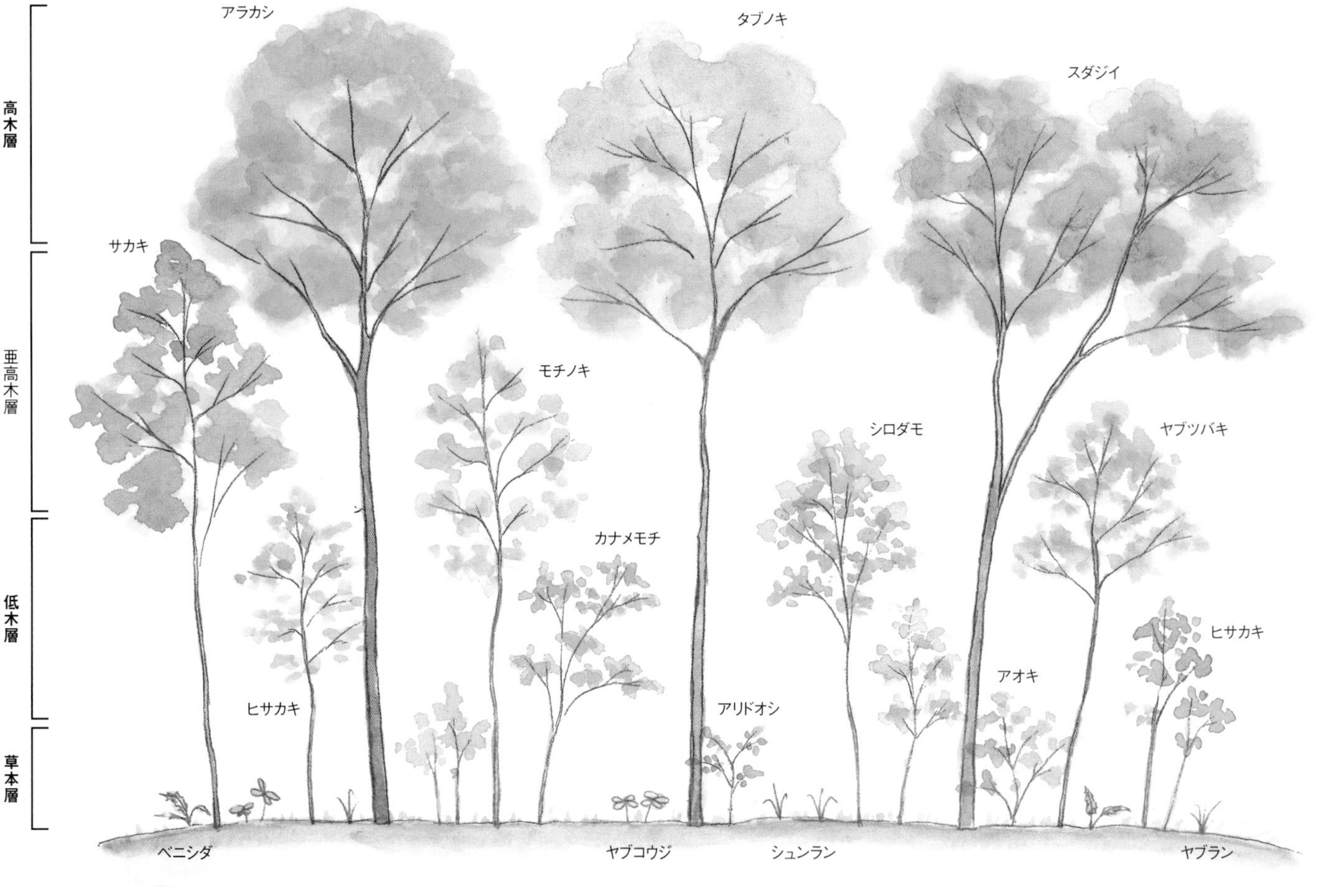

図21 照葉樹林(シイノキ・タブノキ林)の樹種構成の一例
(『日本の植生図鑑』保育社参照)

ワカエデ、そしてブナなど耐陰性の高い落葉広葉樹によって構成され、夏は緑に覆われ、冬は葉を落として林内に日が差し込みます。四季の変化が豊かな高冷地の森といえます。

山岳地域の高原や日本列島の高緯度地域では、こうした落葉樹主体の森が自然状態で持続的に生育しています。この涼しげで清らかな高原の雰囲気にあこがれて、雑木の庭を希求する方も多いようです。

一方で、岩手県南部以南の海沿いから関東地域のほぼ全域と関西、四国、九州のほとんどが照葉樹林域に属しており、日本の人口の実に9割以上は潜在的な照葉樹林域に集中しているのです。

照葉樹林は夏季に雨の多い暖温帯気候域に安定的に生育します。その構成樹種は、シイノキやタブノキ、カシノキなどの常緑高木を中心に、階層的に深く鬱蒼とした森を構成します。照葉樹林内では、高木層、亜高木層、低木層、草本層と、常緑広葉樹を中心に階層的に空間を分け合いながら、永続的に世代交代を繰り返す安定した生態系が維持されます。

住環境に適した照葉樹林の構成樹種

照葉樹林の構成樹種を見ると、その多くが、屋敷林やこれまでの庭など、かつての住環境を縁取る主要な樹種として用いられてきたことがわ

図22　二次的な落葉樹林（コナラ・クヌギ林）の樹種構成の一例

コナラやクヌギを主木とする雑木林。照葉樹林気候域では、人の手の入らなくなった自然状態になると、カシノキやシイノキなどの常緑樹の幼木がゆっくりと林内に生育していく。

かります。

高木層を占めるカシノキやタブノキ、シイノキなどは、屋敷林として火事や台風などから暮らしを守り、照葉樹林域の亜高木層から低木層に生育するモチノキ、モッコク、マキ、ツバキなどは、庭の主要な構成樹種として長く用いられてきました。これらの木々は半日陰の環境に適応し、穏やかに生長するために庭の樹木として扱いやすいうえ、私たちの暮らす地域の気候環境に適応し、長年の気候変動や災害にも病害虫にも耐えて、暮らしの環境を守ってきたのです。

これまで長い歴史をとおして、照葉樹林域での日本の庭には、潜在自然植生である土地本来の樹木が、暮らしの環境づくりに用いられてきたのです。

雑木の庭に用いる落葉樹とは

雑木の庭に用いるコナラやクヌギなど、里山の構成樹種としてなじみ深い落葉樹は、どのような条件で生育してきたものなのでしょうか。

照葉樹林域の自然林が伐採されたり消失したりしてその後放置されると、コナラなどの落葉樹林が二次的に形成されます。つまり、それが私たちにとってなじみ深い雑木林なのです（図22）。

森が消失して裸地となると、数年間の草原の期間を経て、その後、生長の速い落葉樹が上部の空間を覆

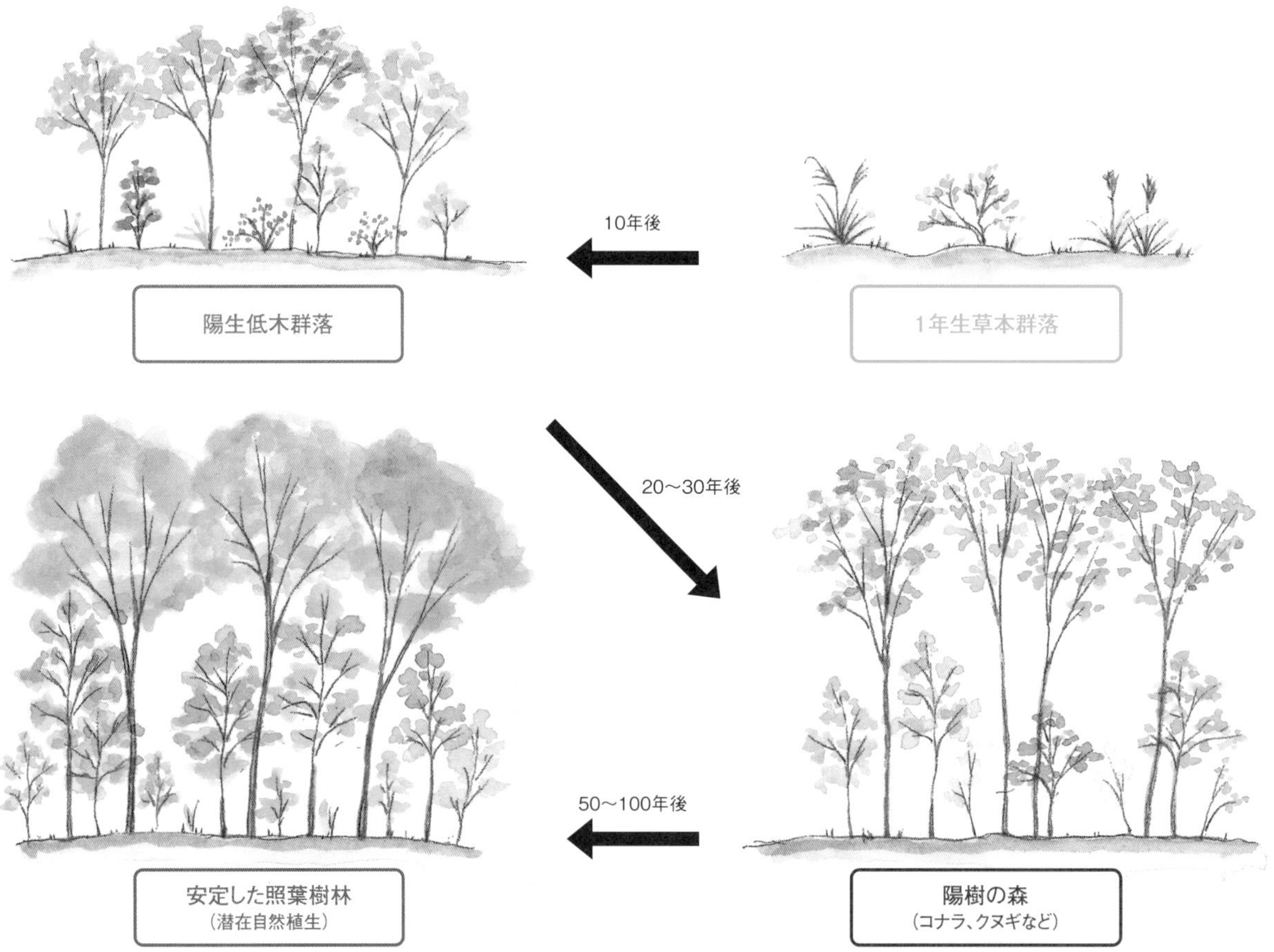

図23　裸地から潜在自然植生の森に至る植生遷移

い、冬には葉を落とす明るい雑木林を形成します。

　しかし、この落葉樹の森の上部空間を枝葉が占有して林床空間が木陰となると、日なたでしか生育できないこれらの落葉樹は世代交代ができなくなり、その後は木陰に耐えてゆっくりと生育する、シイノキやカシノキなどの常緑広葉樹主体の照葉樹林へと、しだいに戻っていくのです。この、植物相の移り変わりを、「植生遷移《しょくせいせんい》」といいます（図23）。

　照葉樹林域ではこのように森林が放置されると、最終的には常緑広葉樹の森へと移り変わっていくのですが、そこに木々を資源として活用する人々の手による定期的な伐採が入ることによって植生遷移が止められて、コナラやクヌギなどの雑木林は持続的に再生されるというわけです（写真1）。

　完全に自然状態に任せていれば、やがて土地本来の常緑広葉樹の森へと姿を変えていく運命にあるのが、コナラやクヌギを主木とする雑木林。つまり、それが一般的にいわれる、私たちの身近にあった里山なのです。

1

人が森林資源を利用することによってのみ維持される雑木林。

雑木の性質と効用

これまで日本の庭で用いられてきた庭木（マツを除く）と、近年の雑木の庭でよく用いられる落葉樹には、次のような性質の違いがあります。

雑木といわれる樹木は、生長が速くて扱いにくく、自然状態では永続せずに寿命も短いため、これまで庭木として取り入れられることはあまりありませんでした。雑木の庭は、これまでの庭の管理方法では扱いにくく、放置されてきた樹種を使っている、ということを知る必要があります。

しかし、こうした暖温帯気候域の落葉広葉樹は、生長が速く、夏の間活発な生命活動を展開するので、都会の劣悪な熱環境の中で、高い環境改善効果を発揮してくれます。

四季それぞれに美しく、夏は木陰を、冬は日なたをつくりだす雑木の庭は、現代の暮らしの環境を改善する緑として期待されています。

暮らしの環境としての庭は、健康で、自然で、あまり手がかからず、なおかつさまざまな環境機能を発揮してくれることが求められます。それに応えられるのが、自然本来の樹木の性質を生かしながら組み合わせて構成できる雑木の庭なのです。ただし、雑木はこれまで用いられてきた庭木とは、まったく性質の異なる自然樹木である、ということを把握したうえで扱わなければなりません。

暖温帯気候域における、これまでの庭木と雑木の性質の違い

これまでの日本の庭（シイノキ、モチノキ、ツバキなど）		雑木の庭（コナラ、アカシデ、クヌギなど）
生長が穏やか	⇔	生長が速い
日陰に耐える	⇔	日なたでのみ生育
長寿命	⇔	比較的短命
葉が厚く、防風・防火などの防災機能に優れる	⇔	葉は薄いうえに冬は落葉し、防風・防火機能に劣る
気候風土に適応	⇔	気候風土に適応するが姿を変える
冬も鬱蒼とした深い緑	⇔	冬は葉を落とし、夏は涼やかで明るい木陰

自然で健康的な庭をつくる

庭として、照葉樹林気候域で生態的に安定した庭を目指す場合、落葉樹ばかりを主体に構成するのではなく、モチノキやモッコク、シイノキやツバキ、あるいはソヨゴなど、土地本来の常緑広葉樹を積極的に組み合わせて、気候風土に適した多様な階層を構成することが重要になります。

こうした土地本来の常緑樹は、コナラなどの落葉雑木の下の木陰に用いることで、健全に生長スピードは抑えられます。それによって無理のない管理ができるようになります。

これまでの庭では、こうした土地本来の常緑樹を日なたでばかり用いてきたため、刈り込みや切り詰め剪定によって生長を無理に抑えるなど、

照葉樹林域の中木として、本来は木陰に生育するマキやモチノキなどの樹種を日なたで用いた例。枝葉の繁茂を刈り込みによって無理に抑えるために、管理に手間と費用がかかる。夏は木陰の面積が少ないため雑草もよく生える。病虫害も受けやすい。

維持管理に手間とお金ばかりかかるものになっていました（前ページ写真❷）。

その土地の環境下で順応できる樹種を適切に組み合わせて、自然に近い植栽を工夫することによって、はじめて安定した住まいの環境林として、健全な庭がつくれるのです。

樹種を組み合わせる場合は、潜在自然植生であれ、コナラ・クヌギ林のような二次的な自然植生であれ、その土地の気候風土に適応する自然林の構成樹種を参考に選定します。

そして、日なたでしか生育できない樹種、日陰で耐えてゆっくり生育する樹種、それぞれの木々が空間を住み分けて健全に生育できるように、樹木同士を階層的に組み合わせていくことが大切です。

ツバキ、ソヨゴ、モチノキなど、潜在自然植生の常緑広葉樹を雑木の下に用いて多層的な植栽を施した例。夏は階層的に日差しを遮るため、夏の雑草の繁茂も抑制される。

気候域の異なる樹木の場合

注意しなければならないのが、違う気候域で生育する樹木を取り入れる場合です。

「ブナ林の雰囲気が好きだから」という理由で、暖温帯気候域の庭でブナやナナカマドなど冷温帯気候域の構成樹種ばかりで庭をつくるとどうなるでしょう。

自ら動くことのできない木々は、与えられた環境の中で必死に適応しようとするので、すぐに枯れることは滅多にありませんが、多くは本来の冷温帯気候域下での生育に比べて短期間で衰弱してしまいます。合わない環境にいきなり連れて行かれれば、木々は当然ストレスを受けて、長い年月の間には多くの場合、健康を害してしまうのです。

もちろん木々の環境適応力には個体差があり、環境の変化に対して力強く適応するものもありますが、本来の生育域と異なる樹木を庭に用いる場合は、木々の組み合わせによって強い熱射や乾燥から守られるような植栽を施すなど、さまざまな配慮が必要になります。

コナラ、ヤマモミジ、ツバキ、モチノキ、ヒサカキ、ミツバツツジなど、暖温帯気候域本来の自然植生樹種で構成した雑木の庭。その土地の樹木を使うことで、その土地らしい自然な雰囲気が生まれてくる。

照葉樹林域で生育する樹木を組み合わせた、常緑落葉混交林の雑木の庭。夏は涼やかな森の環境をつくってくれる。

その土地に根ざした雑木の庭に

樹木はけっして1本だけで生育しているわけではなく、その気候の中でお互いの木々がつくる環境を生かし、時には競合しながら、集団で生きています。

生き生きとした雑木の庭をつくろうとするなら、その土地の自然樹木を中心に構成することが大切です。

これまで、涼やかな冷温帯気候域の夏緑広葉樹林のイメージでもって、雑木の庭がつくられることが多かったように思います。そのため、コハウチワカエデやトネリコなど、主に冷温帯気候域の落葉樹が雑木の庭の主要な構成樹種となってきました。

これからの雑木の庭は、失われた自然を呼び戻すことで、さまざまな恩恵を得ようとするものです。そのためには、イメージや見た目ばかりの自然風の庭ではなく、その土地において人と共生する本物の生態系、本物の環境を築いていくことこそ、私たちの五感を豊かにしてくれる自然環境となるのではないでしょうか。

こうした視点で雑木の庭をつくっていくことが、私たちの暮らしの環境を豊かにしてくれるばかりでなく、地球の環境を守り、生物の多様性を支えることにもつながります。

自然の恩恵を暮らしに生かす。そのためには、その気候風土の自然との共生という視点がますます大切になります。

雑木畑にする前は、ここは何もない更地だったそうです。

ここに植えた木々はそれぞれ上下の空間に枝葉を伸ばし、自然樹木らしい形状へと姿を変えていきます。それぞれの木々がお互いに木陰をつくり合って、厳しい夏の日差しや乾燥からお互いを守り合い、それぞれ自然本来の健全な姿を獲得していくようです。

古くからある日本の木々にとっては、林内が木陰となる森の環境下で生育するのが本当の姿であり、厳しい直射日光がギラギラと差し込む日なたの畑や街中の環境では、その木らしい健全な姿をけっして見せてはくれないのです。

グリーンライフ・コガ代表取締役の古閑勝憲さんはいいます。

「まっすぐに植木を仕立てる日なたの植木畑では、どうしても害虫にやられてしまうので農薬をまいているが、この樹木園では病気も害虫の被害もなく、農薬をまく必要がない」

そんな古閑さんのお話からも、この畑の木々は豊かな生態系に守られて健全に育っている様子がうかがえます。

豊かな生態系の中で雑木を育てる

生産性を保つために、日なたの畑で育てたまっすぐでかたい枝ぶりの雑木の苗木などを、森と化したこの木陰の樹木園の合間に植えていくのです。そして２～３年もすれば、木々はすっかりこの環境になじみ、本来の自然な枝ぶりを取り戻していくのです。

人間がさまざまな動植物とのかかわり合いの中で、はじめて心身ともに健全に生きていけるのと同様、木々も１本だけあるいは同一樹種だけでは健全に生育することができないのです。周囲にあるほかの木々と競合し、守り合う中で、はじめてその木らしい自然な姿へと育つことができるのです。

その木が自然状態にあるがままの、本来の姿を見せてくれることによって、それを住まいの環境にもち込むことで暮らしを豊かにし、さまざまな恩恵を得ることができるのです。

こうした良質な雑木の生産は、豊かな生態系の中ではじめて健全に生きていくことができます。そのために、庭木の生産者も単に効率的に規格化された樹木を機械的に量産するのではなく、これからは木々を取り巻く生態系をも踏まえた視点をもつことが求められます。

ここ数年の雑木の庭のブームの中、山取りの雑木がまるでブランド品のようにもてはやされるようになった今、自然豊かな美しい住環境を増やしていくためには、生態系と木々の性質にのっとった持続的な雑木生産のノウハウが要求されます。

健全な自然樹木を育てようと思うのであれば当然、その木が健全に育っていける環境を整えることから始めないといけません。

同様に、私たちがこうした自然樹木の恩恵を自分たちの暮らしの場に生かして健全な暮らしの環境をつくろうとするのであれば、木々の内なる声に耳を傾けて、木々も健全に生きていけるような環境を庭につくっていかねばならないのです。　　（文・高田宏臣）

上／わずかな木漏れ日を求めて、繊細にやわらかく伸びていくモミジの枝ぶり。左／光と空間を求めて枝葉を伸ばす古閑樹木園のコナラ。本来の自然樹木らしい樹形をつくりだすためには、生態系豊かで多様な自然環境を整えていくことが大切。下／雑木のトンネルと化した古閑樹木園内の作業道。道をつくればその上部空間に光が差し込み、そして周囲の木々はその光と空間を求めて道の上空に張り出してくる。

グリーンライフ・コガ作庭：高山邸の玄関アプローチ。自然林の空間配分をそのまま取り込む自然な組み合わせによって、本来の森の中のような自然な木々の形状が無理なく維持される。

雑木の生産現場から
雑木らしい樹形は山の畑で生まれていた

上／阿蘇付近、菊池渓谷の自然林。森の木々は光と空間を求めて樹形が曲がり、あるいは傾きながらも、しなやかに美しく枝葉を伸ばしていく。これが雑木本来の健全で自然な姿である。中／あたかも自然の森のような様相を見せる雑木の生産現場。自然らしい樹形は森のような環境から生み出される。下／杉林の木陰にモミジやハイノキ、ツバキなどを植えて、やわらかな枝ぶりに育てていく。

雑木の庭用の木と普通の庭木の違い

よい雑木の庭をつくろうとすると、用いる樹木の形状が、あたかもそのままの姿で森の中に生えていたような、下枝がなく上部で枝を広げる、自然な幹のラインやしなやかな枝ぶりの雑木がほしくなります。

ところが、これまでの庭木生産のように日なたの樹木畑で均一に大量生産される樹木は、日当たりがよいために下枝が張り出し、まっすぐでずんぐりむっくりしていて、枝ぶりはかたく、自然味のない形状になりがちです。

生産効率を優先して均等に日が当たるように苗木を配した植木畑からは、なかなか自然な形状の雑木は生み出せないのです。

「森の中のような住まいの環境をつくりたいが、山で見かけるような自然な形の雑木はどこで手に入るのか」

そんな質問をよくいただきます。

一般的な植木の売り場に並んでいる庭木のほとんどが、日なたの畑で大量生産されたまっすぐな木ばかりなので、自然な庭を求める方々にとっては、それでは物足りないということなのでしょう。

要求される形状が一般的な庭木とまったく異なる雑木の場合、山の中から掘り取ってくる「山取り」という方法で出荷されることがほとんどでした。

しかし、山取りの場合、自然本来の修復速度を超える量の樹木採取が行われると、徐々に森はその健全性を失い、荒れていきます。

近年の雑木の庭のブームによって自然樹形の雑木の需要が急増し、心ない業者による盗掘や、過剰な採取による自然破壊の問題を引き起こす事例も急増し、そのため最近では山取りを禁止せざるを得ない自治体や地域まで現れてきました。

私たちが自然豊かな住環境をつくりたいからといって、そのために本来の森の生態系を破壊する権利など、本当はだれにもないのです。これからの時代、雑木の庭に用いられる自然な樹木も、山取りにばかり頼るのではなく、持続可能な雑木生産を心がけていかねばなりません。

九州有数の雑木の生産拠点を訪ねて

熊本県阿蘇市、阿蘇外輪山に囲まれた標高 600 mの地に、九州有数の雑木の生産拠点、グリーンライフ・コガの圃《は》場と雑木畑があります。

雑木畑の姿はあたかも自然林の姿そのもの。訪れる人が見た限り、それが生産のための樹木畑であるとはだれも思わないことでしょう。↗

く、本当は当たり前のことやけん。住む人たちみんなでやらないと街はけっしてよくならん」と宮本さん。

そして、実際の樹木植栽は、地元阿蘇で雑木の生産を手がけるグリーンライフ・コガの古閑勝憲さんが引き受けることになりました。

古閑さんはこういいます。

「はじめに杉本さんから相談を受けて、地元のためになることだと喜んで、最初はボランティアのつもりで始めました。小さな木ではなく大きな木を植えないかんと、みんなを説得したのですが、そりゃ最初はいろいろいう人もおったのです。こげんなでかい木を植えたら落ち葉で雨樋や排水溝が詰まるとか。それを一つひとつクリアして、みんなに協力してもらい、それで何とかここまでできました」

街に大きな木々を植えようとするとき、必ず問題としてあげられるのが落ち葉です。しかし、宮本さんはいいます。

「落ち葉はごみじゃない。木があれば葉が落ちるのは当たり前。落ち葉が積もる街も風情があって美しいし、それを掃除する人の姿も美しいもんだ。人が通りに出て掃除をすることで、それが風情のある街の景色になる。大体人間は掃除をせんといかん。掃除もしない人間はけっして成功せんのや」

信念あふれる宮本さんの言葉は耳に心地よく、そして緑と人のあふれるこの街では、宮本さんの話に今は誰もが納得させられます。

木々の緑が人をつなぎ、心までつないでくれた

街の景色になるのは大きな木々、それも街路樹のような人工的な緑ではなく、自然なたたずまいの雑木だから、古い街並みをやさしく包み美しい商店街になりました。

十数年前に古閑さんたちが夢見た、緑豊かな街の姿が今、現実のものとなり、そしてこの歴史ある門前町はかつてないほどのにぎわいを見せる名所となっていったのでした。

「商店街には自然な木々がよく似合う。それに、道路に植えたのではなくて、幅の狭い店の敷地の中から道路に張り出すように植えたから、通りはちょうど緑のトンネルのようになった」と、宮本さん。

街ぐるみで木々を植え始めてから十余年、そして今もなお、隙間を提供してくれる街の住人を募っては、毎年木々が植えられ続けているのです。

表通りに植える隙間がなくなって、植栽は周辺へとますます広がっています。一つの商店街の通りから始まり、そしてこの街全体に広がる豊かな木々、木立が増えるたびに、街はさらに美しく潤います。

「とにかく自分ができることを実際にやらんことには何も始まらない。愛する故郷を美しく活気ある街にしたいと夢見るだけじゃいかん。夢を見るなら、それをかなえる努力をすることが必要だ。そして、現状に満足しないこと。さらに街をよりよくしていくように努力し続けることが肝心だ」と宮本さん。そして、こうも話してくれました。

「木はいい。本当にいい。『1年楽しみたかったら花を植えなさい。でも、100年楽しみたかったら木を植えなさい』という言葉がある。木は子孫まで楽しめるんだ」

（文・高田宏臣）

上／道路わきの隙間に植えた木立が点々とつながり、街の景色が潤っていく。中／左の人が、この街の植栽を牽引する古閑勝憲さん。杉本さんに宮本さん、そして古閑さんの3人が、木々による町おこしを主導した。街の景観づくりを振り返る3人の表情は、終始満足げな笑顔にあふれていた。下／緑のトンネルの下で通りは涼しげな木陰となり、腰を下ろしてくつろぐ人の姿がまた、この街の風情となる。

阿蘇一の宮門前町商店街が木々の力によって生き返った

上／阿蘇一の宮門前町商店街。13年前から毎年少しずつ木々が植えられて今ではこんな美しい街になった。中／商店街の通りでは、あちこちで地下水が湧き出し、そこは水が出る基という意味から水基《みずき》と呼ばれる。今ではこの通りは「水と緑の商店街」として、阿蘇神社参道近くの散策路として観光客をひきつけてやまない。下／右が町会副会長の宮本一良さん。杉本蘇助さん（左）と宮本さんの２人のコンビが街に緑を増やしていった。

シャッター通りが、観光名所に

熊本県阿蘇市にある阿蘇一の宮門前町商店街が人気を呼んでいます。

雑木に包まれた美しく涼しげな木々の下の商店街は、季節を問わずいつも大勢の人のにぎわいが途絶えることがありません。

阿蘇の観光名所となったこの商店街には今、年間30万人以上の観光客が訪れるといいます。

ところが、このにぎやかで美しい街も、つい十数年前まではこの木立もなく、観光客などまったく来ない、田舎のさびれたシャッター通りだったのです。そう、この街も一昔前までは緑もなく、日本中どこにでもある過疎化の進む、さびれた街だったのです。

3本の大きな桜の木がきっかけに

この街に木々が植え始められたのは、平成11年ごろのことでした。

昭和30年からこの街に店舗を構える杉本蘇助さんが、自分の店の敷地に3本の大きな桜の木を植えたのが、街の再生のきっかけとなったのです。

当時を振り返り、杉本さんはこういいます。

「きっかけは俺の店を息子に継がせたときに、記念にこの街のために何かしたいと思って、桜の木を3本植えたんだ。木が植わると、何となく街がよく見えてきて、いいもんだなあと思った。そこで、もっと木を増やそうと思って、商店街の人たちにも協力を呼びかけたんだ」

そして、商店街に木を植えようという杉本さんの呼びかけに賛同したのが町会副会長の宮本一良さんでした。

「魅力的な街をつくりたいのはやまやまだが、田舎だから金がない。それじゃ俺たちで少しずつ木を植えてみよう」

狭い場所に植えられる雑木だからできた復興計画

ところが、木を植えようとはいっても、密集した商店街の表通りには、植栽のためのスペースなどはほとんどありませんでした。

そこで商店街の人たちは、店の前のわずかな幅のスペースを提供し合い、そして宮本さんたち自らの手でコンクリートやアスファルトをはがし、植栽スペースを一つ、そしてまた一つと、少しずつ増やしていったのです。こうした作業はすべて街の住人のボランティア作業によるものでした。

「自分の街をよくするために無償で働くことは、なんも偉いもんでもな↗

狭くても快適な雑木の庭

COMFORTABLE SMALL Garden

3歳の咲良ちゃんは、庭が大好き。小さな庭でも咲良ちゃんにとっては大きな森。いろんな昆虫と出合う冒険の場になっている。

舟形の家を建て リビングダイニング沿いに つくった雑木の通り庭

東京都　岩見さんの庭

上／駐車場の奥につくった雑木の庭。リビングダイニングへの通り庭になっているので、車から荷物の出し入れに重宝している。右／枕木、切石、黒いピンコロ石を、建物に対して30度の角度で敷き並べた樹木下の小道。

建物の設計をご主人の知り合いに依頼したので、大胆な発想の家が可能になった。岩見さんは住み始めて、船のように細長い家とよく調和した雑木の庭のよさを日々実感しているという。

庭の広さは 間口2・5m、奥行き11m

岩見さんの住まいは、都心に近い便利な住宅地にあります。敷地は間口6・5m、奥行き14m。建ぺい率50%と厳しい条件の下で建てたのが、南側に空き地を設けた細長い舟形の家でした。家の1階は、キッチン、ダイニング、リビングが縦につながる間取りです。

南側の空き地は、道路に面して駐車場を設け、その奥を庭のスペースにしました。庭の間口は2・5m、奥行き11mで、リビングダイニングの掃き出し窓に接しています。

「家を計画しているとき、隣地は木立でした。それを借景にウッドデッキのある庭を考えていましたが……」と岩見さん。そこが宅地に変わってしまったため、急遽、「樹木の庭をつくってほしい」と要望して、藤倉造園設計事務所の藤倉陽一さんに依頼しました。

DATA
敷地面積：93㎡
庭の面積：20㎡
竣工：2011年4月
設計・施工：藤倉造園設計事務所（藤倉陽一）

上／リビングの掃き出し窓に面したところは、小道と同じ素材を使ってテラス風に広げ、バーベキューなどを楽しめるようにした。右／春の光を浴びてくつろぐ咲良ちゃんとお母さん。樹木のまばらなところでも、高さ1.6mの板塀をつくったので、隣家が気にならない。完全に遮蔽すると圧迫感が生じるので、幅9cmの板と2.5cm角の棒を、3cmの隙間をあけてつくっている。

幹が細い雑木だからできた庭

狭さを生かすために工夫したのが、雑木の通り庭でした。通り庭にすることで、リビングダイニングの窓辺の景色を潤すと同時に、駐車場とダイニング、リビングがつながって、何かと便利だからです。

それでも、家から2mの近さで隣家の外壁があります。白壁なので余計に迫って見えるだけでなく、樹木の背景としても不自然です。

藤倉さんは、隣家との境に高さ1・6m、幅11mの、塀だけでも美しく見えるデザインの板塀を設けて庭の背景にしました。そして、塀の手前にモミジ、ダンコウバイ、アオハダ、ジューンベリーなどの高木を中心にした雑木の島を、建物側にもオオモミジ、エゴノキが主木になった島を交互に配置し、緑のトンネルで覆いました。

「限られた空間なので、幹のラインを考慮して、枝が上空へと伸びる樹種に厳選しました。幹が細い雑木だからできた、小さくても心地よい庭になりました」と藤倉さん。

雑木を縫う小道は、モダンな和の風情です。枕木と黒墨石、黒いピンコロ石を30度の角度に配して動きを表現。その間を三和土《たたき》で仕上げて落ち着いた質感にしています。

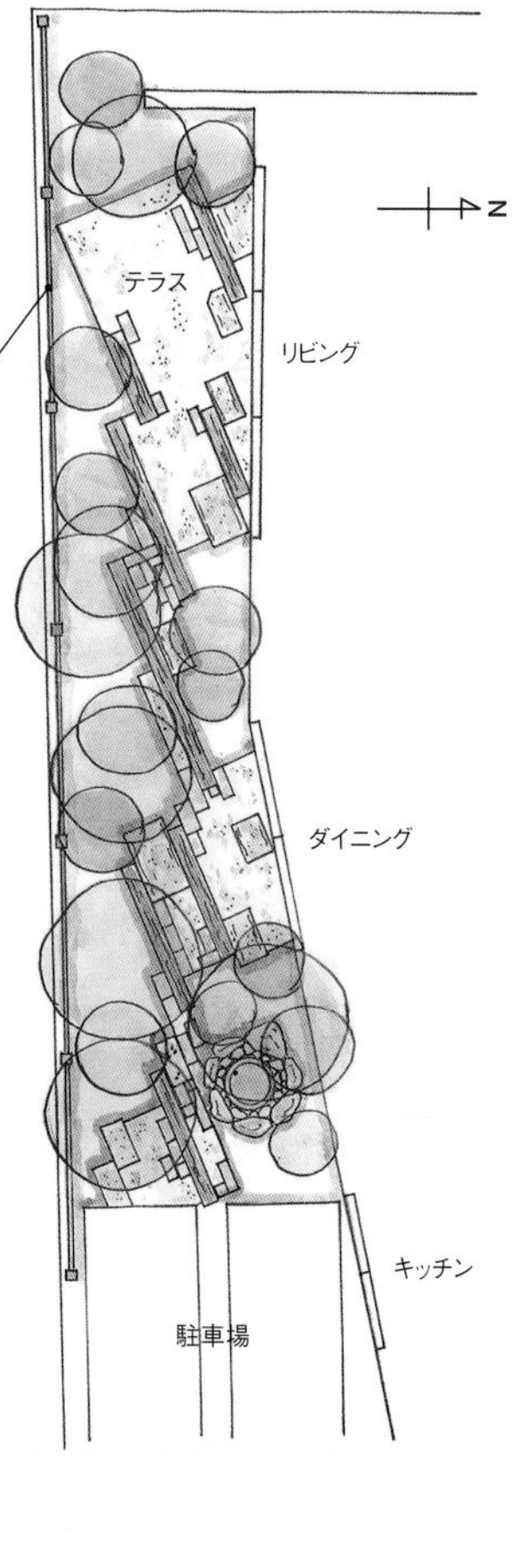

主な植栽

落葉高木：モミジ、アオダモ、ジューンベリー、エゴノキ、アズキナシ、アカシデ
中木：ツリバナ（落葉）
ソヨゴ（常緑）

雑木の庭に暮らして

毎日暮らしていると、太陽の動きで刻々と表情が変化します。雨の日もしっとりした風情が好きです。去年は、ジューンベリー、ブルーベリーの実を小鳥と競争して収穫。今年はジャムをつくろうかと楽しみにしています。

一時、庭をウッドデッキに、と考えたときもありましたが、しないで本当によかった。

庭園灯として船舶用ライトを前後2カ所に設けたので、夜間でも温かみと安らぎが感じられる庭になった。日が当たらない林床では、日陰に強いギボウシ、クリスマスローズ、ユキノシタ、リュウノヒゲなどの地被植物が生き生きと元気に茂っている。

庭の面積44㎡。小さくても自然を満喫できる流れと雑木の心地よい庭

奈良県　星島さんの庭

リビングからの眺め。庭に面した窓は、十分、庭が楽しめるように全面ガラス張りの掃き出し窓。秋、窓辺に木漏れ日が落ちて、室内も庭に同化していた。

司馬遼太郎記念館の庭が気に入って

星島さんは、家のリフォームを機に、庭を新しくつくり替えることにしました。以前、司馬遼太郎記念館を訪ねたときに心ひかれた雑木の庭が、今回つくりたい庭のスタイルです。

庭の雑誌を手がかりに探したところ、目に止まったのが東京の造園会社でした。電話で打診してみると、「遠隔地のため施工は無理だが、よい雑木の庭をつくる人がいる」と紹介してくれたのが、京都にある造園会社庭遊庵の田島友実さんでした。

早速、田島さんに連絡。庭を下見してもらったうえで、「庭のわきにある大きな物置を隠し、リビングと隣にある画室から楽しめる雑木の庭にしてほしい」と要望して、庭づくりを依頼しました。

2つの問題をクリアして

庭は幅11m、奥行き4mの広さです。しかし、右奥には幅2・7m、奥行き・高さとも1・8mの大きなスチール製物置があり、さらに建物から約1mの庇《ひさし》が庭に突き出ており、その下は雨が当たらないため、植栽場所として利用できそうにありません。

この2つの問題をどのようにクリアするか、庭をつくるうえで最初の課題になりました。

しばらく考えてから、田島さんは、雑木の庭によく調和し、よい背景になる版《はん》築《ちく》塀（土を突き固めてつくる塀）で物置を隠すことにし、庇はその下に緩やかな曲線をもつ木製デッキを設けて、部屋から庭に直接出入りできるようにして、四季変化する庭を五感で楽しめるようにしました。

庭に設けた延段。2つの延段を平行に配して、前後にずらすことで、小道のよい添景になっている。目地に苔がついて、風情を増していた。

流れの石組みには、角が立っている小松石を使用。流れる水は表情豊かな石組みによってさまざまに姿を変え、心地よい水音を響かせる。

DATA
敷地面積：173㎡
庭の面積：44㎡
竣工：2010年4月
設計・施工：庭　遊庵（田島友実）

上／庭から物置方向の眺め。正面に設けた版築塀の目隠しが、庭のよい背景になった。塀の高さは1.9m。物置が隠れ、庭に圧迫感を与えないちょうどよい高さに工夫されている。園路は庭が広く見えるように、道幅は40cmと狭め。右上／飛石と延段のつなぎ部分。丸くて大きな飛石と、小さくて角のとがった庵治石《あじいし》を敷き並べた延段が、みごとなコントラストを見せて、目を楽しませる。右下／物置を隠す版築塀。異なる色の土を押し固めてつくったので、自然で美しい縞模様に。高さ40cmのデッキと園路の間は、30cm盛り土して起伏をつけ、ヤブコウジを植栽。デッキと小道がなだらかな曲面でつながり、よい眺めになった。ヤブコウジを密植することで落ち葉がヤブコウジの間に潜り、気にならないようになる。

主な植栽

落葉高木：コナラ、アオダモ、ヤマモミジ
常緑高木：シラカシ
中木：ナツハゼ（落葉）、ガマズミ（落葉）、ダンコウバイ（落葉）、ソヨゴ（常緑）

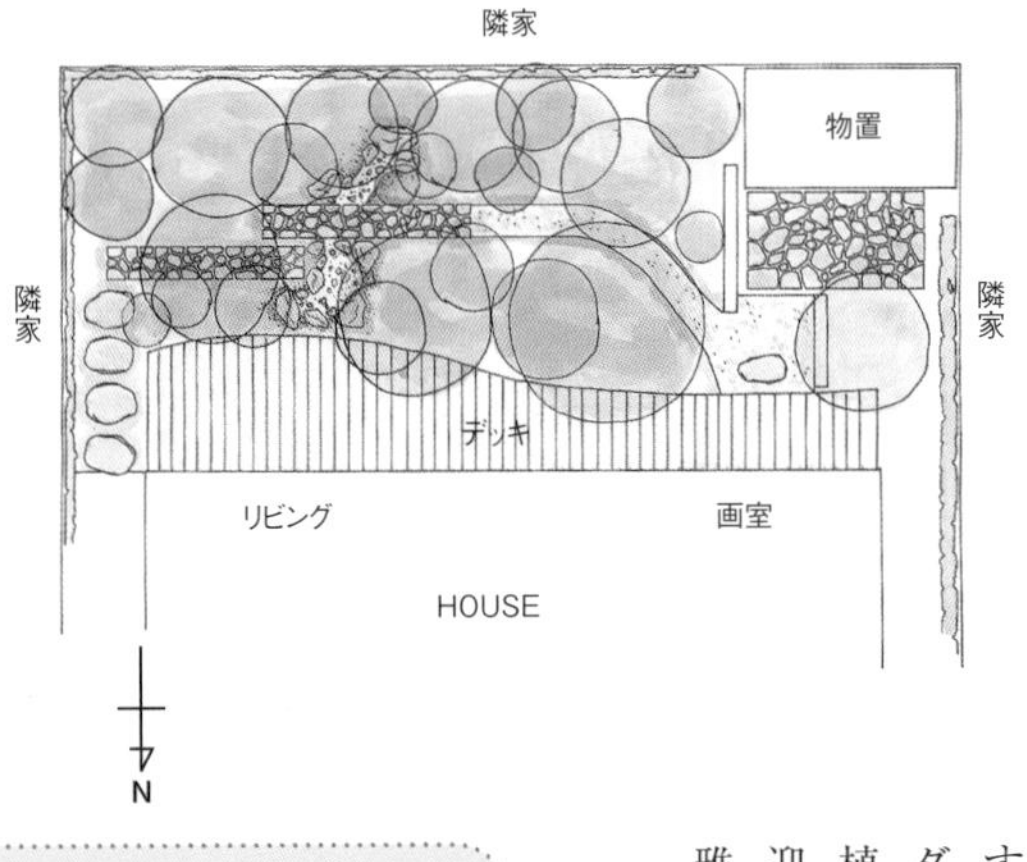

変化に富んだ流れと雑木の庭に

狭い庭を生かすには、印象的なフォーカルポイントが必要です。

田島さんは、流れを庭に取り入れることにし、室内からもよく見えるように、リビングの掃き出し窓の正面に流れを配置しました。

木立の中の石組みから湧き出た水は、上流ではせせらぎとなって光を反射しながら流れ、途中で延段に当たって延段下にもぐり込みます。再び湧き出た水は、静かなよどみとなって空を映しながらデッキ下に消えていきます。

たった3m弱の流れですが、変化に富んだ流れは庭に動きを与え、水面からの反射光が室内で乱舞して、目を楽しませてくれます。

緩やかに曲がりながら庭を横断する園路は、飛石から平行する2本の延段へ、そして三和土《たたき》へと姿を変えます。見て美しいだけでなく、足裏に伝わる異なった感触でも庭を楽しむことができます。

雑木の植栽にも工夫が見られます。窓の近くに太い幹のコナラを植えて近景とし、奥に見える細めの幹と対比させて遠近感を演出。さらに、園道沿いには歩行の妨げにならない、すっきりとした幹をもつモミジ、アオダモ、ツリバナ、ダンコウバイなどを植栽して、枝葉のトンネルに。秋を迎えた今、葉は赤、橙、黄色に染まり、雅やかに庭を装っていました。

雑木の庭に暮らして

春の芽吹き、若葉、夏の新緑、秋の紅葉、冬には繊細で美しい梢群など、四季の変化が身近で感じられてうれしい。とくに雪の日が最高にすてきでした。風景だけでなく、小鳥がやってきて水浴びする姿など和ませてくれますね。また、水面から室内に反射する光もきれい。一年をとおして見飽きない庭ができて、出不精がよけい出不精になりました。

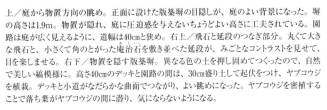

モミジ、ナツハゼなど、紅葉した枝葉に覆われた園路は、山辺の秋風情そのもの。歩きやすいように、小道のそばにある木は下枝を切り取り、背丈くらいから枝を茂らせている。トンネル効果で遠近感が生じ、庭を広く見せる。

奥行き2・5m、幅16mにつくった雑木の前庭

case 03

フェンスをアクセントに アプローチも庭の一部に取り込んで 建物と調和した雑木の庭に

東京都　山本さんの庭

玄関扉の丸窓。何気ない緑が心地よい。

山本邸の夕景。2階の窓辺にも枝葉が届くように、樹高の高いコナラやクヌギなどを植栽したので、窓からの明かりが葉越しに見えて美しい。玄関まわりや自転車置き場の照明も夜景を引き立てていた。

DATA
敷地面積：165㎡
庭の面積：40㎡
竣工：2011年11月
設計・施工：藤倉造園設計事務所
（藤倉陽一）

上／ダイニングからの庭の眺め。石臼と秩父石でつくった降りつくばい風の雨落ちが景を引き締めている。周りにはアラカシ、ナツハゼ、コナラを植栽。写真右側がリビング。中／塀の一部を敷地の内部につくり、道路側にも木を植えたので、緑の景色が重層的になった。木のフェンスだけにすると、見た目が重く感じられるので、写真左側の部分は生け垣に。下／第2期工事でつくった自転車置き場。家族全員4台の自転車が収まる大きさで小屋をつくり、屋根にノシバを張った。いずれ、雑草に生え変わることを期待している。

目隠しになるフェンスをデザインして

山本さんの住まいは、道路に面して玄関、ダイニング、リビングが、スキップフロアでつながる、モダンな間取りです。

ダイニングには高さ1・8m×幅2・3m、リビングの両隅にも1・8m×1・5mのフィクス窓を取り入れたので、室内は明るく開放的です。

ところが、住んでみてわかったのが、通りから家の中が丸見えだったこと。一日中カーテンを閉めていたのでは、せっかくの開放感も台無しです。

そこで、目隠しになり、クヌギやコナラの間を子供たちが駆け回れるような庭にしてほしい、と要望して、藤倉造園設計事務所の藤倉陽一さんに庭づくりを依頼しました。

建物を見た藤倉さんが最初に思ったのは「建物の外観がすばらしいので、ファサードと一体となった美しい住空間にしてみたい」ということでした。

目隠しも、単調な板塀では建物のよさを壊してしまいます。そこで、ダイニングを包み込むような高さ2mのフェンスを道路際から55cm内側に設置。これを中心に、高さ1・5mと1・1mの段違いのフェンスを重層的に並べてつくり、建物と同化するように同じ色に塗装しました。

アプローチ、駐車場、テラス、通り庭を植栽でつなげる

幅約16m、奥行き2・5mの細長い前庭ですが、生活空間として玄関までのアプローチ、駐車場、自転車置き場は欠かせないパーツです。

藤倉さんは、アプローチを枕木と御影石、ピンコロ石で緩やかな3段のステップを構成し、三和土《たたき》で仕上げています。

ノシバを敷いた駐車場では枕木を轍《わだち》受けに用い、駐車場奥には草屋根をもつ自転車置き場を設けました。

テラス前には、地面を30cm掘り下げて降りつくばい風の雨落ちをフォーカルポイントとして設け、ここから家の裏へと通じる起伏に富んだ山辺の道をつくっています。

そして、フェンス沿いと家の壁際に雑木の島を交互に配置して、緑の樹冠が連なって、庭の中にある生活空間を覆うようにしました。

雑木の島は、繊細な幹をもつコナラ、オオモミジ、アオダモ、クヌギを中心に、低木と下草の組み合わせです。中木は視線の位置で枝葉が茂るので、使いませんでした。おかげで庭は緑豊かなのに、すっきりと見通せる明るい庭になっています。

雑木の庭に暮らして

木々が芽吹くところを、これまで意識して見たことはありませんでしたが、身近に庭ができて、この春はじめて見ることができました。春のこの時期、1、2日単位で移り変わり、感動的でした。

開放的な大きな窓にしながら、目隠ししたい。この矛盾した願いを、庭が心地よく解消してくれました。

上／新緑がさわやかな玄関前。左／門から緩やかなS字曲線を描くアプローチ。歩行の邪魔にならないように、人の背丈以上のところから枝葉を出しているので、すっきりとさわやかな風情に。午後になると家に映し出された木々の陰が風に揺れ、見飽きない眺めに。

右／テラス前の庭は、裏庭に通じる山辺の道の入り口。コナラとカシ、オオモミジのトンネルを抜けると、起伏に富んだ山道に。二人の子供たちが駆け回って遊ぶ。手前にあるのが降りつくばい風の雨落ち。左／テラスを取り囲むウッドフェンス。完全に遮蔽すると圧迫感が強くなるので、板と棒の組み合わせで隙間をつくり、見え隠れする妙味を出した。

主な植栽

落葉高木：コナラ、クヌギ、モミジ、マルバノキ、ジューンベリー、ナツハゼ、アオダモ、メグスリノキ
常緑高木：シラカシ
中木：ソヨゴ（常緑）

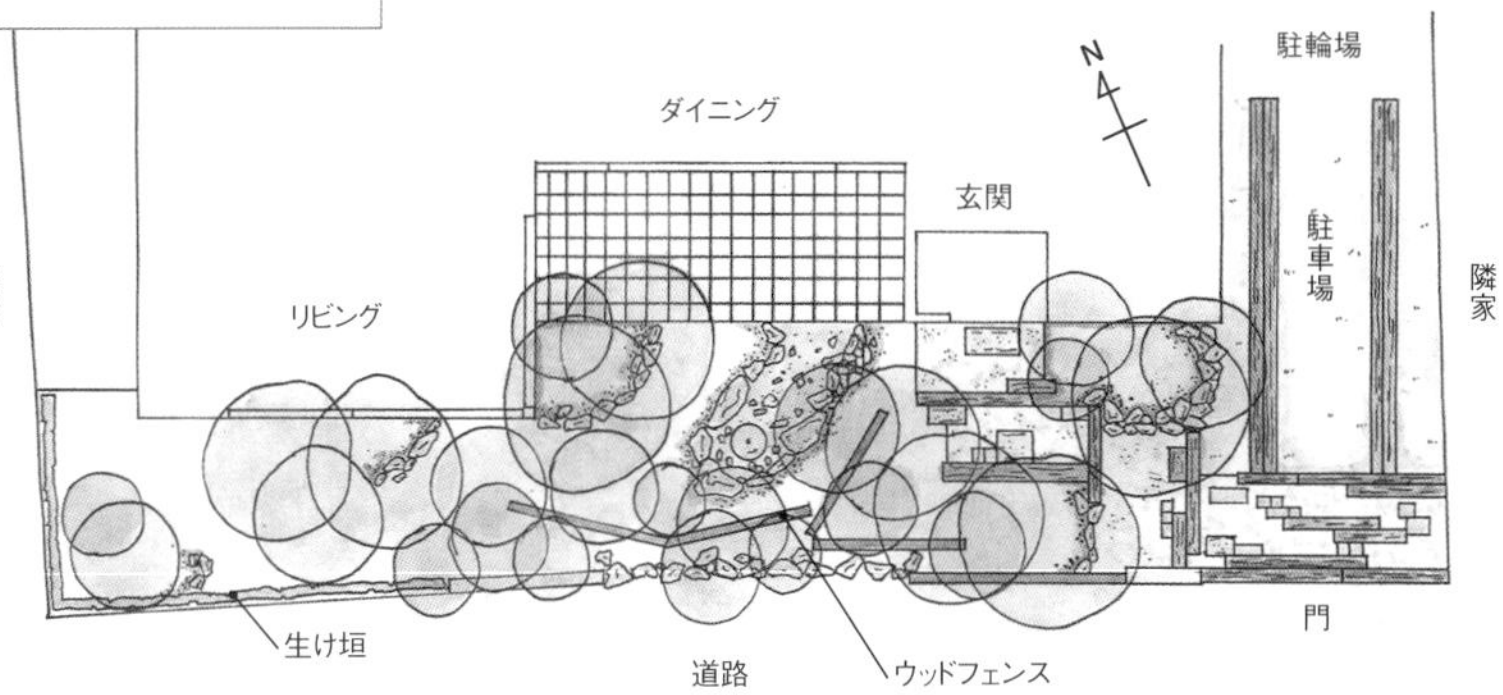

水シートを敷き、その上に万が一水漏れしたときに吸収する透水パイプを20本敷き詰めました。さらにその上に防水シートを敷き、軽量土壌を50～60cmの厚さで客土しています。

流れの基礎をコンクリートでつくり、溶岩石で縁取り、川底に小石を敷いて自然な小川を再現。流れの両岸に10～50cmの起伏を設けて、モミジやソヨゴなど幹が細くて楚々とした風情の雑木を植栽。その株元に、ヤマアジサイ、ツワブキ、ヤブラン、セキショウなどを植えて、自然な景色を再現しました。最後に軽量土壌が風で飛ばされないように黒土を敷き詰めて、苔を張って仕上げています。

釣った魚を放して楽しんでいます

庭ができてから3年目の春を迎え、木々はしっかりと根づいて、強風で倒れることもなくどれも元気そのもの。

ベランダに客土した庭は、大きなコンテナと同様で、根の育ちが制限されるせいか、クヌギやヤマボウシ、モミジなどの木々はコンパクトに育ち、四季それぞれの美しさで楽しませてくれます。

「家族から、ベランダに流れをつくるなんて無理かもしれない」といわれながら、この庭づくりを依頼した奥さまは、本格的な雑木の庭に大満足。自分で気に入ったハイノキの苗木や下草を植え、苔の手入れも怠りません。「お気に入りのアンティークなインテリアに囲まれ、庭を見ながら食事できて本当にうれしい」。

ご主人は、流れを管理しながら、釣ってきたハヤを放しては庭を楽しんでいます。

（文・高橋貞晴）

右／石橋はご主人が手に入れてここに据えた。苔がついて、すっかり庭に溶け込んでいる。橋付近で流れはゆるくなり、ハヤのすみかになっていた。左／流れは幅15～20cm。溶岩石で縁取り、上流は流れに石を配して渓谷の趣にした。水はポンプで循環させて、24時間流している。

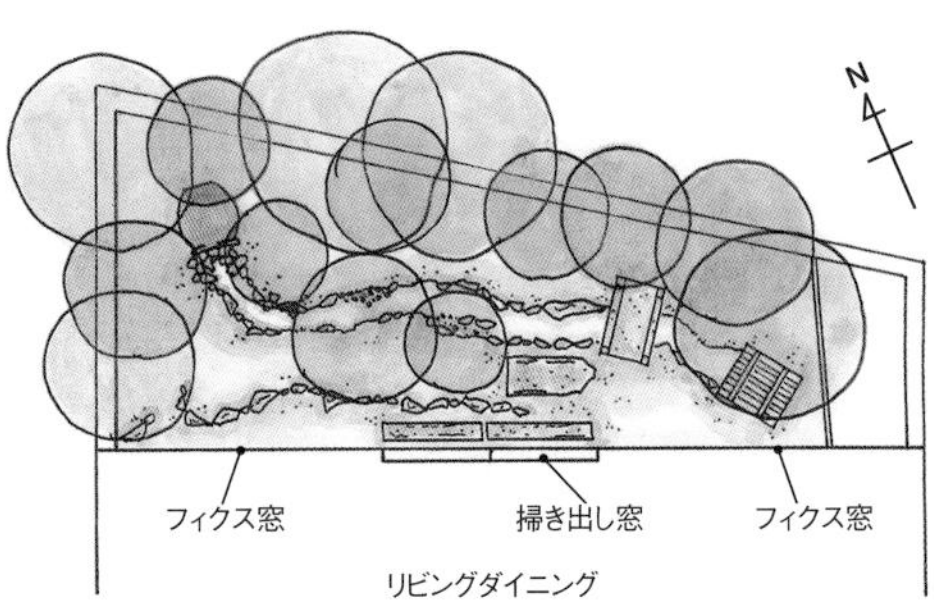

小さなベランダに出現した流れと雑木の庭

熊本県　荒木さんの庭

12m^2のベランダに里山を凝縮

造園会社グリーンライフ・コガの古閑勝憲さんから、「ベランダにつくった雑木の庭がありますよ」と聞かされたとき、「えっ！　本当に」と半信半疑でした。

「期待」と「雑木の庭らしいものかもしれない」という複雑な気持ちで訪ねたのが、重量鉄骨3階建てビルの2階にあるベランダでした。

案内されてリビングに入ると、部屋の幅いっぱいにつくられたガラス窓をとおして目に飛び込んできたのが、本格的な雑木の庭でした。

地面は大地のように起伏し、クヌギ、ヤマボウシ、モミジ、ソヨゴの幹を立ち上げて枝葉が天を覆い、清らかな水が間を縫って流れています。

起伏する大地、流れに配された石橋、窓辺に配した沓《くつ》脱ぎ石、どれもが苔むして、静まっていました。

間口5.6m、右奥行き2.8m、左奥行き1.5mの小さなベランダに、里山の自然風景が凝縮されていました。

防水加工を施して軽量土壌を50〜60cm客土

この庭を手がけた古閑さんは、「一番心配したのが水漏れでした」。そのため床にゴム状の防↗

「植木市に流れのある雑木の庭が出ていました。見た瞬間、ベランダでもできるかもしれないと思ったのが、この庭の始まりでした」と奥さま。左側の大きな窓下にある2つの小窓は、庭をもっとよく見たい奥さまが、庭の完成後に取りつけたもの。

右／緩やかに蛇行する流れ。川を挟むようにクヌギ、モミジ、ヤマボウシ、ヤブツバキ、ソヨゴなどを密に植栽した。下草は、シダ、セキショウ、ギボウシ、ヤブランなど。苔はハイゴケ、クラマゴケ。下／ベランダの外観。

狭さを生かす雑木の庭づくり

make a good living
SMALL Garden

雑木の庭は、
庭の上下の空間を
枝葉のスペースとして
階層的に生かすために、
狭い面積でも
豊かな自然空間を
実現できます。

狭い面積でも、頭上の空間は無限に広がる。この上部空間を広く活用してこそ、狭くても潤い豊かな住環境が実現できる。

1 狭いスペースに適した雑木の庭

都市住宅でもできる雑木の庭

雑木の庭の最大の特徴は、庭の上下の空間を枝葉のスペースとして階層的に生かすことです。また、庭の下部を生活空間とし、頭上の広い空間を木々の空間として住み分けることで、狭い庭でも木漏れ日を浴びてくつろげるだけでなく、2階の窓からも緑を楽しめるようになります。

このように雑木の庭は、狭い敷地に2階建ての家が立ち並ぶ現代の住宅地でも、十分な潤いをもたらすことができる庭のスタイルといえます。

大切なことは、植栽配置を平面図で考えるのではなく、常に立体空間で考えていくことです。

子供のころに遊んだ森の林床には走り回れるほどの広い空間があり、見上げると木々の枝葉の合間からこぼれる日差しがキラキラと輝いていたことでしょう。雑木の庭の空間は、森の中の空間に似ています。

こうした考え方でみると、植栽スペースが取れないと思われがちな狭い土地であっても、たいていの場合は植栽の工夫次第で豊かに潤すことができます。

動物病院の駐車場。5台分の駐車スペースと進入路。(東京都板橋区)

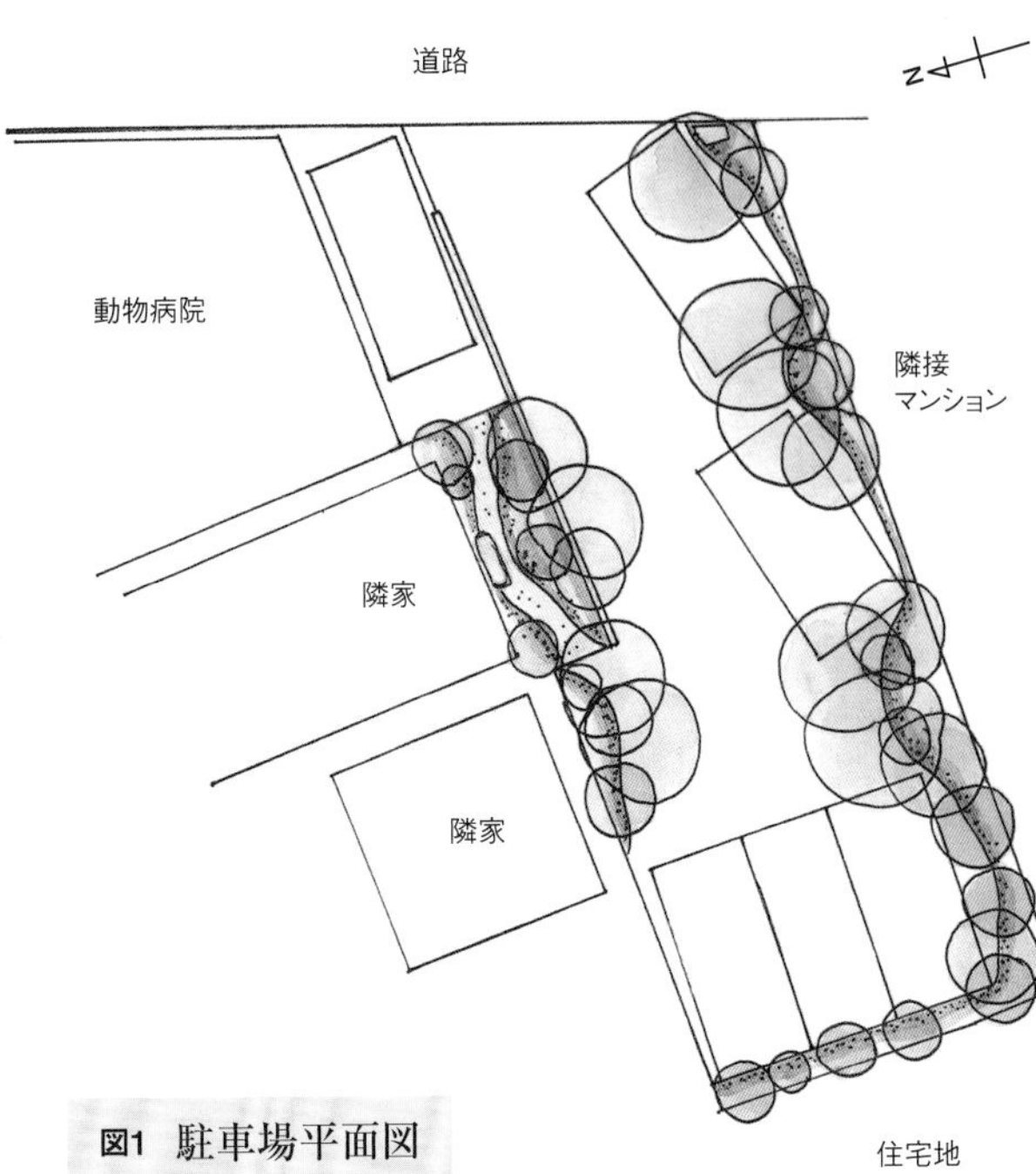

図1 駐車場平面図

住宅地に挟まれた細長い敷地に5台分の駐車場。隣家の一部と敷地のデッドスペースを植栽スペースとして利用。

(設計・施工:高田造園設計事務所)

植栽スペースの面積はわずかでも、木立の景色がつながって、緑豊かな森の中の駐車場のように感じられる。

駐車場も緑豊かに

密集した都内の駐車場の事例をもとに説明します。(図1)

縦長の敷地の駐車場で5台の車がそれぞれ出入りできるよう、縦列部分の駐車位置の角度を少しずつ振って駐車スペースを配置しています。このことで車の出し入れがしやすくなるだけでなく、その背面などに植栽可能なスペースが生まれます。

面積的には1カ所当たりわずか数m^2の植栽スペースですが、その上部空間に広がる枝葉が緑豊かな駐車場づくりを可能にしているのです。

駐車場の奥から道路側を振り返ると、両サイドの木立のトンネル越しに、道路までの遠近感が強調されます。

さらに、塀際のわずかな植栽スペースから枝葉が、駐車場の上部に覆いかぶさり、緑豊かな駐車場を演出しています。

上下の空間を、木々と人や車とが階層的に住み分ける空間構成によって、わずかな植栽スペースであっても、驚くほど効果的に駐車場を潤すことができます。狭い場所にこそ、雑木の庭の植栽手法が大いに役立つのです。

駐車場奥側からの見返り。隣接道路は木立のトンネルの向こう、実際の距離よりも遠くに感じる。

cafeどんぐりの木の前庭。竣工1年目の春。（千葉市美浜区）

2 駐車場、アプローチを庭の中に一体化する

植栽の下に生活空間をつくる

狭く限られた敷地であっても、生活のために必要な駐車スペース、玄関アプローチ、自転車置き場などは配置しなければなりません。

「敷地が狭いから、必要なものを配置したらもう庭をつくるスペースはない」と思う人が多いようですが、けっしてそうではありません。

狭い敷地を生かすには、「必要なスペースを配置したあと、余ったスペースを庭にしよう」というのではなく、「庭の中に、駐車場も自転車置き場も玄関アプローチや物置まで組み込んでしまおう」という発想が重要なのです。

こうした空間の生かし方を、造園事例から具体的に説明します。

写真**1**と図**2**は、住宅地の中の小さなカフェです。

前庭は道路に面した奥行きわずか4m余りの狭い庭です。木々の下に、駐車スペース1台分、自転車置き場、玄関アプローチといった生活スペース、勝手口への動線や外水栓など、必要なものがすべてこの庭に組み込まれています。

駐車場も自転車置き場もすべて含めて住環境なのですから、これも庭の一部として木々の間に溶け込ませていくことで、生活の場と木々の緑とが身近に重なり合う、自然豊かな、心地よい住環境となるのです。

図2 cafe「どんぐりの木」の前庭平面図

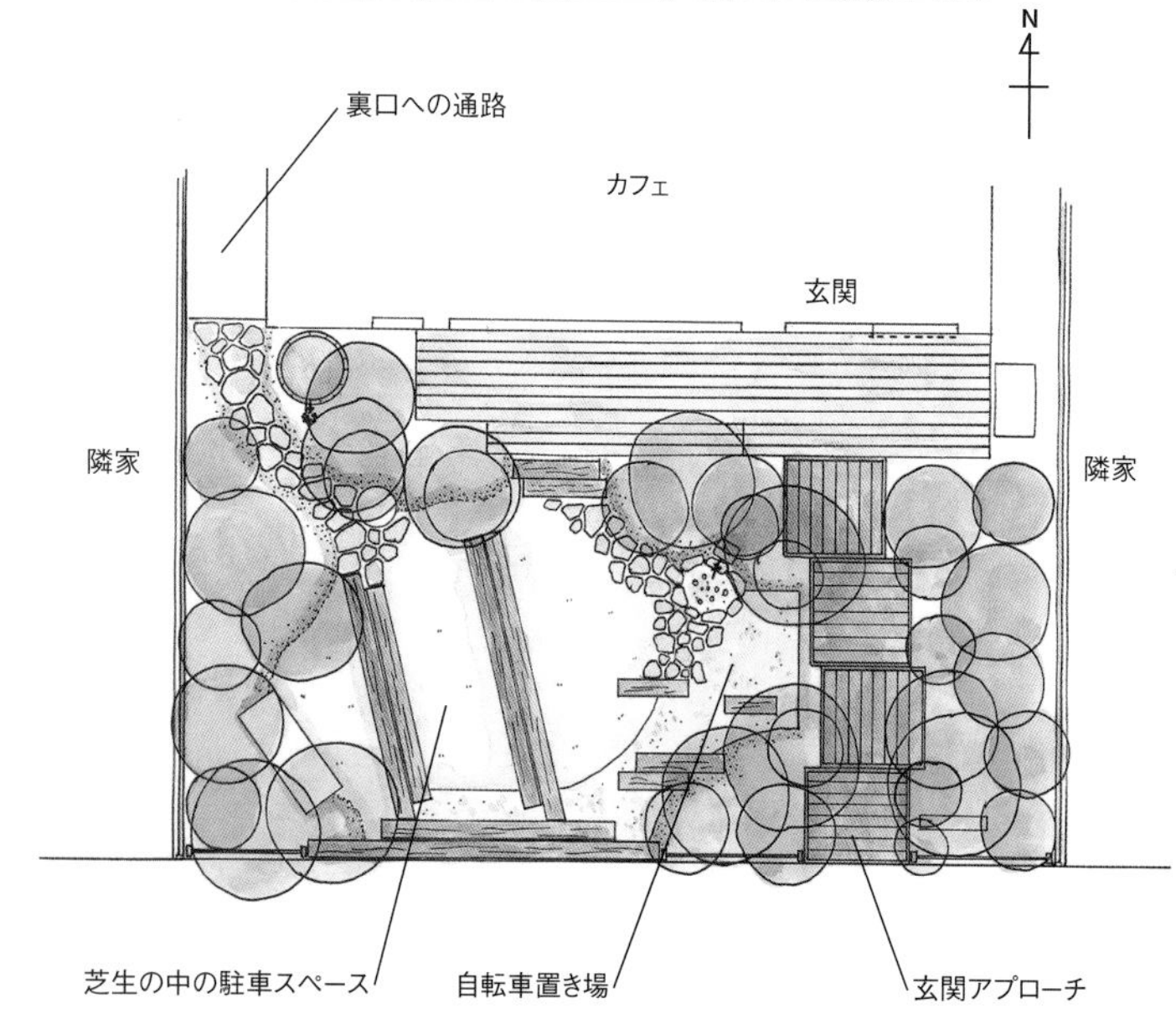

（設計・施工：高田造園設計事務所）

植栽の工夫

植栽は東西の外周部分と家際2カ所、道路際2カ所に分散して、その間に玄関アプローチ、自転車置き場、駐車スペースなどを配していきます。それぞれの必要なスペースをじょうずに木々の間に配していくことで、狭い中でも美しいたたずまいの、よい雰囲気をもつ空間をつくれます。

植栽スペースをうまく分散させながら、必要に応じてそれぞれの植栽のボリュームに強弱をつけていくこと。このことが、よい空間づくりのポイントとなります。

玄関アプローチ　木道の玄関アプローチは、正面右側外周沿いに幅1m程度の植栽スペースを設け、左側には自転車置き場を挟んで前後に木立スペースを設けています。これによって、隣家と駐車駐輪スペースとに挟まれた木道は、木々の中の小道となります。

駐車スペース　芝生の中に枕木を敷いただけの簡素さで、駐車場を庭の中にさりげなく溶け込ませてしまいます。自転車置き場は前後2カ所の木立の間に設けることで、これもまた庭のアクセントとなっています。

家際の植栽　家際2カ所の木立スペースは、1階だけでなく、2階の窓から見える景色をも潤い豊かにします。それぞれの面積は3・3㎡にも満たない植栽スペースですが、家際植栽の効果は、雑木植栽の要といってもよいほど効果絶大です。

窓から近い位置に木々の気配が感じられるということのすばらしさは、それを体感している人にしかわからないかもしれません。窓際にわずかな植栽スペースを配して木立を植える。それだけで自然が身近に感じられ、暮らす人の心を豊かにしてくれます。

右上／木立の中の玄関アプローチ。わずかな面積の緑地でも、雑木ならではの潤い豊かな、やさしい空間が生まれる。左上／木道の途中、玄関わきの木立の向こうに垣間見る建物。こうした風景は、見る人に温かみを感じさせてくれる。下右／家屋の外観を美しく見せる家際の雑木植栽。家際への植栽は、わずかな植栽スペースで大きな効果を得られる、植栽の要。下左／勝手口へと抜ける園路の景色も、木立の中に溶け込ませていくことで庭の景色の一部にしてしまう。木立の下に園路があり、その木立が窓辺に潤いを送り届けてくれる。

平面計画から立体計画へ

庭や緑地を設計するとき、これまでは、その多くが平面的な敷地配分をもとに計画されます。しかし、そんな考え方では狭い住空間を潤いある自然で包む込むことなどけっしてできません。いうまでもなく、空間とは三次元のものです。それを机上の平面図ばかりで設計しようとすると、三次元の空間を生かすことができなくなります。

雑木の庭の特徴は、人と木々とが上下の空間を住み分けることです。そのため、狭い庭であっても潤い豊かな住環境がつくれます。

造園設計の手引き書でよく説明される平面的なゾーニングの考え方では、限られた空間をじょうずに生かし切ることはできないでしょう。

室内側から窓越しに木立を望む。窓に近い位置の枝葉が効果的に室内を潤している様子が伝わる。

3 塀の配置や植栽スペース配置を工夫する

道路のコーナーから見た写真。家屋の右側道路沿いが南面。西面は駐車スペース。

狭さを生かす塀の配置と植栽

敷地いっぱいに家が立って、駐車スペースを除くと奥行き1～2m程度しかスペースがない、そんな例も街中ではよくあることです。それでも、植栽スペースの取り方や塀の配置を工夫するだけで、驚くほど緑豊かな住環境をつくりだすことができます。

狭い庭スペースこそ、雑木の庭の植栽手法が非常に効果的に生かせるのです。

ここでは塀の配置と植栽配置の工夫について、事例から説明します。

図3を参考に、具体的に見てみましょう。建物の配置上、植栽可能なスペースは、建物の南側と西側に限定されます。通りに沿った西側のスペースは駐車場となります。

主庭と呼べるのは南側ですが、それも道路からの奥行きは1・5～3mしか取れません。

こうしたスペースで、落ち着きのある空間をつくっていくには、いくつかのコツがあります。

図3 塀の位置と植栽の位置で狭さを生かした雑木の庭平面図

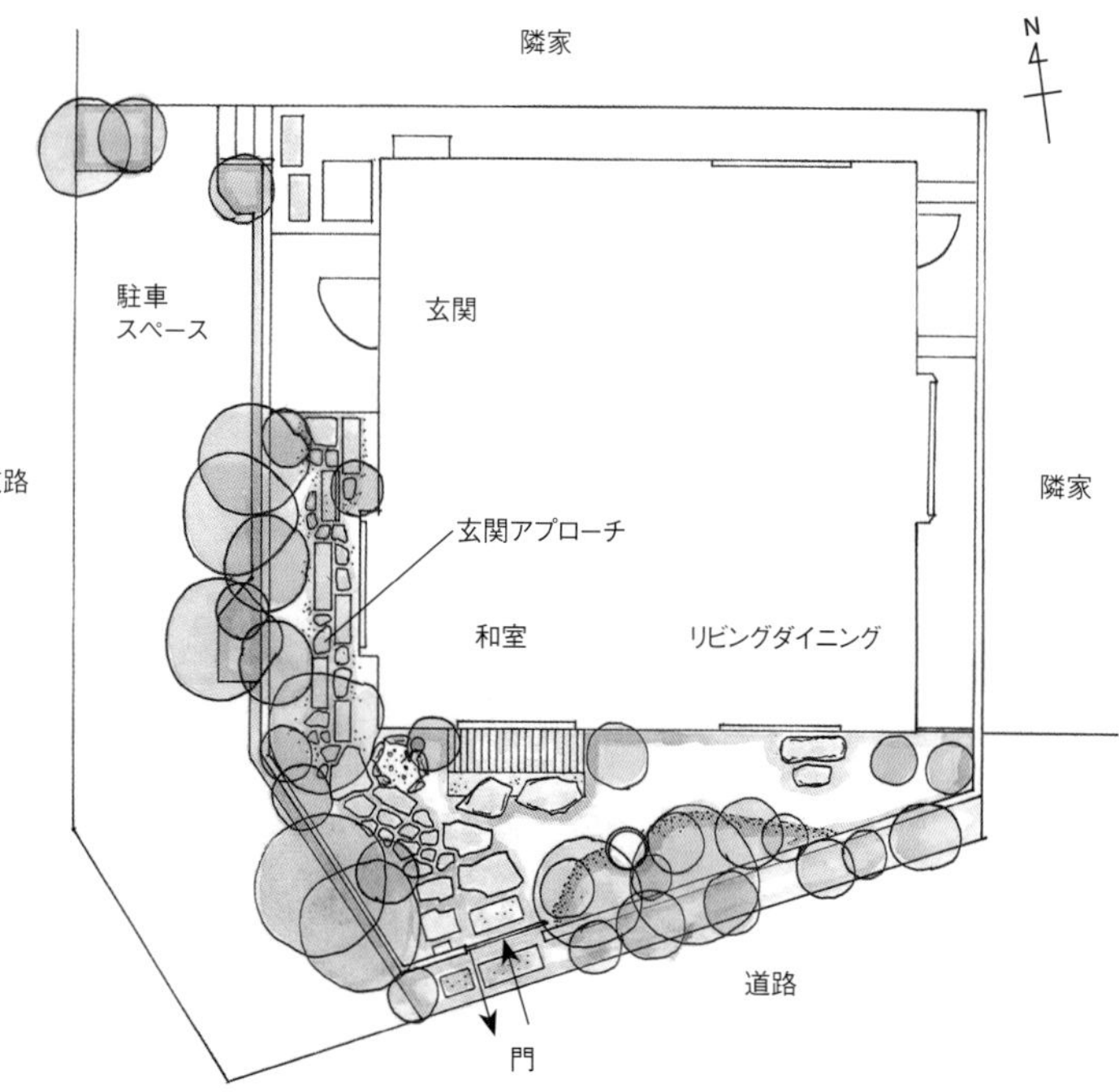

（松下邸／千葉県船橋市　設計・施工：高田造園設計事務所）

左／南側、塀の内側。塀の外に緑があるため、狭い庭でも面積以上の雰囲気と奥行き感を感じさせてくれる。上／塀は配置だけでなく、透過性の確保も大切。ここでは大《やま》和《と》塀《べい》といわれる互い違いの板の張り方によって、目隠し効果と通気性を両立させている。

南側の主庭　塀によって道路からの目線を遮り、その内側ですっきりと落ち着いた植栽空間をつくっています。

道路に面した狭いスペースを緑豊かで落ち着いた雰囲気にするために、ここでは塀を道路から50㎝ほど後退させ、塀を挟んだ前後に植栽して、立体的な奥行き感を演出しています。

塀の前後に植栽することで、狭いスペースに植えすぎることなく、塀自体も潤いのある住まいの景色として溶け込みます。

塀の外側植栽は内側の植栽を補うように、主に常緑中木を中心に、上下左右に空間のメリハリをつけながら自然な雰囲気で植栽します。これを、例えば生け垣のように列状に植栽してしまうと、単なる緑の壁となってしまい、奥行き感も空間の広がりも感じられなくなってしまいます。あくまで、見え隠れする空間の連続によって景色をつなげていくという視点が大切です。

植栽の幅は、周囲の状況にもよりますが、基本的に50㎝程度あれば高さ2～3m程度の中木は問題なく育ちます。

塀をセットバックしたら庭が狭くなる、と考えてしまいがちですが、狭いからこそ、塀を後退して塀の外と中との植栽を連続させることで奥行き感を演出し、雰囲気を損なわずに庭の中の植栽にメリハリをつけることができます。それが庭空間をより広く生かすことにつながるのです。奥行きと立体感の演出のための、配置上の工夫が鍵となるのです。

塀の外側と内側の植栽が立体的につながって、塀も落ち着いた景色の中に溶け込む。

4

塀の外の木立と内側の緑がつながって、空間の厚みが感じられるようになる。この植栽は夏の西日除けにもなる。

3

玄関アプローチ際の植栽。駐車場の上部空間に枝葉を張り出させることで、狭いながらも支障なく通行できる。

1

2

上／南側の植栽と西側の植栽が連続し、その合間に家屋が美しいたたずまいを見せてくれる。下／家屋西側。駐車場が木々に挟まれている。

植栽の連続性で広く見せる

狭い庭スペースといえども、南と西の2面を連続して見ると意外と奥行きがあるものです。こうした、家屋の2面、あるいは3面を、別々の庭空間として考えるのではなく、一連の植栽の中につなげていくことによって、豊かな緑に包まれた美しい外観ができます。ここでは、南側と西側のわずかな植栽空間を連続して見せることで、狭い面積でも深い緑のボリューム感が得られます（写真1）。

西側の駐車場　塀の前面と駐車場の一部に幅60㎝の植栽スペースを3カ所設けて、雑木を植栽しています。塀を挟んだこの植栽が奥行き感を演出し、コンクリートの駐車場をも、木立の下に包み込んで、住まいの風景の中に美しくなじませています（写真2）。

高木植栽の場合、最低限度60㎝四方の植栽枡《ます》が取れれば生育できます。この程度の面積なら、駐車スペースの中のデッドスペースとなっているところで見いだせるでしょう。デッドスペースを利用することで、狭い敷地の住環境は格段に改善されるのです（写真3）。

塀の内側は幅たった1m前後です。ここに玄関アプローチとなる小道を配しています。道を除けば塀際植栽の幅は30～40㎝程度しかありません。それでもこのケースでは、敷地地盤が駐車場よりも1m程度高くなっているため、駐車スペースに張り出すように植栽することで、狭いながらも枝葉が歩行を邪魔することなく、必要な植栽が施せました（写真4）。

敷地の高低差があるからこそできることなのかもしれませんが、空間の重なりを生かすこと、駐車場の上部空間を枝葉の張り出しスペースとして生かすことによって、狭いながらも夏の西日を緩和する重層的な植栽となっています（写真5）。

塀の配置の工夫、デッドスペースの生かし方、植栽の連続性、階層的な空間利用、こうしたことが狭さを生かした雑木植栽のポイントといえます。

5

道路北西側から家屋を見ると、道路際の植栽と家際の植栽がつながって、空間の奥行きを感じさせている。

4 中庭を生かす

狭さを解決する植栽3つのポイント

狭い敷地の住環境を潤す効果的な植栽法は以下の3点です。

1. **植栽配分を1カ所にまとめるのではなく、植栽可能なスペースを建物の周囲数カ所に分散させる。**
2. **植栽の幅が取れない場合、なるべく上部の枝葉を張り出して植栽できる場所を生かす。**
3. **中庭的な空間を生かす。**

以上のポイントを、一般的な狭い敷地の事例で説明します。

図4　中庭のある前庭平面図

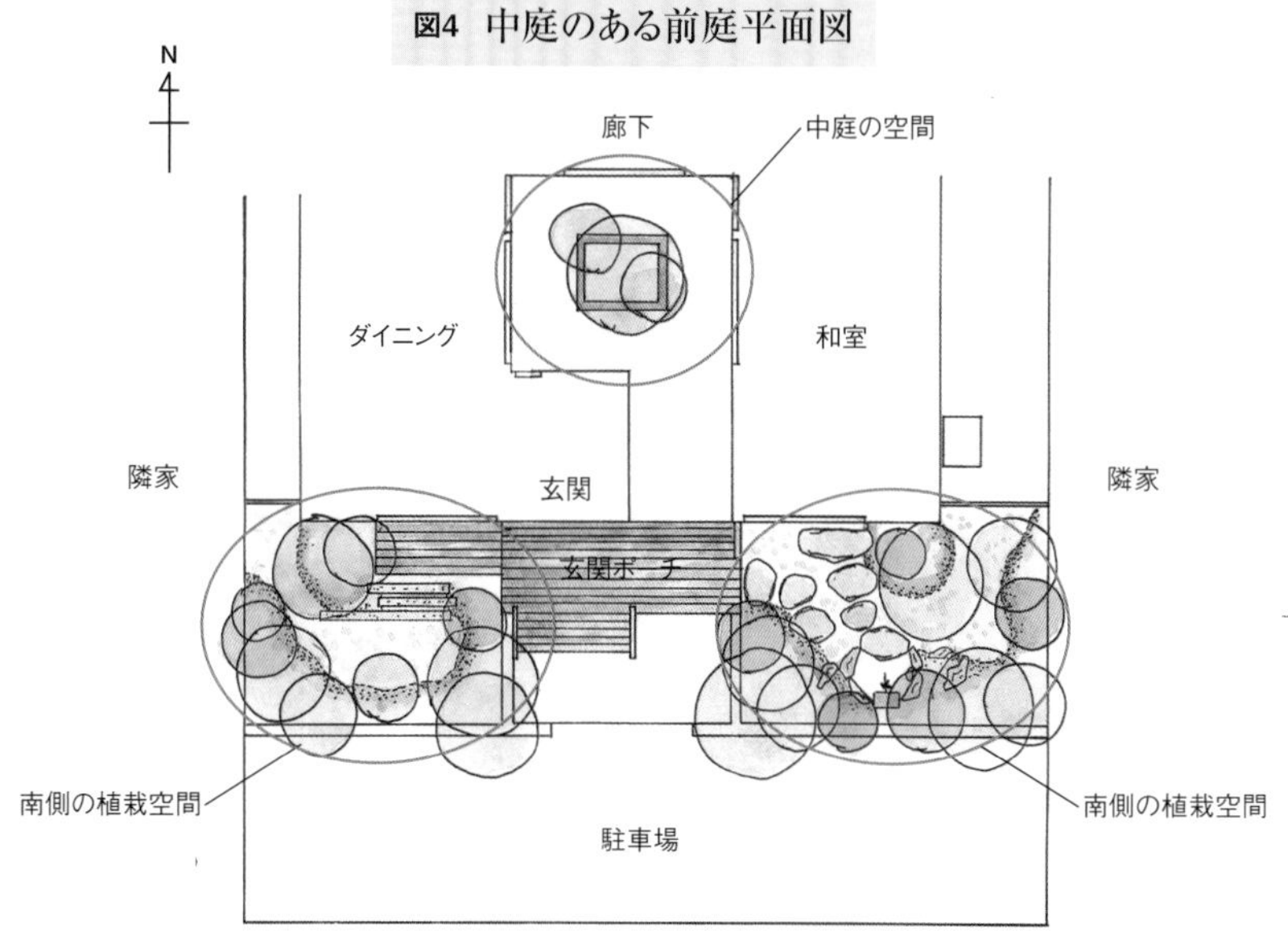

（増田邸　設計・施工：高田造園設計事務所）

図4で示した敷地は、南側にしか植栽スペースがない、ごく一般的な家屋配置ですが、中庭の吹き抜け空間があります。

南側の植栽スペースは、駐車場と玄関ポーチを挟んで2カ所に分散し、ダイニングと和室の正面窓越しの景とし、それぞれの窓辺に木陰をつくっています。

植栽スペースが敷地内の駐車場に接しているため、枝葉を車や人の通行の邪魔にならない程度の高い位置で、枝葉を気兼ねなく駐車場側へ張り出すことができます。

枝葉を外に張り出せるか張り出せないかの違いは、特に狭い場所では、庭を構成する枝葉の質や量において決定的な差が生じます。

空間を多層的に利用する雑木の庭は、上部の枝葉の空間をなるべくのびのびと茂らせるようにして、その下に快適な生活空間を確保します。

この庭の場合、植栽配置を工夫し、上空に枝葉を張り出させていくことで、植栽できない駐車スペースをも、緑の下に美しく涼やかに溶け込ませていくことができるのです。

南側の2カ所の植栽スペースはそれぞれ約7㎡ずつ。生活上の主要な2部屋の正面に分散して配置することによって、各部屋の窓、そして駐車場越しに見ると建物全体が潤い、緑の中に溶け込んで見える。

邪魔にならない高い位置で、駐車場に張り出す雑木の枝葉。

中庭を彩る 約1㎡の植栽枡

この住まいでは、中庭に設けたわずか1・2㎡の植栽枡《ます》の存在が大きな役割を果たしています。

この中庭は、ダイニング・和室・廊下に接しているので、3方向から楽しめます。

さらには、2階の窓やベランダに高木の枝葉が届くようにしたので、たった1カ所の植栽により1階の各部屋だけでなく、2階の部屋からも潤いのある緑を楽しめます。

一石四鳥といったあり方は、建物に囲まれている坪庭空間ならではのメリットといってよいでしょう。

なお、坪庭の植栽は、わずかな高木と中低木、下草で多層的な木立をつくることで、1階2階、あるいは目線の高さによってそれぞれボリュームのある緑を楽しむことができます。

中庭などの狭い面積で効果的に緑を楽しむためには、やはり多層的な群落として立体的に植栽することが大切です。

左／多目的テラスとして設けた中庭に1m×1.2mの植栽枡を置き、そこにアオダモを主木に中低木や下草を多層的に組み合わせて植栽した。右／2階の窓から中庭のアオダモの樹冠が見える。住宅密集地では2階の窓から見える潤いある緑がありがたい。

木陰になる中庭は 風を起こす 環境装置

中庭の足元は木陰となるために、シダなどの下草はまるで森の中のように青々としてきます。日が差し込む時間の短い中庭は、本来、木陰で生育する林床植物の美しい姿を楽しむことができるのです。そして、木陰で冷やされた中庭の空気は、南側の日なたとの温度差で対流となって室内に流れ込み、夏の家屋を冷却するのに大きな効果を発揮します。

本来、日本の坪庭は、ウナギの寝床のように間口が狭く奥行きが長い町屋で活用されました。中庭は奥の部屋にまで涼しい空気の流れをつくる、環境装置だったのです。エアコンのない時代、町屋の夏の冷却装置として機能していました。

周囲を近隣住宅にびっしりと囲まれた現代の住環境においてこそ、中庭をもうけて快適な空気の流れをつくるという温故知新の知恵を生かさない手はありません。

こうした工夫の積み重ねが、狭くても快適で潤いのある住まいづくりにつながるのです。

上／日照時間が短い中庭の下部は、下草などの日陰の植物が生き生きと映える。下／ベランダから中庭を見下ろす。高木の枝葉の下に中木、低木と、多層的に植栽が連なっている様子がわかる。

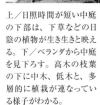

雑木の庭の維持管理

ZOUKI
Maintenance of Garden

雑木の庭は、限られた住宅敷地の外空間に、
刻々と生長する自然樹木で庭をつくり、
人と木々が共存できるようにしていくことです。
それには当然ながら、適切な管理作業が必要になります。
雑木の庭における適切な手入れとは、ただ単に庭の形や木々の形を
維持するための従来の樹木剪定とはまったく異なります。
木々の生命力をじょうずに発揮させていくためには、

庭を生態系として育てていくことが大切です。
「木々をコントロールしながら、
よりよい空間へと誘導していくこと」
これが住まいを囲む自然環境としての
雑木の庭を管理していくコンセプトといえます。
そのためには手入れの必要性と目的を知り、
庭の状態に応じた適切な管理が大切です。

庭の手入れ6項目

太くなったコナラの幹。自然状態では胴まわりの太さで1年間に3〜5cmくらいずつ太くなる。この生長スピードを必要に応じてコントロールする。

1 樹木の大きさや生長量のコントロール

木々は年々生長します。庭の中で人間の生活空間やほかの木々と共存するためには、それぞれの樹木の枝葉が占める空間配分を調整する必要があります。

また、木々は樹種それぞれに生長のスピードや枝の伸長、幹の太り方など生長状態も異なります。もちろん、樹木を大きく育てていくことも管理の一つです。太くなり大きくなった木は風格もあり、庭を落ち着いた空間にしてくれます。

しかし一方で、住宅地内の限られた空間では大きくするにも限界があります。ほかの樹木とのバランスや、生長の遅い木々のスペースを生長旺盛な樹種が圧迫しすぎないように、それぞれの樹木に応じた生長スピードを調整する必要も生じます。

→118〜125ページ

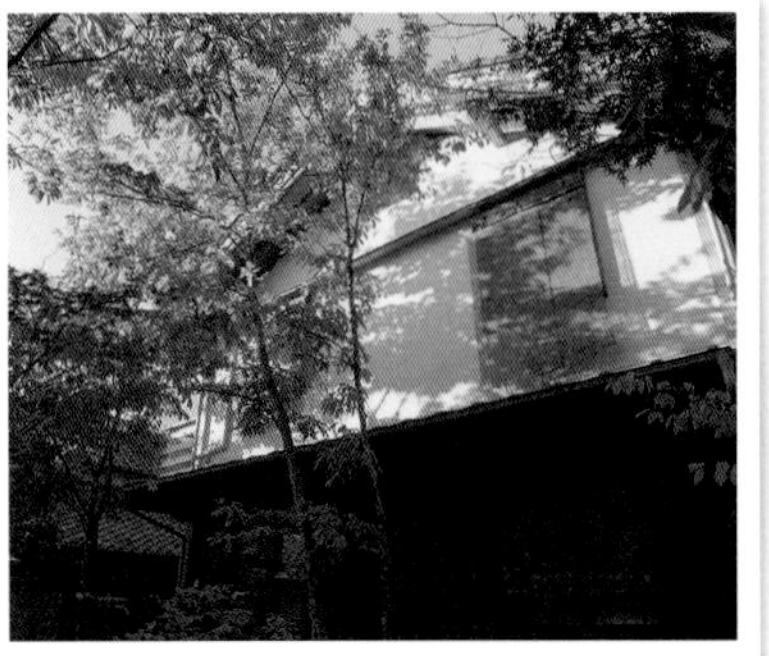

手入れ後の雑木の庭。枝葉は無理なく電線をかわし、庇の雨樋にかぶさる枝葉ははずし、木々の下の人の活動スペースはすっきりとさせる。

2 枝葉の占有スペースのコントロール

1の項目と重なる面もありますが、人の生活空間と木々の空間を住み分けて共存できるよう、毎年伸長する枝葉を必要に応じて取り払い、あるいは切り詰めることも必要です。

例えば枝葉の伸長による隣家や道路への張り出し、雨樋へのかぶさり、園路やテラスなど人の活動スペースを圧迫する枝葉の伸長を避けるように管理していく必要があります。

旧来の刈り込みや切り詰め剪定のように、ただ庭の木々を丸めるのではなく、伸ばすべき枝は伸ばし、取るべき枝をはずしていくように剪定します。

生き生きとした木々に包まれ、なおかつ広々とした生活空間をつくるためには、伸ばす枝とはずす枝との見極めが大切になります。

→126〜129ページ

手入れ後の庭。狭い通り庭の木塀は、通風を考えてつくった例。透かした枝葉の合間を風が抜けていく。

3 風通しの確保

健康で機能的で心地よい住まいをつくるためには、外空間の通風をよくすることが大切です。

通風の悪い庭では空気によどみが生じます。空気のよどみはヤブカや特定の病害虫の大量発生を引き起こします。また、通風がよければ夏の日中、日陰と日なたの温度差によって空気に対流が生じ、蒸し暑さも大きく緩和されます。

何よりも、空気のよどみは庭を不健康なものにするばかりでなく、人にとってもそれは大変不快に感じられることでしょう。風通しのよい庭とするには、もちろん庭のつくり方も大切ですが、手入れによって風の通り道をふさぐ枝葉をはずしたり、透かしたりして、足元の低い位置にも空気のよどみをつくらないように管理します。

→130ページ

手入れ後の雑木の庭。必要に応じて高木の枝葉を透かして、下層の植生に必要な日照を誘導している。

4 差し込む光量のコントロール

雑木の庭の植栽は自然林と同じく、上下の空間を高木、中木、低木とが階層的に空間を分け合います。

人手を加えずに放置し続けると、やがて高木の枝葉が上空をふさぎ、庭の地表に入る光量が減少して下層の植生が移り変わっていきます。林床にはアオキやヤツデ、ヒサカキ、シロダモなど森の下の木陰の植生が、小鳥のふんなどを介在した種の飛来によって広がっていきます。そして、日照が必要な低木は徐々に衰退していきます。

住まいの庭環境である以上、四季折々の開花や紅葉など、庭を彩る多彩な中木や低木は生き生きと育てて、楽しみたいものです。

こうした下層の植物が健康に育つために、必要なだけの光が届くように、高木など上層の枝葉を透かすことも大切な管理作業の一つです。

→131～132ページ

庭の隅にコンポストをつくって、そこに落ち葉をため、腐葉土として庭の土壌を再生する資源にしたい。

5 雑草、落ち葉対策

野原や路傍の植物が庭に進入してくると、迷惑物として雑草扱いされます。しかし、庭に野草が生えてくるのは当たり前のことで、それをすべて退治しなければならないのなら、そんな不自然な庭のあり方を見直すことも必要なのではないでしょうか。例えば夏の庭が木陰で覆われれば、雑草の生育は格段に抑えられます。

これからの時代、きれいなだけの庭ではなく、私たちの五感を刺激する、本当に豊かな庭環境をつくっていくためには、雑草と共存できる庭のあり方を考えることも必要です。

そして落ち葉。雑木の庭では秋になると落ち葉は1カ月以上の間、舞い散り続けます。

腐葉土や堆肥になる落ち葉はごみではありません。庭や畑の土壌を再生する貴重な資源として、積極的にその利用を考えてみてほしいと思います。

→133～135ページ

人や樹木に無害な液体セルロースが主成分の無農薬スプレーを散布。アブラムシなどの気門をふさぎ、害虫のふ化を妨げる。

6 病害虫対策と木々の健康管理

病害虫対策といえば、思い浮かぶのが農薬散布ではないかと思います。

農薬は木々を取り巻く命のバランスを壊してしまい、かえって特定の病害虫の大発生を招いてしまうこともよくあります。

また、農薬散布が原因となる健康被害は、さまざまな形で私たちの暮らしを脅かしている事実も、今では広く知られるようになりました。

木々の命は、さまざまな虫や微生物、鳥や昆虫とのかかわり合いの中で生きています。特定の虫を殺したいがために、それ以外の多彩な生き物たちまで殺傷し、私たちの健康を脅かしてまで維持しなければならない庭とはいったい何なのでしょうか。

これからの時代、本来の健康な自然を暮らしのスタイルとして取り戻すためには、農薬に頼らない庭の管理のノウハウを知ることが大切になります。

→136～141ページ

雑木の手入れ方法

人と木々とが、住まいの庭という限られた敷地の中でスペースを住み分けて共存していくためには、木の大きさや枝葉の量を調整する手入れが必要になります。

しかし、手入れによって自然な樹形ややわらかな枝ぶりを損なってしまっては、雑木の庭の美しさもよさも台無しになってしまいます。

自然樹形の美しさややわらかさを保ちつつ、大きさや生長スピードを抑制していくためには、従来の樹木剪定マニュアルなどによく書かれているような技法や考え方では決して対応できません。

雑木の庭の美しさや効果を長年にわたって維持していくには、木々それぞれの性質を知り、正しい手入れのノウハウと考え方をしっかりと知る必要があるでしょう。

1 従来の手入れの手法と考え方とは

従来の剪定教本などで解説される庭木の手入れでは、木の輪郭を決めて、その輪郭ラインに合わせて毎年生長した分だけ、丸く切り詰める、という考え方が圧倒的に多く紹介されているようです。

まずは、こうしたこれまでに一般的とされてきた庭木の手入れ方法について説明していきます。

図1の点線で示したように、枝先を切り詰める際の輪郭ラインを設定します。そして、図2のように輪郭に合わせて枝先を剪定し、同時に枝数を減らすために中枝を透かしていきます。

図3がこのような方法と考え方で剪定がなされた際の、剪定直後の様子です。

輪郭が整えられて枝数も透かされていて、一見これが手入れの見本のようにも思われます。

しかし、こうした考え方やノウハウは、雑木の庭においての正しい手入れ方法とはいえないのです。

どこがいけないのか、一つひとつ整理しながら、正しい雑木の手入れ方法について説明していきます。

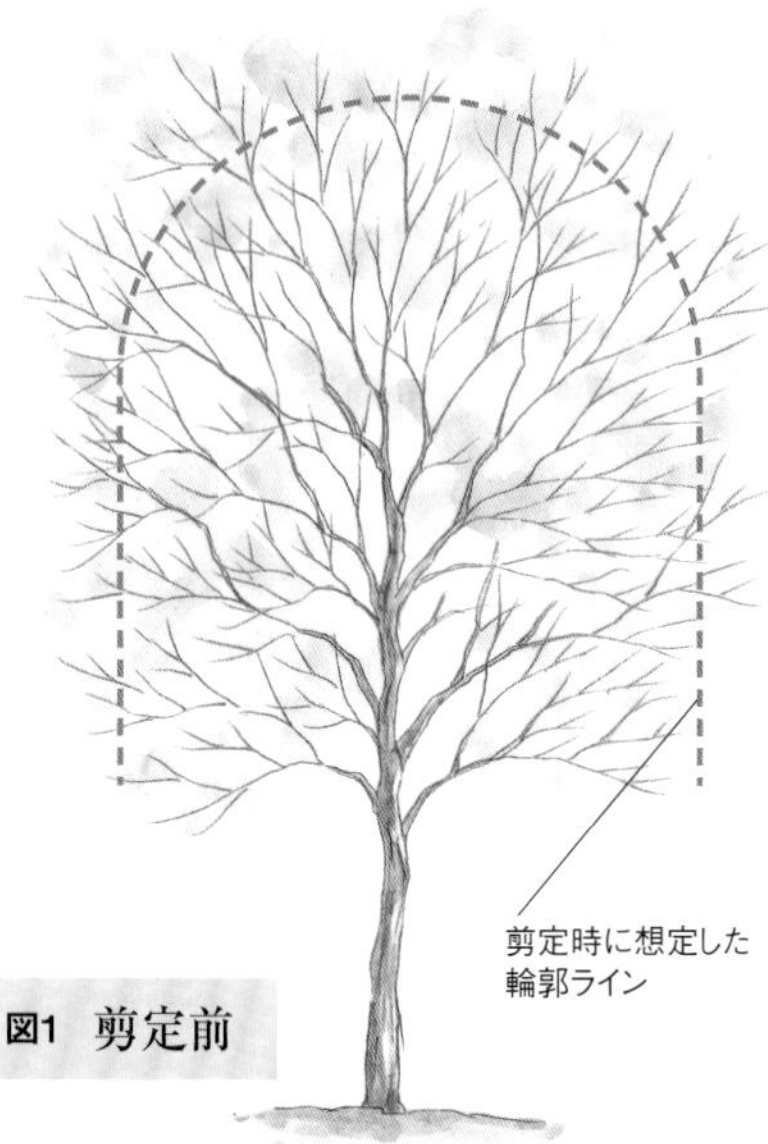

図1 剪定前

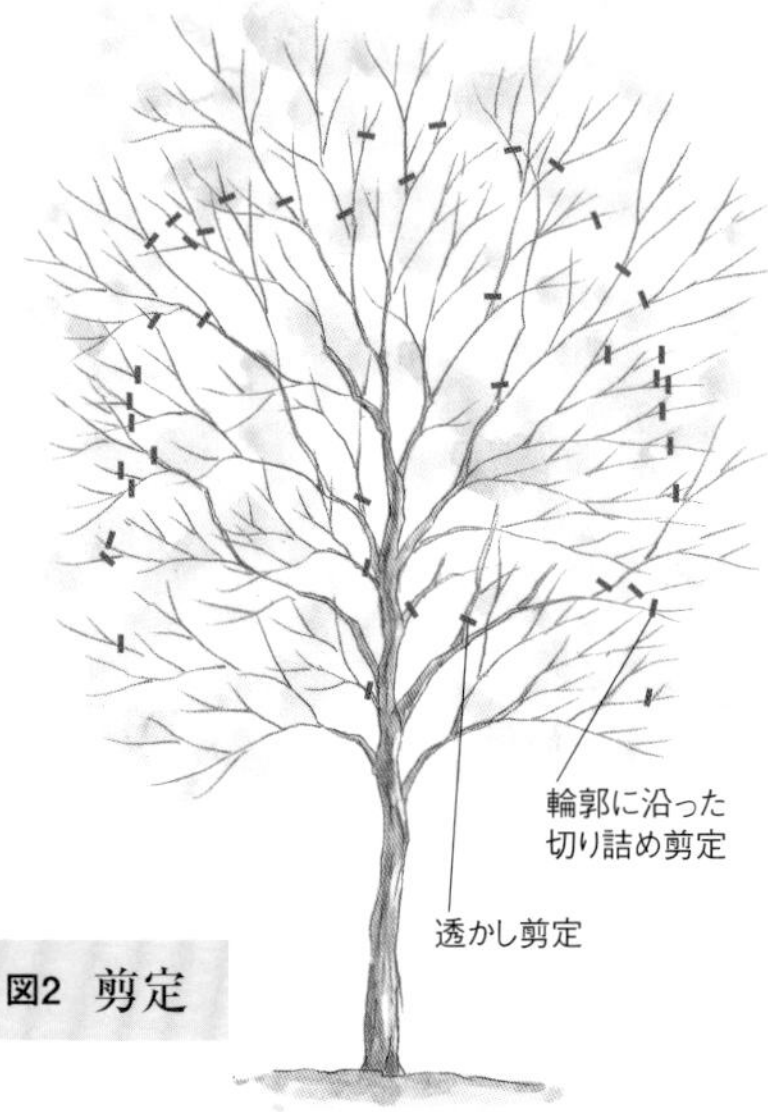

図2 剪定

図3 剪定直後

手入れ後の雑木の庭。自然樹木特有のやわらかな枝ぶりを保ちながらも枝葉は透かされて、それぞれの空間はぶつかり合っていない。

2 徒長枝を出さない手入れを心がける

枝先の切り詰め剪定後に、勢いよく伸長して樹形を乱す徒長枝。

ケヤキ本来のやわらかな枝葉。自然樹形の美しさを、手入れによって損なってしまっては元も子もない。

徒長枝を毎年同じ位置から切られた結果、太くかたくなったこぶ状の枝。そこからさらに無数の徒長枝が発生し続けるという悪循環を繰り返し、自然樹形の美しさからかけ離れていく。

図4　切り詰め剪定後、数カ月の様子

切り詰め剪定が繰り返されたケヤキの樹形。しなやかな自然樹形の美しさからかけ離れてしまっている。

図**4**は、輪郭に沿って切り詰めた樹木で、剪定数カ月後の枝の出方を示しました。無理に切り詰めた枝先からは、無数の枝が勢いよく伸びて樹形を乱します。そして、切り口はこぶのようにかたい雰囲気となっていきます。

切り詰めた切り口からまっすぐに勢いよく伸びる枝を、一般に徒長枝《とちょうし》といいます。

木々の性質に逆らうような強引な剪定をすると、こうした徒長枝ばかりが切り口から生えてきて自然樹形を乱していきます。そのうえに、毎年同じ位置で枝の切り詰め剪定が繰り返されると、枝先は握りこぶしのような塊となっていきます。

樹木の性質に対しての知識や配慮に欠けた手入れがなされると、美しくやわらかな自然樹形が損なわれるばかりでなく、こうした手入れによってかえって見栄えの悪い枝を増やしてしまうという悪循環に陥ります。

本来の自然樹木の場合、雷や倒木、落枝、あるいは雪崩や土砂災害など、何らかの理由で枝折れや幹折れなどがあると、木々は自己修復のために、勢いのよい徒長枝を数多く出します。なるべく早い期間で枝葉を伸長させて、生きるための光や空間を再び確保するためです。これらの徒長枝は、数年程度は樹形を乱すほどに活発に生長しますが、その後はまた、本来の生長の仕方や樹形へと戻っていきます。

さかんに徒長枝を出す状態を「木

3 木々の性質を正しく生かして大きさや生長スピードをコントロールする

施工後10年目の庭。木々はやわらかな自然樹形を維持し、繊細で若々しい雑木の庭の美しさを保っている。

無理な剪定によって不自然な枝が大量に発生し、見るも無残な樹形となっているケヤキの例。何のための街路樹なのだろうか。

樹齢数百年のクスノキの巨木。幹の途中から新たな若い枝を出し、ゆっくりと伸長する。そして上部の太い枝が老化して枯れても、この若い枝が伸びて、この巨木の命をつないでいく。若返りを繰り返すことで長い樹齢をまっとうするのも、自然樹木の性質の一つ。

が我を忘れている状態」と、ここでは表現したいと思います。そして、数年後、また再び本来の自分を取り戻した状態を「木が本来の自分を取り戻した状態」と、表現します。

木々に無理なストレスを与えるから徒長枝が出てしまうわけで、手入れの際は徒長枝を出さないように心がけねばなりません。

同時に、一度徒長枝を出してしまった木々を美しい元の状態へと戻すためには、徒長枝を切り取るのではなく、そのまま数年間放置して、「木が本来の自分を取り戻して」から、再度正しい手入れをし直していくことが大切です。

木にとって、徒長枝を出すということは、そこに不自然な形でエネルギーを集中しなければならない分、大変なストレスになります。誤った剪定がなされれば、木々はそのたびに徒長枝を出さねばなりません。そのような間違った手入れを繰り返すことによって、木々はストレスを受け続けてやがて病気や害虫に侵されてしまいます。

その1 枝や幹の若返り更新を心がける

やわらかで自然な枝ぶりを維持しながら、大きさや生長スピードを無理なく抑えていくためには、太くなった枝や幹を根元から切って、若くて細い枝へと交代させていくことが必要になります。

この、老化した枝や幹を若い幹や枝に交代していくことを「幹枝の更新」といいます。自然の木々は、若返りのための幹や枝の更新を繰り返すことで、永続的なまでに長い命をつないでいくのです。

この樹木本来の性質を生かすのが、雑木の庭の手入れの重要なコツなのです。

図5　雑木の萌芽更新

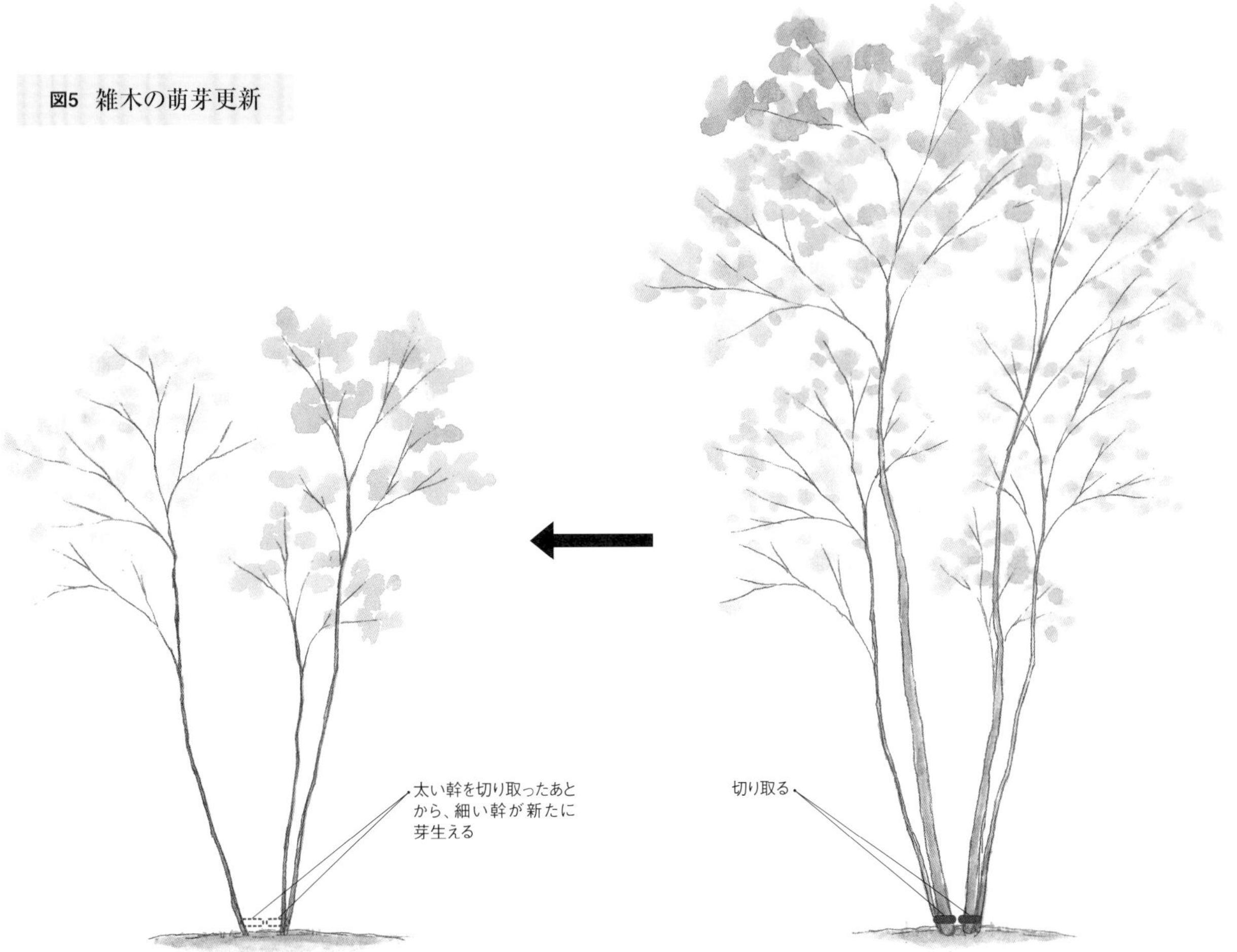
太い幹を切り取ったあと
から、細い幹が新たに
芽生える
切り取る

以下にその具体的な方法を解説します。

萌芽更新　図5は、株立ちの雑木を幹の根元から更新させる方法で、萌《ほう》芽《が》更新《こうしん》といいます。里山では本来、15年から20年周期で伐採・萌芽更新の繰り返しによって、長年、雑木林が維持されてきたのです。

庭ではこの萌芽更新の性質を生かして、太くなりすぎた幹を株元から切り、若くて細い幹へと交代させて木々の大きさを管理することもあります。

ただし、根元から新たな幹を育てる場合、日陰で生育できないコナラなどの落葉雑木類は、株元へ日が当たるようにする必要があります。また、庭の中で大きな幹を根元から切ることは、庭の環境を一時的に大きく変えてしまうので、雑木の庭の主木に対しては、めったにこの方法で行うことはありません。

むしろこの方法は、庭の主木となる雑木類ではなく、ロウバイやレンギョウ、ユキヤナギ、コデマリ、クロモジ、トサミズキ、アジサイ、ハギ、ナンテンなど、中木から低木類を手入れするときに多く用います。

エゴノキの萌芽更新。太い幹を間引いたあと、細い幹がそこから新たに芽生える。この若い幹の伸長に必要な光と空間を確保することによって、次の更新後の主要な幹となる。

根元から太い幹を抜き取って、数年経過したトサミズキ。

図6　株元での枝の更新

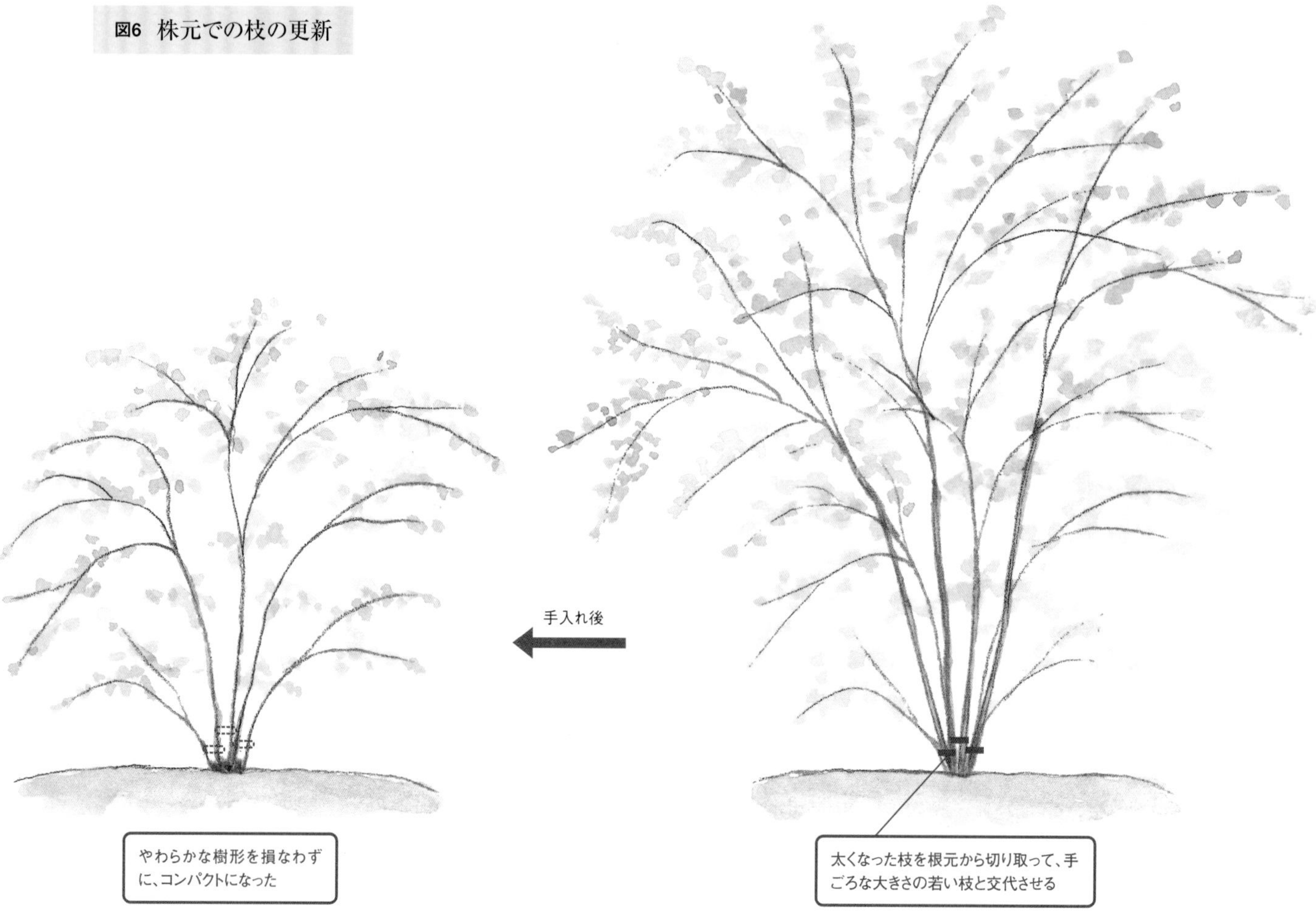
手入れ後
やわらかな樹形を損なわずに、コンパクトになった
太くなった枝を根元から切り取って、手ごろな大きさの若い枝と交代させる

株元での枝の更新　枝先を刈り込んでしまえば、そこから樹形を乱す不自然な枝を数多く発生させて、やがては見苦しい塊となってしまいます。こうした樹種の場合、図**6**のように刈り込むことなく根元から太い枝を抜いていくことで、いつまでも繊細な枝ぶりを維持することができます。

枝抜きによる樹木の管理　高木から中高木の手入れは、図**7**のように太い枝の抜き取りによる若返り更新を基本に行います。

写真**1**はコナラです。太い枝と細い枝とがそれぞれ出ている様子がわかります。この木の輪郭を縮めるためには、太い枝を抜いて若い枝に光を当てて、交代させていくようにします。生長期の夏の前までに枝葉の数を減らすことによって、効果的に樹木の生長スピードを抑えることができます。

枝を払って幹に日が当たると、幹元の切り口の組織から、新たな枝が再生しやすくなります（写真**2**）。この枝の生存に必要な光を確保することによって、この萌芽枝は数年後の大切な更新枝となるのです。

できるだけ古い枝を若い枝へと更新させていきながら管理することが、雑木の庭の手入れのコツですが、一方で太い枝を切って新たな枝を出させることは、木に多少のストレスを与えます。

その一例が、写真**3**です。日なたの庭に移植されて、下枝を取り払われたイロハモミジの植栽半年後の様子です。

幹の途中から上へと新たな枝がまっすぐに伸びています。しかも葉の形状も変異して、イロハモミジらしからぬ細長く大きな形状になっています。なぜこんな枝葉が出たのでしょう。

移植されたあとに、いきなり強い日差しにさらされたため、幹からの水分蒸発によって上部の枝葉に十分な水分を送り届けることができなくなると、木は自らの生存のために、幹の下のほうからこのような不自然な枝を伸ばします。

このような枝葉は、まるで幹を日差しから守るように幹に沿って絡み合うように上へと伸びていきます。このような状態は、木に対して大きなストレスがかかっている証しであって、そのまま衰弱してしまうこともよくあります。

新たな枝を出させて活力のある状態を維持するためには、枝を切ることによる多少のストレスを与えることも必要ですが、上記の事例が示すように、無理をかけすぎるとそれは木の衰弱につながってしまうのです。

枝の更新についても、どの程度切るべきか、どの程度の日差しを幹に差し込ませていくかは、それぞれの木の状態を見極めて、樹木の様子を見ながら対処していくことが大切です。

図7　枝抜きによる樹木の管理

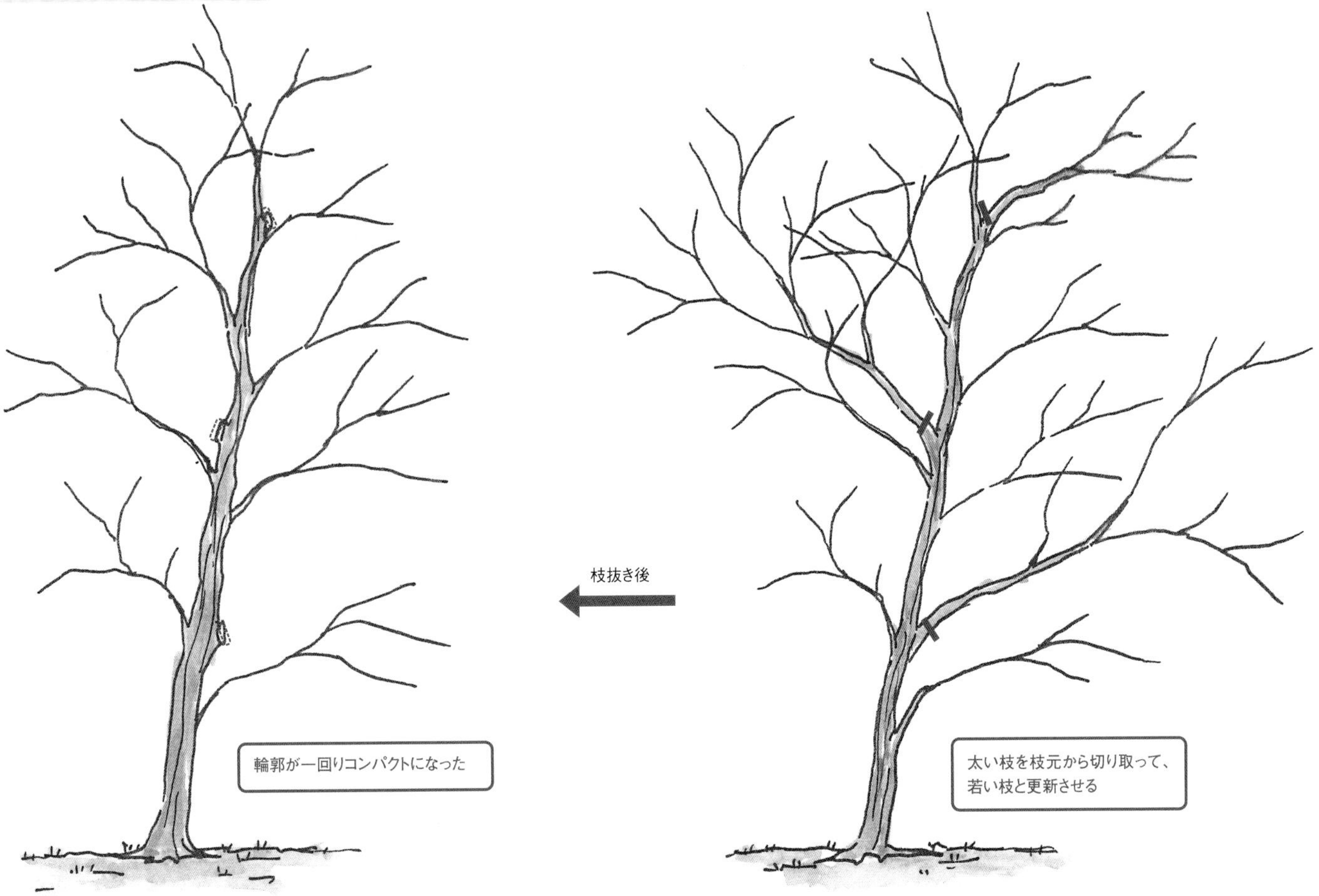
輪郭が一回りコンパクトになった
枝抜き後
太い枝を枝元から切り取って、
若い枝と更新させる

右／切り口からのコナラの萌芽枝。光が当たらないと、萌芽枝は1年程度で枯れてしまうので、注意が必要。

下／幹への日照によるストレスを受けたイロハモミジ。

2

3

1

枝抜き剪定（▬太い枝を切り取る位置　◌育てるべき若い枝）

アラカシの萌芽枝。日陰に強い常緑広葉樹の場合、多少の日陰でも萌芽枝は枯れることなく、ゆっくりと生長していく。

■枝先の切り詰め剪定　■枝抜きの透かし剪定

その2
枝先を切り詰めるときの注意

　手入れの際には、枝の更新ばかりでなく、枝を間引いたり、枝先を切り詰めたりすることも必要になります。

　同じ枝の枝先を毎年切り詰め続ければ、その枝は次第にかたい雰囲気になっていきます。

　そのため、枝先剪定を繰り返した枝は、数年後にはその枝を元から取り払うことも必要になります。そのときまでに、その枝に代わる細くて若い枝をしっかりと育てていくことが大切です。

　また、枝先剪定の際には、枝の流れの方向に逆らわない小枝を残して、送られてくる水分や伸長のエネルギーをその小枝が無理なく受けとめられるようにします。枝を間引く際も、枝の流れに対して自然な方向の枝が残るようにしていくことで、枝の負担を最小限度に抑えるようにします。

　こうした配慮によって、徒長枝などの不定枝の発生は抑えられ、剪定した枝がかたい雰囲気になっていくまでの期間を遅らせることができます。

　この枝先剪定と枝の更新を併用することで、自然らしさを損なうことなく雑木の庭をさらに自然で健康な状態へと育てていくのです。

　木の性質を尊重しながら愛情をもって接していけば、庭の樹木も、我を失うこともなく、次第にいうことを聞いてくれ、やわらかい枝ぶりになってくれるものです。

　大切なことは、「木々の性質に逆らわず、木々をじょうずに飼いならしていく」こと、それが雑木の手入れの極意なのです。

その3
管理しやすい植栽の仕方

　コナラやクヌギなど、生長の速い日なたの雑木は、放置すれば年々太い幹になっていきます。反面、こうした木々も、1日の半分くらい日陰になるような環境では、それだけで生長スピードは半分、あるいは1/3くらいにまで落とします。枝ぶりもまた、日なたと違って木陰では細く長く、繊細に伸びてくれます。

　また、枝葉の量を減らすことで、光合成の量が減り、木々の生長スピードを落とすことができますが、夏に大切な木陰をつくってくれる枝葉をむやみに減らしてしまうのでは、何のために雑木を植えたのかわからなくなってしまいます。

　そこで、木々を太らせすぎないためにも、雑木を木立としてまとめて植える雑木の植栽方法がとても有効に生きてくるのです。

　すなわち、雑木を1カ所に1本ずつ植えた場合、必要な面積の木陰を確保し、なおかつ樹形のバランスを整えるためにはそれなりに枝を残さなければなりません。枝数が多いと、それに比例して樹木は太ります。

　これに対して、1カ所に3本まとめて植栽した場合、単木で植栽した場合に比べて1/3ずつの枝葉の量で、同じ面積の木陰をつくることができます。また、接し合った枝葉同士が、互いに木陰をつくり合うという相乗効果によって、1本当たりの生長量は単木での植栽に比べて1/4ないし、

植栽直後の雑木の木立。管理のしやすさと木々の健康な生育の双方を踏まえて、木立としての組み合わせで植栽する。

それ以下の生長スピードにまで落とすことができるのです（図8）。

また、剪定の際、1本だけで植栽された樹木の場合、枝数を減らしすぎると直射日光がダイレクトに差し込むことによって幹が乾燥し、傷んでしまうこともよくあります。これに対して、数本の高木をまとめて植栽した木立の場合、多少枝を切り詰めすぎても隣の枝葉が、幹に差し込む直射日光を和らげるというメリットもあります。

写真4は植栽後20年近く経過したコナラの庭です。わずか5～6坪程度のスペースに、コナラ11本とスギ1本が植栽されてから20年。あまり太らせることもなく、自然樹木のやわらかな枝ぶりを保っています。

これがもし、庭が狭いからといって1本あるいは2～3本程度しかコナラを植えていなければ、これほどまでに幹の太り方を抑えることはけっしてできなかったことでしょう。

狭いスペースであればなおのこと、木々の生長を無理なく抑えていくことができるように、木立として複数の雑木をまとめて植栽することこそ、長年にわたって繊細で美しい雑木の庭を維持するために大切なことなのです。

図8 管理しやすい植栽

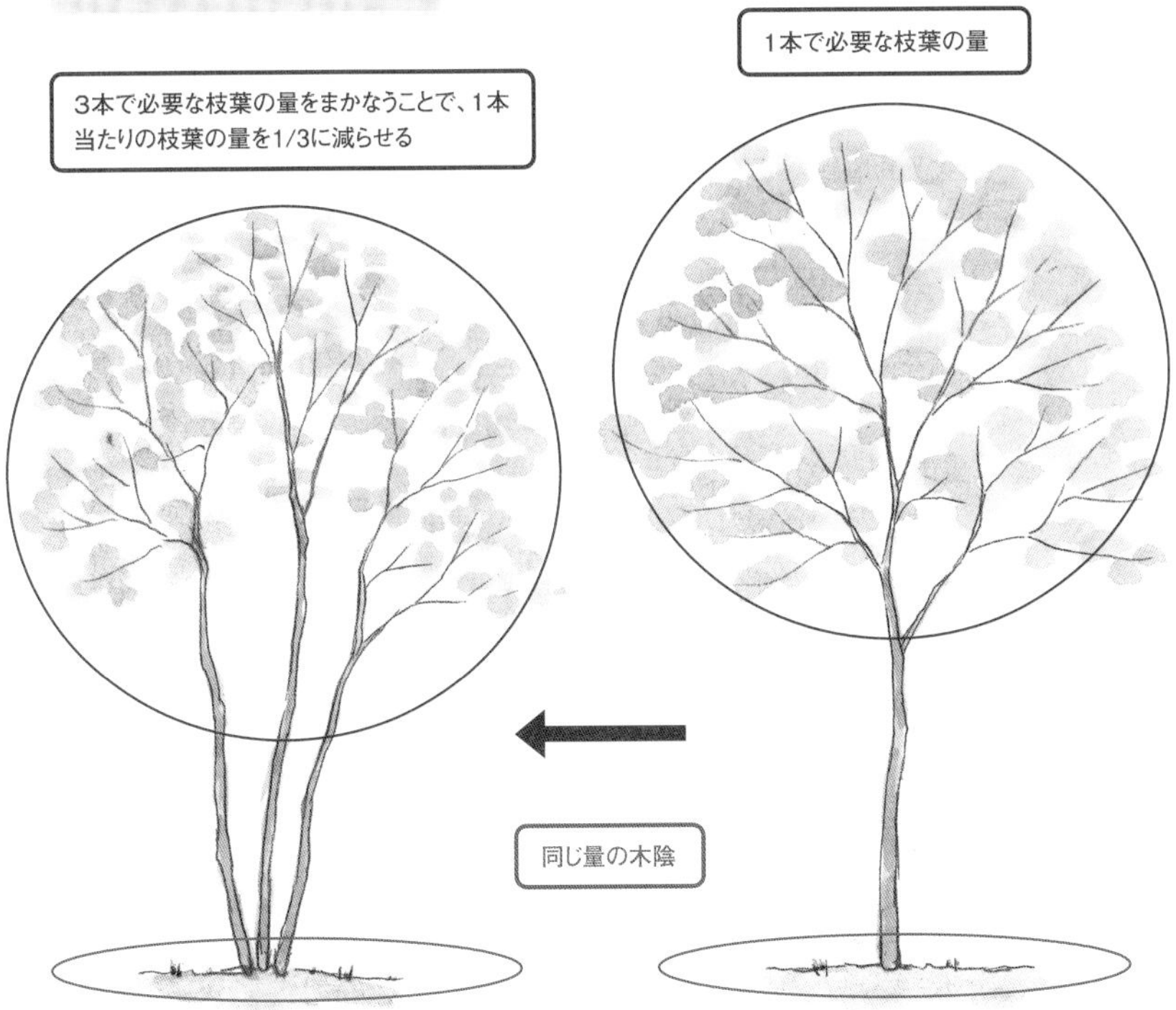
3本で必要な枝葉の量をまかなうことで、1本当たりの枝葉の量を1/3に減らせる
1本で必要な枝葉の量
同じ量の木陰

5～6坪の広さにコナラ11本とスギ1本が植栽されている。作庭後20年を経た庭。（東京都西多摩郡・金綱邸/金綱造園事務所施工）

4

樹木の枝葉が占めるスペースを調節する

木々を手入れする際、枝葉を伸ばすべき空間の方向とを伸ばしてはいけない空間の方向とを的確に把握し、樹木と人の生活空間とが互いに心地よく空間を住み分けるようにします。そのためには、枝葉の占有空間を調整することが大切です。

枝葉の占有スペースの調節とは、主に以下の3つの視点で考えます。

1 樹木同士が必要な空間を分け合えるように

雑木の庭では多種混交の自然林と同じく、上下にも左右にも樹木同士が枝葉の占有スペースを競い合います。自然林の中では、競争に負けた木、木陰で耐えられなくなった木が自然淘汰されながら、森の様相が移り変わっていきます。

雑木の庭の場合、木々同士が心地よく生育するのに必要なスペースを分け合い、共存できるように、ぶつかり合う枝葉を人為的に調節する必要があります。

上／高木同士ぶつかり合わず、そして高木、中木、低木と、それぞれが上下の空間を分け合うように調整する。
下／枝葉がぶつかり合うことなく、横の空間と共に、縦の空間も重なり合わないようにする。こうした手入れによって庭全体の見通しもよくなり、木々が生き生きとすっきりして見えてくる。

2 人や車などの通行や活動スペースを狭めないために

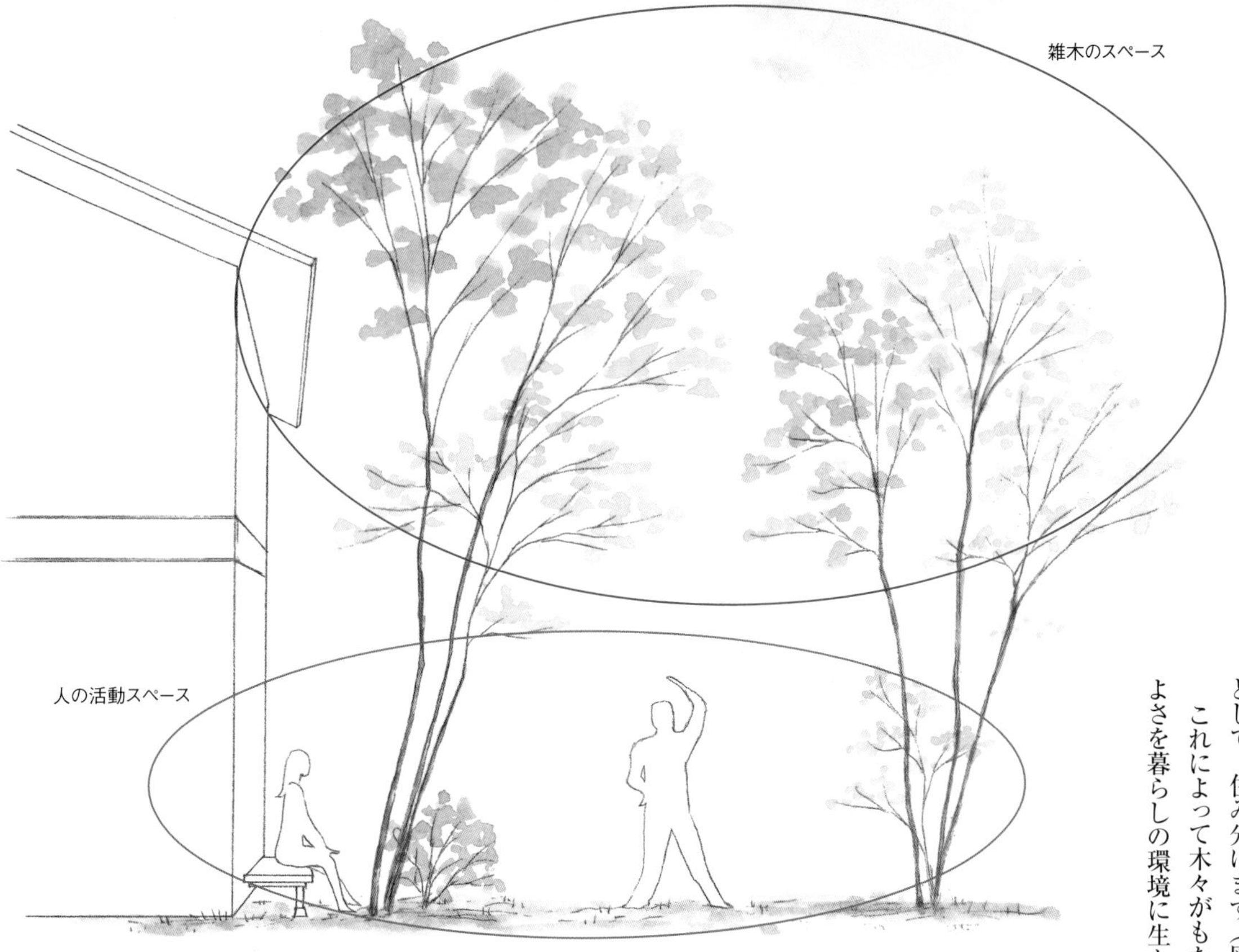

図9　雑木の占有スペースと人のスペースの住み分け

樹木の空間と人の活動スペースの住み分け

雑木の庭では基本的に、庭の上部空間を雑木の枝葉のスペースとして広々と分け与え、そして木々の下の木漏れ日の空間を人の活動スペースとして、住み分けます（図9）。

これによって木々がもたらす心地よさを暮らしの環境に生かすのですが、毎年伸長する枝葉がこうした人のスペースを狭めてしまう場合は、そのつど取り除きます。

家際に植栽した樹木の手入れ

図10のように、家際に雑木を植栽する場合、家にぶつかる方向の枝や人の活動スペースに抵触する下枝は取り払いますが、伸ばすべき方向の枝まで取り払って縮めてしまっては、何のためにそこに木を植えたのかわからなくなってしまいます。

せっかく伸びた枝を無意味に切り詰めて木の形を整えるのではなく、枝葉を伸ばしてもよい方向には積極的に伸ばしていく（図11）ことで、雑木林の中の木立のように、生き生きとした健全な自然樹木本来の姿へと育っていきます。

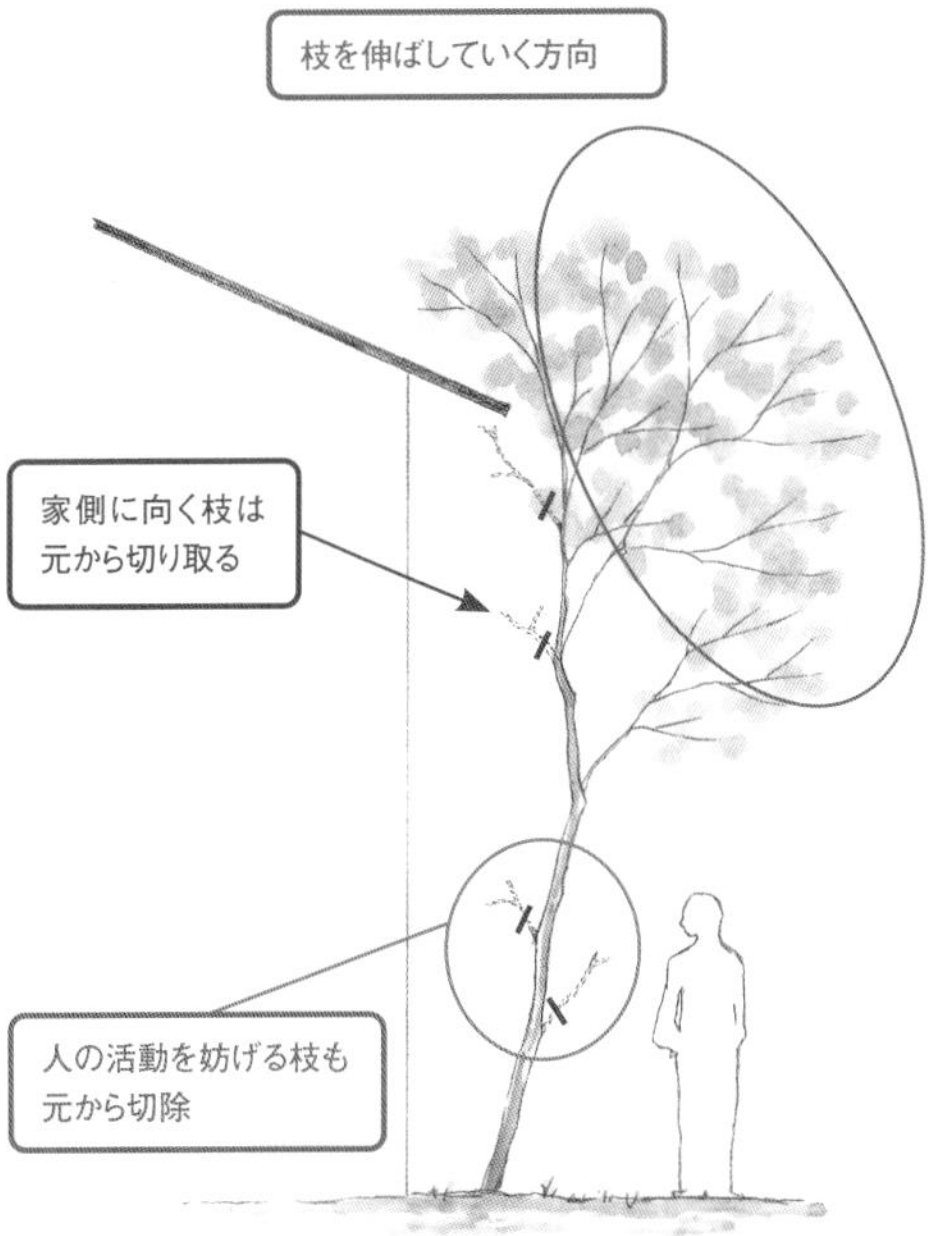

図11　家際の植栽の場合の調整

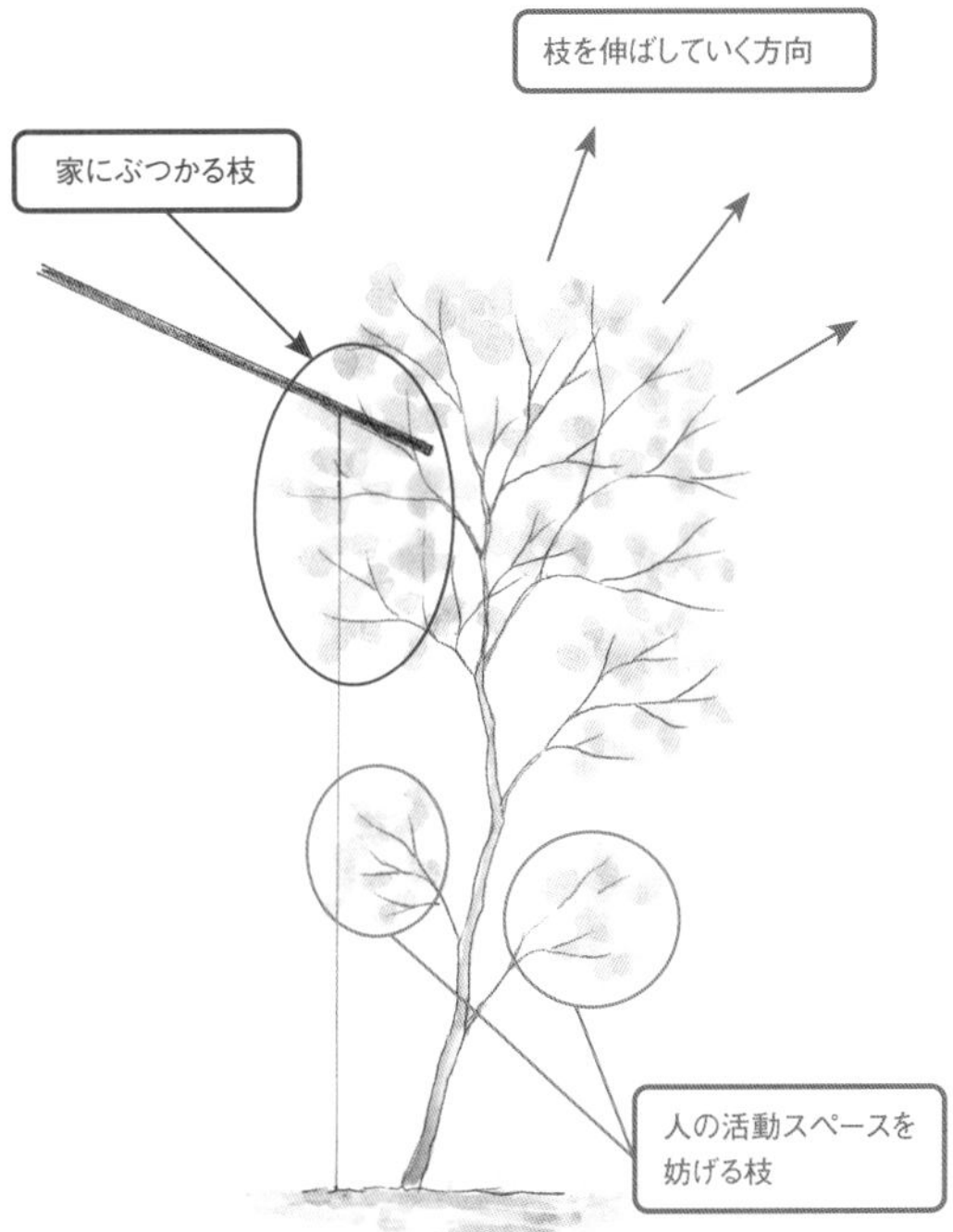

図10　家際の植栽の場合（調整前）

3 雨樋を詰まらせたり隣家への枝葉の極端な越境や落ち葉の飛散などをなるべく抑えるために

雑木の庭の暮らしを存分に楽しむためには、四季をとおした木々の活動そのものが、なるべく街中での生活上のストレスにならないような配慮も必要になります。

一般的に最も心配されるのが、落ち葉による雨樋の詰まりと、隣家への落ち葉の飛散といったところでしょう。

実際に、雨樋を詰まらす主な原因は、実は風に乗って舞い散りやすい落葉樹の落ち葉よりも、むしろ比較的重量があって堆積しやすい性質の春の雑木の花やタネ、秋のどんぐりなどのほうがはるかに大きな要素となります。また、厚みがあって飛散しにくい常緑樹の落ち葉も、雨樋を詰まらせる大きな要因となります。

上／垂れ下がるようにつくコナラの花序。中／新緑と同時期に開花するモミジの花。のちにタネとなり、小さな葉をプロペラにして舞い落ちる。下／カシノキやモッコクなど、常緑広葉樹の落ち葉。厚みがあって重く、堆積しやすい。

こうした落葉高木の花序や花がら、タネなどの飛散は、主に4月から6月までの春に集中します。

また、カシノキやシイノキなど常緑広葉樹の多くは5月から6月くらいまでの間に大量に古い葉を落とします。新しい葉が芽吹くころに、古い葉を落として葉の若返りを図るのです。常緑広葉樹の落ち葉は厚くて重く積み重なり、地面に落ちてもなかなか腐らず、意外と厄介なものです。雨樋にかぶされば、それは樋詰まりの大きな原因になります。

一方で、雑木の庭の高木を構成するコナラなどの落葉広葉樹の落ち葉は、軽くてやや丸まって舞い散るため、雨樋に落ちてもすぐにそれを詰まらせる原因にはあまりなりません。

こうした木々の性質を踏まえて配植を工夫し、そして適切に手入れしていくことが大切です。

具体的な例を図12で解説します。

敷地内の車道を兼ねた歩道。車が通り抜けられるように調整している。

アプローチに植栽した樹木の手入れ

写真1は隣接道路から門を抜けて車庫に至る、敷地内の車道兼歩道です。車や人の通りよりも高い位置に枝葉を広げているため、あたかも緑のトンネルを抜けるようです。こうした庭の空間配分も住まいの環境としての雑木の庭の特徴的な姿かもしれません。

心地よい住空間は、木々と人とのじょうずなスペースの分け合いによってはじめて生まれるのです。

図12 落ち葉、枝の越境を予防する

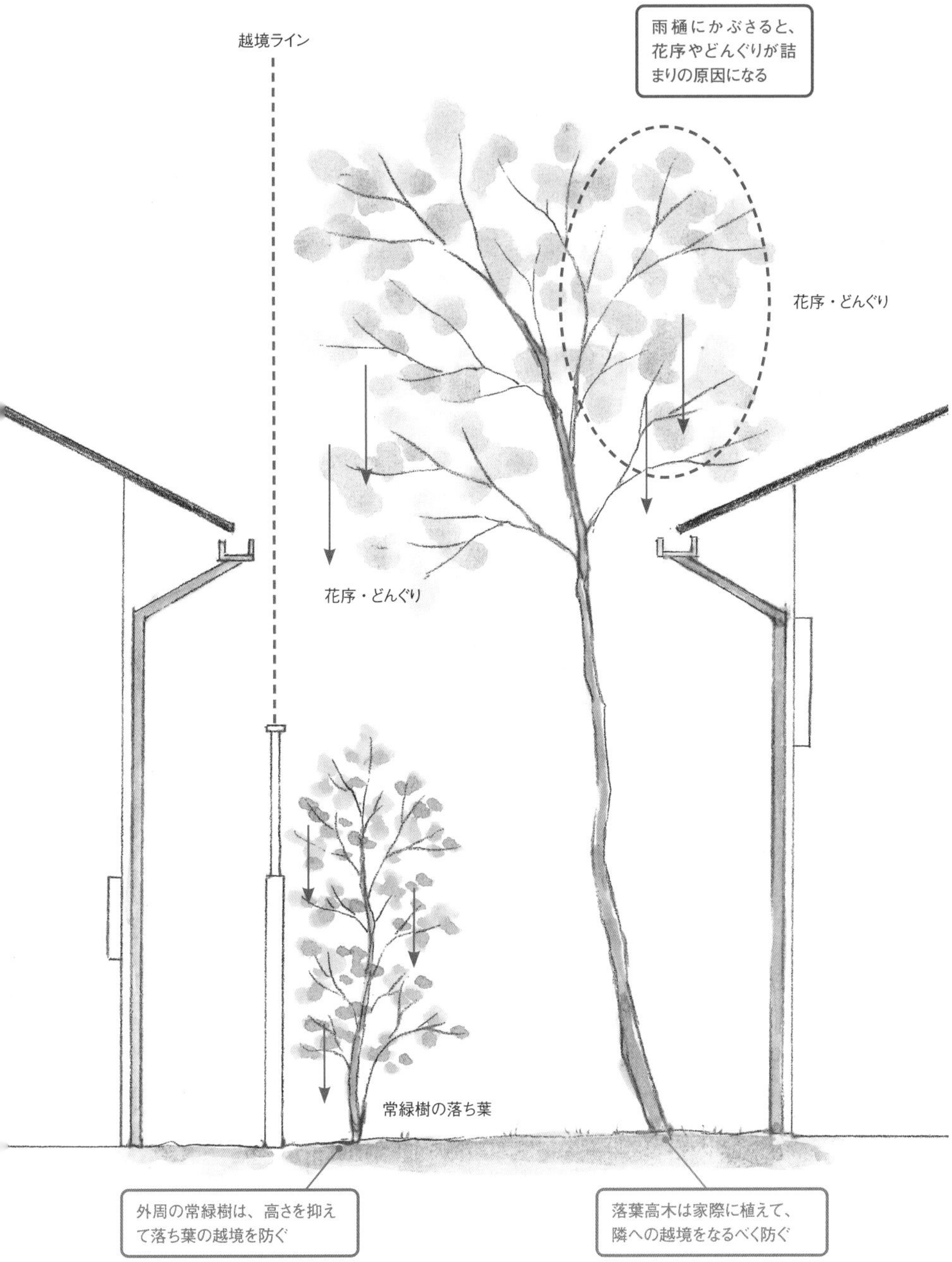

越境ライン
雨樋にかぶさると、花序やどんぐりが詰まりの原因になる
花序・どんぐり
花序・どんぐり
常緑樹の落ち葉
外周の常緑樹は、高さを抑えて落ち葉の越境を防ぐ
落葉高木は家際に植えて、隣への越境をなるべく防ぐ

2

幅1mの境界に植栽した例。

まず、落葉高木は外周に近い位置ではなく、自分の家際に寄せて植え、隣地への越境を予防します。その上、樋にかぶさる枝を取り払い、真下に落ちる花序やどんぐりによる詰まりを予防します。

花序やどんぐりは、ほとんど下に落ちるばかりで遠くまでは飛散しないので、これだけで日常的にはかなり、予防できます。

また、厄介な常緑樹の落ち葉については、外周付近の常緑樹の高さを抑えていくことで落ち葉の越境を予防します。重たい常緑樹の落ち葉は、日常的には遠くまで飛散しないため、枝葉の越境がないように管理することで、隣地への飛散はおおかた防ぐことができます。

こうした配植や管理によって、あまり周辺に迷惑をかけないようにすることは大事ですが、木々と共生することのメリットは何物にもかえがたいものがあります。木々の恩恵を享受しながら豊かに暮らしていくためには、落ち葉などもあまり神経質にならずに楽しみながら手入れすることが大切だと思います。

住宅地につくる緑豊かな雑木の庭、それはそこに住むオーナー家族だけでなく、見て通る人や周囲に住む人たちの暮らしをも豊かにしてくれます。共有財産になりうる街の自然環境という面も忘れてはなりません。

写真2の左の家屋は隣地まで1m余りの幅ですが、2階の窓の前に枝葉がかかるように雑木を植栽。写真は植栽後半年です。その後、右隣の家が建ち、2階も窓が幅2m程度で向かい合っています。このスペースに植栽した樹木の枝葉はすでに隣に越境していました。そこで私が手入れに行った際、気になって隣家の人に、越境した枝葉を切ったほうがよいか尋ねたところ、「いいえ、このすてきな木立があって助かっています。はみ出した枝も切らないでかまいません」と、かえって頼まれました。

お隣さんにしても、向かい合う窓越しに枝葉があることで助かっているのです。木々の恩恵をお隣さんも享受していたのです。「ちょっとでも隣にはみ出したらいけない」などと、ギクシャクと考えていたら、今の街中で緑豊かな環境などけっして生み出せないでしょう。

緑はみんなで楽しむもの、みんなに恩恵を与えてくれるものです。そのことも忘れずに、木々とつきあっていただければと思います。

風通しを確保する

庭の通風をよくすることで空気の対流が生まれ、夏の暑さや湿気を軽減することができます。そればかりでなく、風通しをよくすることは、木々の健康維持のためにも必要です。

風通しをよくして、健康な庭に

通風のよい庭を維持するためには、風の通り道を確保することや、枝葉を透かして樹幹の間にも風が抜けるように心がけます。葉と葉がごちゃごちゃと触れ合ったままの状態では、そこから病気が発生し、葉を食害する害虫も繁殖しやすくなります。何よりも、風通しのよい緑のトンネルはとても心地よいものです。そよ風に揺れる枝葉の音は、いかにも健康で生き生きとした木々の躍動感を感じさせてくれます。

心地よい庭を維持するために、手入れの際は風通しをよくするように心がけるとよいでしょう。

地際の通風　低い位置の通風をよくするためには、低木の下枝をある程度取り払い、足元をすっきりさせることも一つの方法です。

遮蔽のための塀を設ける場合も、風通しが保たれるような配慮も大切です。写真**1**の板塀は、下部を浮かせて通風や採光を保つように配慮しています。

風通しが悪くなると、日なたと日陰の温度差が生み出す対流がなくなり、暖まった空気、湿った空気がよどんでしまいます。

この対流効果によって涼風を呼び込み、庭の微気候を改善することができるというのが、本来の雑木の庭のメリットです。

庭をつくるときだけでなく、維持管理の際にも、雑木の庭の心地よさの理由の一つである空気の動きを妨げないような配慮が必要になります。

1

上／手入れ後の雑木の庭。風の通り道をふさぐ枝葉を取り払い、木々の枝葉は透かされて、そよそよと風が通る気配を感じる。右／10年目の手入れを終えた庭。幅わずか3mに満たない狭いスペース。年々木々は生長しながらも、風が抜ける心地よい空間がいつまでも保たれている。下／狭い庭の足元に風が抜けるよう、目隠しのための板塀も風が抜けるように工夫されている。植栽も植えすぎることなく、風の通り道を確保している。

森の中のように、上下の階層を木々が住み分ける雑木の庭。下層に適切な量の光が差し込むように枝葉を透かし、調節する。それでいて下枝のない幹や日なたに弱い下草類にはあまり日が当たりすぎないように配慮する。

光の量を調節する

木々が生育するために、必要不可欠なのが日光であるということはいうまでもありません。

反面、それぞれの植物にとって多すぎる日照は、木々の体から水分を奪い、木々も体温上昇を防ぐために活発な蒸散活動をしいられ、そのことが大きなストレスになってしまいます。これを樹木生態学的には「水ストレス」といいます。

木々の場合、特に幹からの乾燥に弱く、枝葉を出すことによって幹を木陰にして、直射日光による乾燥から守ろうとします。また、同時に上部の枝先を枯らしていくのも、水ストレスから自らの命を守るための、木の生命活動の一環なのです。

庭の階層ごとに、必要な日照を調節する

庭においては、樹木を木陰となるように配置していき、それによって木々の生長速度を抑えるということも必要です。

雑木の庭では、高木から低木、地被植物を用いて、上下の空間を使って重なり合うように木々の階層をつくります。それぞれの階層を占める植物に、適切な量の光が届くように、手入れの際に調節する必要があります。

生長スピードを抑制し、乾燥から幹や枝を守り、同時に、それぞれの木々にとっての健全な生育に必要なだけの光を分け合うことができるように、枝葉を透かしたりしながら調節することが必要です。

このことについて、雑木の木立植栽の模式図（図13）で、光をどう配分するかについて、見ていきましょう。

高木　ここでは高木は暖温帯気候域の雑木林の主要な樹種であるコナラとします。コナラは夏の厳しい日差しにも強く、旺盛に枝葉を広げて木の下に心地よい木陰をつくります。

日差しに強く枝葉を茂らす落葉広葉樹を高木として扱うことで、大きな木陰が生まれ、その下の微気候が改善されて、さまざまな木々にとって生きやすい環境が生じます。

ただし、主木のコナラも庭の中では、生長スピードを適度にコントロールする必要があります。そのため、枝葉を透かして多少の日差しを幹に当てるようにして、幹から若い枝が更新しやすい状態をつくる必要も生じます（次ページ写真1）。

中高木　高木に寄せる中高木層には、暑さや乾燥に弱いヤマモミジや、日なたでは枝葉を茂らせすぎてしまいがちなヤマボウシなどを、コナラ

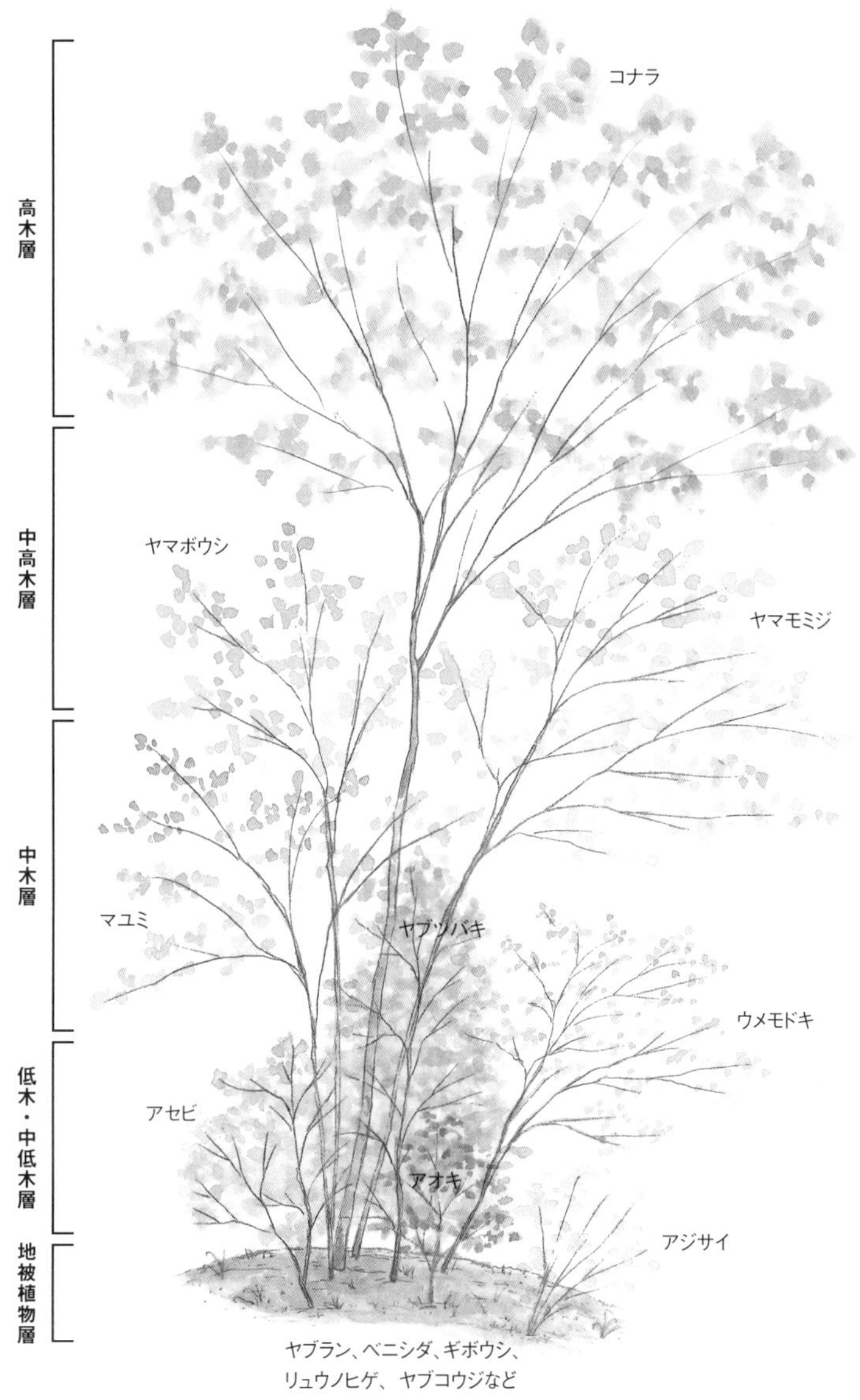

図13　雑木の木立植栽の模式図

上／木陰に配置されたモミジ。下／本来、森の中低木として木陰で生育するヤブツバキ。日なたでは茂りすぎるうえ、チャドクガなどの害虫にもやられやすくなってしまう。

都会の日なたで、乾燥から身を守るために枝葉の塊となったヤマモミジ。枝葉を旺盛に出すために、また刈り込まれるという悪循環の末、樹形はますます悪化する。何のためにここに植えられたのか、これでは木がかわいそう。

幹から更新してきた若い枝も、コナラなどの場合、日が当たらなければ1年で枯れてしまう。更新枝を出させて育てるためには上部の枝葉を透かして、適度に日が差し込むようにする必要がある。

の木陰となるように配します。

これらは本来、森の中の亜高木層を占める樹種なので、本来、木陰に適応して健康に生育します。

写真2は、東京の街中で見たヤマモミジの塊です。ヤマモミジなどは、日なたでは乾燥や照り返しによる幹焼けから身を守るために、旺盛に枝葉を茂らせようとします。それが邪魔で刈り込まれた結果、こんな塊になってしまったようです。

一方、落葉高木の木陰に配されたモミジ（写真3）の枝ぶりはやわらかく、いかにも健康そうです。生長のスピードも穏やかで、病害虫にもあまりやられません。無理な切り詰め剪定をしなくても楽に管理できるために、木々に対して負担を与えすぎることもありません。

また、中高木として高木に寄せて植栽された木々は、高木の木陰の恩恵を一方的に受け取るのではなく、下枝のない高木の幹を、西日の差し込みなどによる乾燥や暑さから守るのです。

中木　中木層のヤブツバキは、さらに中高木の木陰となる位置に配することによって、生長を穏やかにし、剪定による樹木のストレスを減らします。

本来、森の縁や明るい雑木林の中など、半分、日なたになる場所に生育しがちなマユミやウメモドキは中木として、この木立を守るように寄せて植栽し、やや枝を張り出させて必要な光を受け取れるように管理します。

これらもまた、その下の植物を日差しから守るばかりでなく、木立周辺の地面を木陰にすることで、高木や中高木への地面からの夏の照り返しを防ぎます。

低木　中木の下の木陰の濃い場所にはアセビやアオキ、ヒサカキなどの常緑低木、木立の縁で日の差し込む場所では、ヤマブキやアジサイ、ムラサキシキブやロウバイ、ツツジなど、さまざまな季節の花木を組み合わせれば、目を楽しませてくれるでしょう。

地被植物　木立の下には、ヤブランやヤブコウジ、ベニシダやリュウノヒゲなど、雑木林の林床植物を組み合わせて、雑木の庭の生態系をより安定した状態に近づけることが多いのですが、こうした林床植物は、木漏れ日が落ちる程度の木陰になるように配慮します。また、地表付近が木陰となることで雑草も抑制されて管理しやすくなります。

森を構成してきた雑木の庭の木々たちにとって、都会に一本だけで生育するのは無理があるのです。都会の環境下で健康な雑木の庭を楽しむためには、組み合わせによって植栽し、そしてその後はそれぞれの木々が限られたスペースの中で共存できるように、それぞれの木々にとって必要なだけの光の量を調整することが大切なのです。

ベニシダなどの林床植物は、木漏れ日が当たる程度の木陰に植えるとよい。

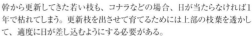

落ち葉や雑草を楽しもう

緑豊かな雑木の庭と共にある暮らし。そこには当然ながら、落ち葉掃除や雑草の管理から離れることはできません。手間がかかって大変と思う前に、いっそう落ち葉や雑草を役立て、楽しんでみませんか。

1 落ち葉は腐葉土や堆肥にして利用

毎年降り注ぐ木々の恵みが落ち葉です。これを積極的に有効利用し、そして楽しみにしていくことで、豊かな自然と共にある暮らしをより深く享受し、そのありがたみを実感してみませんか。

そもそも落ち葉は、ずっと昔から腐葉土や堆肥の原料として、欠かすことのできない日常の資源として里山からかき集められ、利用され続けてきました。

そんな貴重な地球資源である落ち葉を可燃ごみに出してしまえば、焼却場で石油をまかれて燃やされて、CO_2となって大気中に放出されるだけです。これを集めて腐葉土をつくれば、それは豊かな土壌として大地に還元されて、また新たな命を育てることにつながります。

落ち葉はごみではなく、大地を豊かにしてくれる貴重な資源です。雑木の庭では、このすばらしい落ち葉が毎年たくさん収穫できるのです。

自然の恩恵、それを最大限に生かしていくことで、よりいっそう雑木の庭のある暮らしを楽しむことができます。

クリ林の落ち葉ストック。クリの落ち葉はここに堆積され、腐葉土や堆肥となって田畑に還元される。

落ち葉ストック。ここに庭の落ち葉や刈り草を集めて腐葉土をつくり、そしてそれを菜園に還元する。

腐葉土となった落ち葉や刈り草。半年から1年ほどで豊かな腐葉土が完成する。落ち葉や雑草が土に還る喜び、雑木の庭はすばらしい自然の教材となる。

2 雑草管理のしやすい庭をつくる

POINT 1 日なたで育つ帰化植物は夏に木陰を増やすことで防げる

ススキやセイタカアワダチソウ、ヒメジョオン、オオアレチノギクなど、旺盛に伸長して背が高くなる雑草の多くは、日なたでしか生育できません。

こうした厄介な雑草の多くは、夏の木陰を増やすことによって庭からは消えていきます。

実際のところ、私たちの暮らしになじみ深い日なたの雑草のほとんどは、海外から来た帰化植物なのです。こうした帰化植物の多くは、日本在来の安定した多層群落の森の中には進入できません。

多層的で健全な、自然状態に近い雑木の庭が生態系として安定してくるにつれて、その下に生育できる雑草は、日陰の足元でおとなしく生育できる雑草、つまり下草と呼ばれる、在来の林床植生に近い状態になってきます。このような状態になれば、庭に進入してきた雑草も庭の生態系の一部として積極的に生かしていくとよいでしょう。

私（著者）の事務所の庭では、夏にはコナラやクヌギの木陰となるため、雑草はまばらにしか生えない。除草は夏でも2カ月に1回程度の軽作業で十分に管理できる。

里山の春、林床に群生するニリンソウ。木漏れ日が差し込む雑木林の林床には、さまざまな野草が豊かな地表の風景を見せてくれる。

POINT 2 管理しやすいように足元はすっきりと

写真**1**は完成直後の雑木の庭です。木々の足元は土のまま叩《たた》き締めた状態で、下草はほとんど植えずに仕上げています。木々の根元以外は、木陰に強い種類のノシバです。

木々の足元は、植栽後数年も経過すれば木陰が濃くなり、足元に進入する雑草の性質もおとなしくなりますが、施工直後の2年間くらいはある程度、除草作業に追われることになります。その際に、管理しやすいようにこうして施工直後は足元をすっきりさせておくことも一つの有効な方法です。また、木々の根元を風通しよくすっきりとさせることで、やぶ蚊の大量発生もかなり抑えることができます。見た目も心地よいものです。まずは木陰、そして足元をすっきりとさせることで、庭の快適性は大きく改善されるのです。維持管理しやすい庭は、結局、長く楽しめる庭となります。

木々の足元は土の叩き締めにして、すっきりさせる。

POINT 3

落ち着いた地表を壊さないこと

雑草の除去は、春から初夏にかけての生育期に、地上部分を刈り取ることによって、雑草の勢いを効果的に弱めていくことができます。

春から夏にかけて、多くの雑草は地上部でつくった養分を根に運び、一生懸命、地下部の生長に尽力します。この時期に放置してしまえば、根系が充実して、さらに勢いを増します。

不要な雑草にダメージを与えて衰退させていくためには、春先から梅雨の時期にかけての地上部の刈り取りが効果的です。

根こそぎ取る必要がある種類は、ヤブガラシなど、地下茎で増えていく一部の種類に限られます。それ以外は適期にかたくなってきた地表を壊さないように、地上部を刈り取るだけで大丈夫です。

庭の地表がかたくなってくれば、雑草の芽吹きもかなり抑制されるうえ、落ち葉を適度に掃き清めておけば、数年程度で地表は美しい苔に覆われてきます。その土地に適した苔に覆われることで、厄介な外来の雑草はさらに繁茂しにくくなります。雑草を根こそぎ取るために地面を耕してしまえば、いつまでも地表は落ち着かず、雑草が生えやすい状態が続いてしまいます。

芝生も同様です。雑草も一緒に地上部分をやや高めに刈り払うことで、芝と共存できる低い雑草のみが残っていきます。やや高めに刈り払う理由は、地面にまで日光を届かせないことで、旺盛な日なたの雑草の勢いをそぐためです。そして、生長点が地表に近く、芝の生態系に似通ったチドメグサやスズメノカタビラ、ネジバナなどの一部の低い雑草が、芝と共存しながら、庭の生態系として安定していきます。そのくらいの状態が芝生にとっても実は健全な状態といえます。また、刈り払うだけなら作業としてもかなり軽減できるうえに、雑木の庭の芝生としてはそのくらいのほうがかえって野趣があってよいかもしれません。

安定した多層群落の森の中では、少ない光で生育できる種類の植物のみとなり、雑草は減り、地表もすっきりしてくる。

庭に進入してきた地苔。苔が進入しやすいような条件を整えれば、必ずその土地に適した苔が進入してくる。

地苔にすっかり覆われた庭の足元。地表の土が動かなくなれば、自然と苔が生えてきて、さらに美しく管理しやすい庭へと育っていく。地表の土を除草などの際に耕してしまわないことが大切。

雑木の庭の木漏れ日の下のノシバ。半日陰にすることで厄介な雑草はかなり抑制されるうえ、涼やかな木陰での作業は、炎天下と違って真夏でもかなり楽にできる。

POINT 4

雑草も庭の楽しみの一つとして

雑草はなぜ生えるのか、それはある面、大地を傷つけて裸地にしてしまうために、大地を修復しようとする地球の営みともいえるような気がします。それをすべて取ろうとするからまた同じように生えてきて、雑草との追いかけっこから解放されることがないのです。

雑草も庭の楽しみの一つと考えてはいかがでしょう。旺盛な雑草ばかりが生い茂る庭は歓迎できませんが、自然の性質を生かした健全な雑木の庭では、雑草の性質に従い、じょうずに管理していくことで、あまり手間をかけずに心地よく共存させていくことも十分に可能なのです。

雑草管理も含め、自然に逆らわない庭のあり方、管理のあり方は、雑木の庭の楽しみを倍増させてくれるはずです。

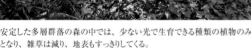

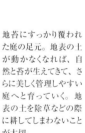

病害虫対策と木々の健康管理

庭にはさまざまな種類の虫や鳥たちがやってきます。木の上にも、地面の上にも、土の中にも生き物がいっぱいいるのが自然の姿です。健康な森の中では本来、こうした生き物たちが増えすぎず減りすぎず、実にうまいバランスで共存していま す。ここでは、これからの雑木の庭で、虫たちとどうつき合っていくべきかを考えます。

1 庭の益虫と害虫について

動物も植物も、森のすべての生き物は、その土地の生態系を構成する何らかの役割を果たしています。生物社会のバランスを担う虫たちの中でも、人間にとって都合の悪い虫は「害虫」と呼ばれます。いわば人間のご都合主義から生まれた害虫という言い回しですが、あえて定義づけるとすると、以下の2つに当てはまる虫を示します。

・庭木を食害したり、ダメージを与えたりする虫
・人間を刺したり噛《か》んだりして、痛みやかゆみを与える虫

ほかに、「不快だ」とか、「気持ち悪い」とかという理由で駆除の対象にされてしまう虫は、不快害虫と呼ばれることもあります。

また一方で、害虫を食べてくれる虫は益虫と呼ばれますが、その益虫も場合によっては不快害虫として駆除されてしまうこともあります。

これからの雑木の庭は、人にも木々にも、そして生き物たちの共存の場を目指します。これは、人が人らしく豊かに過ごせる暮らしの環境を再びつくっていくためにも、とても価値あるものとなることでしょう。

モミジやカシノキ、カキノキなどの葉を食べるイラガの幼虫。毛に触れるとチクチクと痛む。庭の代表的な害虫の一つ。

落ち葉を食べて分解して土にしてくれる益虫ダンゴムシも、人によっては不快害虫とされてしまう。そんな考えではよい自然環境はけっしてつくれない。

天然の防虫網でヤブカなどを捕獲してくれるジョロウグモ。人にはまったく危害を加えないのに、不快害虫として嫌われてしまうのはクモの宿命なのか……。

テントウムシの種類の多くは、アブラムシやカイガラムシ、うどんこ病菌などをせっせと食べて掃除してくれる。心強い庭の益虫の一つ。

2 なぜ、庭の木々は病害虫に侵されるのか

アメリカシロヒトリというケムシ

アメリカシロヒトリは北アメリカ原産のガの幼虫で、占領軍とともに戦後、日本に上陸したとたんに、都会でサクラなどの落葉樹の葉を旺盛に食害して、一躍有名になりました。一度に1000個以上もの卵を産みつけ、その旺盛な食欲から、1本の木の葉をものの数日ですべて食い尽くしてしまうこともあります。

一時期、その異常なまでの繁殖力から、日本在来の落葉樹はみんなこの外来生物に食い尽くされてしまうのではないかと、本気で心配された時期もありました。しかし、実際にはこの虫は、都会の街路樹や不健全な庭では大繁殖するものの、生態系豊かな多層群落で成り立つ日本の森の中には、まったく進出できなかったのです。

不自然な環境が害虫を大量発生させる

豊かで健全な森の生態系の中では、実にさまざまな生き物が競合し、微妙なバランスを取り合いながら共存しています。そこに外来生物のアメリカシロヒトリには、入り込める余地はなかったということなのでしょう。

特定の害虫ばかりを殲滅《せんめつ》しようと考えるのではなく、こんな外来の害虫が大量発生してしまう不自然な街の環境や、木々が健全に生育できない庭の植栽のあり方を見直す必要があるのではないでしょうか。

木は1本だけで生きているのではなく、周囲のさまざまな生き物との

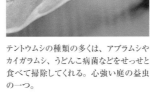

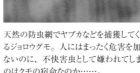

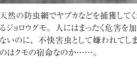

バランスの中で生かされています。いわば、木々にとって周囲のすべての動植物は、健康な生存に欠かせない衣服のようなもの。それをいきなり丸裸にして劣悪な都会の環境下に強制的に移植させられたらストレスを感じて生気が落ち、寿命が短くなるのは当然のことなのです。

そして、その土地の環境に適応できなくなった木々は徐々に精気が衰えて、そして病害虫の集中攻撃を受けて枯死していきます。

これは厳然たる自然界のシステムであって、人間ですらどんなに医学が進歩しても、環境ストレスや老化などによって精気が落ちるにつれて、本来であれば克服できるはずの病気にも耐えられなくなり、やがて死を迎えるという、生き物としての宿命から逃れることができません。木も同じなのです。

自然界では、環境に適応できなくなって精気を落とした木々が病害虫にやられていくのも、植生遷移や天然更新における、森全体の健全な過程の一つにすぎません。

木が発するSOS　庭の木が毎年深刻な病害虫に悩まされるようであれば、その木のSOS信号と考えないといけません。植え方に問題があるのか、根の生育に問題があるのか、あるいは土や大気汚染の問題、道路などの照り返しを受けやすいなどの微気候上の問題なのか、とにかく木々の健康のためには、木々にとって健全な庭環境をつくっていくという発想こそが最も大切なのです。

多層群落の豊かな生態系をつくる森では、生き物同士の拮抗作用によって特定の生物が限度を超えて大量発生することは少ない。

アメリカシロヒトリ

高山の厳しい環境の下では、大きくなった木々は風雪などの厳しい環境に耐えきれずに精気を落とし、やがて枯死していく。その下にはたくさんの元気な幼木が競合し守り合いながら、また新たな森を再生する。

街中の歩道の中に1本だけ植栽されて枯れてしまったケヤキ。幹肌はただれたように皮がはがれ落ちている。こんな環境に1本だけで植えられれば寿命が縮み、一気に老化が進むのは当たり前。木にとって心地よい環境をつくることが大切である。

3 不用意な農薬散布が病害虫の大量発生を招く

農薬散布は、害虫ばかりでなく益虫まで無差別に殺傷してしまい、庭の生態系はそれによってますます脆弱《ぜいじゃく》なものになってしまいます。また、葉や幹を伝って土にしみ込んだ農薬は、土壌環境にもダメージを与え、植物の根の健康をも害してしまうこともあります。

また、最近では害虫や病原菌の多くが、農薬に対する薬剤抵抗性（農薬耐性）を次々獲得し、農薬散布だけで害虫を根絶させることができなくなってきました。

アブラムシの例　アブラムシの一種、クリオオアブラムシは、コナラなどの落葉雑木類について吸汁し、その分泌物は縮葉病やすす病の原因になる厄介な虫です。最近、街中の庭や畑で増えてきた種類の一つです。

アブラムシのメスは、春から秋にかけての間、無性生殖（単独で自分の遺伝子のコピーを生殖させること）を繰り返し、子供はまた5～10日程度でまた無性生殖を始めます。そのため、農薬散布のあと、1匹でも生き残ると、農薬に打ち勝つ強い個体がすぐに大量にコピーされるのです。一方で、アブラムシを食べてくれるテントウムシやクサカゲロウの幼虫やカマキリなどは生殖サイクルが長いため薬剤抵抗性ができにくいため、農薬によって簡単に死んでしまいます。

こうして、生殖サイクルの早いアブラムシやハダニ、ツツジグンバイなどの害虫ばかりが、農薬によって天敵がいなくなった環境の下でますます増殖していくのです。

また、アブラムシも、移植直後の雑木や環境に合わない条件で植栽されたバラなど、ストレスを抱えた木に集中的に発生します。農薬散布によってダメージを受けた木々は、こうした害虫にとって格好の標的になってしまうのです。

都会の庭で一部の特定害虫が大発生してしまうのは、生態系の脆弱性《ぜいじゃく》と環境ストレスによる木々の衰弱が大きな引き金となっており、その一因として、庭で繰り返し行われてきた農薬散布による面が大きいのです。

クリオオアブラムシを食べるテントウムシの幼虫。食欲旺盛で1匹の幼虫が成虫になるまでに食べるアブラムシは、500匹以上ともいわれる。幼虫は農薬に弱く、散布すると簡単に死に絶えてしまう。

落葉樹に群生する大型のクリオオアブラムシ。

4 農薬散布の現状と農薬に頼らない病害虫対策

農薬散布は庭の生態系を破壊し、特定害虫の大発生を招く恐れがあるばかりでなく、人に対するさまざまな健康被害の事例が知られるようになり、農薬散布による健康被害の実態が次第に明らかになってきました。

こうした中、平成19年1月に、環境省と農林水産省より都道府県知事・政令市長宛に「住宅地における農薬使用について」の告知がなされました。

内容の一部を抜粋し、要約したものは以下のとおりです。

（1）病害虫の発生や被害の有無に無関係な定期的な農薬散布を控えること。病害虫は極力早期の発見に努めて、被害の状況に応じた適切な対処を行うこと。

（2）病害虫の発生しにくい樹種の選定や土壌環境の改善に努め、害虫は人手による捕殺や被害発生枝の剪定除去などの物理的な方法を優先すること。

（3）やむをえず農薬を用いる場合、塗布や樹幹注入など、散布以外の方法に努めること。

（4）最後の手段として農薬散布を行う場合、希釈倍率を順守し、害虫発生個所への部分的な散布にとどめること。

この告知によって、国や地方自治体による公園樹木や街路樹などの管理の際、なるべく農薬に頼らない方針が新たに示されたといえます。

農薬は人の健康を害し、さらには生態系にダメージを与えて特定の病害虫を増やし、木々の健康な生存基盤まで壊してしまいます。そもそも、日本の庭や農地で農薬が使われるようになったのは、戦後の60年間程度のことです。長い歴史においては、庭環境の中に農薬をまき、一網打尽に生き物を殺傷してしまう乱暴なやり方はむしろ異常なことなのです。

今、農薬を使わない病害虫への対処のためのさまざまな試みが徐々に普及しつつあります。農薬を用いずに病害虫に対処する造園業者も着実に増えてきました。必ず発生する病害虫に対して、どのように対処しているか、少しばかり紹介します。

さまざまな病害虫への対処方法

カミキリムシ

幹の根元に穴をあけて中に卵を産みつけるカミキリムシは厄介な存在で、モミジなどはそれによって枯れてしまう例もよくあります。成虫は見つけ次第、軍手などで包んで足元に落とし、踏みつけるのがベストです。

雑木の幹の根元などに穴があいて、そこからおがくずが出ている場合、幼虫が中にいるので、それを針金などで奥まで突いて退治します。

カミキリムシの穿孔《せんこう》は深いことが多く、針金では届かないこともよくあります。その際は、カテーテルなどの細いノズルを用いて、トウガラシを漬け込んだ木酢液の10～30倍希釈液などを吹きつけて痛みを与え、幹の中からの追い出しを図ったりする場合もあります。

また、幼虫の音やにおいをかぎつけて、コゲラなどの鳥が幹に穴をあけて中の幼虫を食べてくれることもあります。丸いきれいな穴は、コゲラによる穿孔跡です。

厄介な害虫をじょうずに食べてくれる鳥を庭に呼ぶことが、本当は一番の対処方法かもしれません。

幹の中のカミキリムシのさなぎを突き刺して抜く。

上の丸い穴は、コゲラによる穿孔跡。

雑木の根元に穴があいておがくずが出ていると、中にカミキリムシの幼虫がいる可能性が高い。

木酢液でトウガラシの殺菌成分（カプサイシンなど）を抽出しているところ。自然農薬として最近注目されている。

カミキリムシは厄介な庭の強者。雑木の幹に卵を産みつけて幼虫が内部を食害する。成虫を見つけたら、捕まえて踏みつぶすしかない。

チャドクガ

チャドクガは都会のツバキやサザンカに大発生することが多く、旺盛な食欲で葉を食い尽くしてしまうこともあります。その毛は死骸や抜け殻にも強い毒があり、触れると激しいかゆみとかぶれが続く、危険な害虫です。

対処の方法は、第一に、発生時期の5月から6月初旬、および8月後半から9月初旬にかけて、ホースで勢いよく葉に水を浴びせることで、小さなうちに落としてしまう方法が効果的です。これを葉水といいます。

多くの害虫の卵などや、アブラムシや幼齢期のカイガラムシにも有効な方法です。

第二に、発生してしまったら、被害が広がらないうちにその枝ごと切除し、袋に入れて焼却処分にするか踏みつけます。

また、チャドクガやアブラムシには、液体セルロース（140ページ）を噴霧して気門をふさぎ、窒息させる方法も非常に効果があります。

毛に触れると激しいかゆみに襲われるチャドクガは、庭の中で最も嫌われる害虫の一つ。

イラガ

触れると電気が走ったような痛みを感じるイラガの幼虫も、不健全な木に発生しがちな厄介な害虫です。葉への吸着力があってなかなかふるい落とすこともできません。

幹や枝の乾燥などによってストレスを抱えて精気の落ちた木によく発生しますが、あまり群生はしません。これはひたすら割り箸やゴム手袋をして捕るのがよいでしょう。

防除のためには定期的な葉水によって小さく弱いうちにある程度落とすようにすること、そして繭を見つけたら羽化する前にそぎ取ってつぶすとよいでしょう。

厄介なイラガも、寄生バチや鳥など、天敵もたくさんいるので、木が健康であって生態系が豊かな庭になっていれば、心配になるほど発生することはありません。

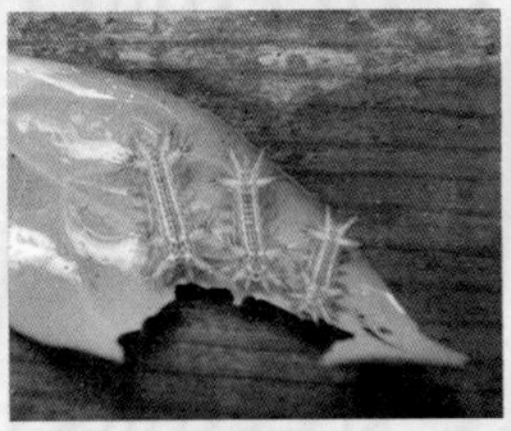

液体セルロースをスプレーして弱ったイラガの幼虫。動きが鈍ったところで捕殺に取りかかると安心。

イラガの繭。羽化させてガにしてしまうと、また根元に卵を産みつけてしまう。ウズラの卵のような繭のうちにつぶすように心がけると、再発防止に効果的。

ハバチ

春に卵を産みつけるハバチなどは、4月から5月にかけての葉水や、ハバチが嫌がるにんにく木酢液の300倍希釈液を散布するなど、さまざまな対処法があります。先に説明した液体セルロース散布によって卵のふ化を防ぐことも効果的です。

ハバチがふ化して幼虫になると、やわらかな落葉樹の新葉を好んで食べます。早期発見を心がけて、被害が広がる前に葉水などによって卵や幼虫を洗い落としてしまうのが最善です。発生して被害が広がってしまった場合、無農薬スプレーによる忌避効果を期すか、やはり液体セルロースなどによるコーティング効果を期すか、あるいはひたすら捕殺するかといった方法で対処します。そうなると結構、手間がかかりますが、放っておいても、農薬さえまかなければやがて鳥や寄生バチなどに発見されて、自然と駆除されることも多いのです。

発生の時期が限られるうえ、木を極端に弱らせたり枯らしたりしてしまうことはないので、ある程度数を減らすくらいでよいかもしれません。あとは天敵に任せるのもよいでしょう。

モミジの葉に、小さな卵を産みつけているハバチの一種。

やわらかい新葉を好んで食べるハバチの幼虫。

注目したい無農薬スプレー

今はさまざまな無農薬スプレーが市販されるようになりました。こうしたものを試される際、ぜひ頭に入れていただきたいことは、嫌な害虫を完全に絶滅させることなどけっしてできないということです。

それを農薬などで根絶しようとするから無理が生じ、環境への負担が生じ、かえって害虫を増やす結果につながるのです。

私の経験上、無農薬スプレーだけで害虫を完全に駆除できるということはありえないと思います。

要は、こうした害虫が大発生して木々や庭の健康を害すことがなく、なおかつ住まいの快適性を極力侵すことのないように管理していくという考え方が大切なのではないかと思います。

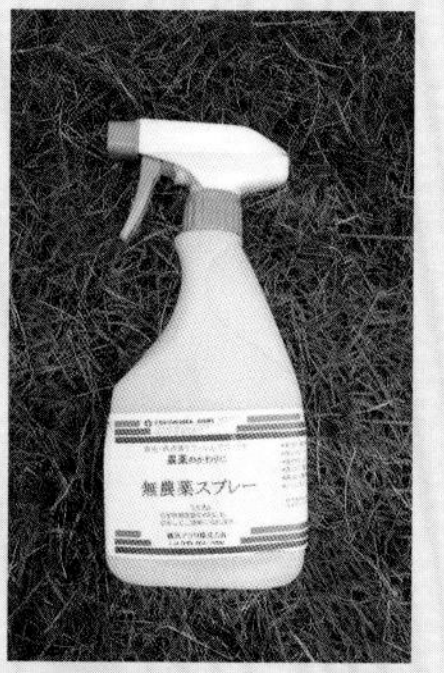

液体セルロースが主成分の無農薬スプレー。アブラムシなどの気門をふさぎ、害虫の卵のふ化を妨げる。樹木や人には無害。

液体セルロースをスプレーされてもだえ落ちるモンクロシャチホコ。集団でコナラなどの落葉樹を食い荒らす大型のケムシにも効果がある。スプレー散布によって弱ったケムシを、枝を振るい、あるいは葉水などによって地面に落とし、掃き集め、処分する。

5 病害虫に侵されない庭環境づくり

活力剤を散布

ノズルの長い噴霧器で、葉面に樹木の活力剤を散布すると、葉面の微生物活動が活性化し、葉面微生物や共生菌の拮抗作用によって病害虫を予防できます。さらに葉の健康を促進し、光合成などの生命活動を活発にします。

葉面散布液は、植物成分を抽出した市販の活力剤や、木酢液などを混合したりしてつくります。最近さまざまな葉面散布液が市販されるようになり、つくり方もよく紹介されるようになりました。

葉面微生物活性剤（樹木の活力剤）の散布。

目的に応じて散布液を配合する。

小動物を庭に招いて

庭のケムシやアオムシなどを見張って食べてくれる小鳥を呼ぶために、水鉢を置いておくのも、効果的です。

ボウフラがわかないように、水鉢にはメダカを放しておきます。水草を入れて餌を与えなければ、メダカはせっせとボウフラを食べてくれます。水辺があることで庭の生態系を豊かにするのです。

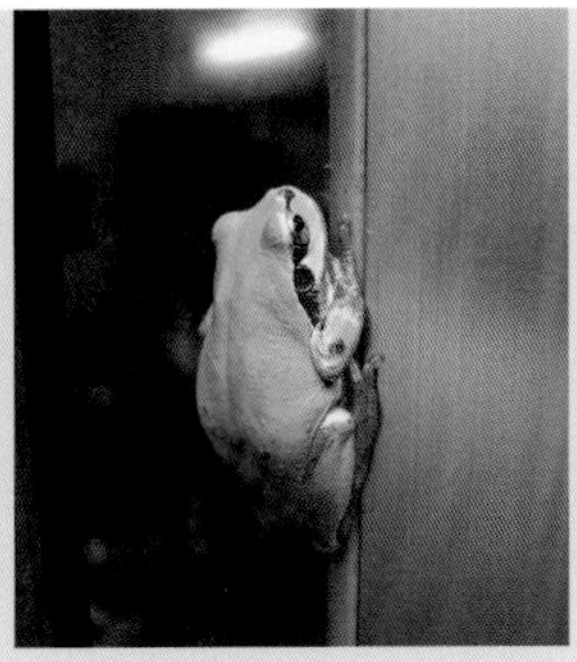

カエルもアオムシやハバチ、カメムシなど、さまざまな昆虫を食べる、生態系の大切な一員。

庭の水鉢は景色に潤いを添えるばかりでなく、庭の生態系を豊かにするのに大きな役割を果たしてくれる。

シジュウカラ。雑食性で庭に来てくれると、さまざまなケムシやアオムシを食べてくれる。水鉢はこうした小鳥を呼ぶための重要なアイテムとなる。

健康な庭づくりを

庭の病害虫対策といえども、実際には、庭の木々が自然で健康であれば、病害虫の大発生はかなり予防できるのです。

病害虫対策の基本は、なるべく自然のままの拮抗作用や抵抗力に任せ、そのバランスが乱れてきた分だけを、少しばかり人手を加えて調節するといったスタンスで臨むとよいでしょう。

問題は、不自然な環境をつくってしまった私たちの街や庭などの緑地のあり方にあるということも知る必要があるでしょう。

風土に合った健康な植栽の組み合わせをすること、風通しや光の入り具合など、木々にとって心地よく健全に生育できる環境をつくることなど、まさにこれまで説明してきた「雑木の庭のつくり方」や「維持・管理」の目的そのものに合致するのです。

豊かな自然の森に近く、木々にとっても快適な雑木の庭は、人にとってもやさしい庭です。

これからの時代、庭を生態系として育てていく視点が、とても大切なものとなることでしょう。

竣工後5年目を迎える雑木の庭。竣工直後1～2年程度の間はアメリカシロヒトリやイラガ、チャドクガなどの被害があったが、木々が根づき生態系として安定してきた今では、ほとんど病害虫の深刻な被害はなくなった。健康な庭環境を育てて木を強くすることが、最大の病害虫対策といえるだろう。

明治42年に竣工した涼亭。多層的に構成されるこの土地本来の常緑樹林に守られて今日まで残る。

東京の下町。清澄庭園の豊かな外周林。外から見ると緑の壁のよう。

暖温帯気候域の主木の一つタブノキ。葉が厚く火災にも非常に強い。地域によっては「タブノキ1本消防車1台」とのかけ声のもと、積極的に植栽されている。

高木の下には中木、低木、下草と、木々が階層的に連なる。

命を守る木々の力 これからの防災林を考える

1 大災害から市民を守った命の森

東京都江東区の都立清澄庭園を例に見てみましょう。その周囲は今も東京の気候風土本来の常緑樹主体の多層的で豊かな境界林に囲まれています。

森の中はタブノキやシイノキなどの大木の下、モチノキ、ヤブツバキ、シロダモ、ヒサカキ、アオキといったこの土地本来の潜在自然植生樹種が階層状に連なり、立体的で深い森を構成しています。

この庭園は明治11年に三菱財閥創始者の岩崎弥太郎がこの地を取得して整備し、2年後の明治13年に竣工しました。

江戸時代にはこの地に下総関宿藩主、久世氏の下屋敷があったため、その外周部分には照葉樹中心の潜在的な自然植生林はすでに存在しており、庭園の外周林としてそれをそのまま活用しながら庭園が整備されたようです。

二度の災害から人々を守る 東京の人口密集地、下町に今も存続する潜在自然植生のグリーンベルトは明治13年に庭園として整備されたあと、その後2回ほど起こった未曾有の天災人災から、多くの住民の命をしっかりと守ってくれたのです。

一度目は、大正末期の関東大震災でした。この庭園周辺は大地震にともなう火災によって火の海となり、この周辺一帯だけで数万人規模の犠牲者が生じました。

そんな中、庭園外周の照葉樹林は火の海の中にあってなお燃えることなく、庭園に逃げ込んだ2万人の住民を見事に守り抜き、一人たりとも犠牲者も出さなかったのです。

二度目の大災害は、第二次世界大戦での東京大空襲でした。またもやこの地域一帯はすべて、大量の焼夷弾によって火の海となり、10万人以上の住民が犠牲になりました。このときもまた、この森は上空から降り注ぐ焼夷弾にも耐え、森の壁が周囲から押し寄せる火の波をくい止め、ここに逃げ込んだ大勢の市民の命を救ったのでした。

一度ならず二度までもこの地域に襲いかかった未曾有の大災害、そのたびにこの森は市民の避難場所となり、数万人もの市民の命が救われました。

地元本来の照葉樹林の働き 岩崎家による庭園整備によって新たに植栽されたほかの木々や、園内の多くの建築物は焼失したのにもかかわらず、古くから残るこの外周林だけが大火災に耐えて生き残ることができたのです。その理由はこの森が、この土地本来の照葉樹林だったことによります。

照葉樹林気候域の主木となるタブノキやシイノキなどの常緑広葉樹は火災にも強く、昔から大火に備えて延焼を防ぐために、家屋敷地の外周などに屋敷林として植えられてきました。土地本来の高木の下には、放っ

田んぼの中にたたずむ鎮守の森。（千葉県茂原市・柴崎神社）

さまざまな木々が立体的な階層をなして生い茂る鎮守の森は、真夏の日中もひんやりとして、森の精気を感じる。

図1　暖温帯気候域の代表的な樹木、スダジイの根系

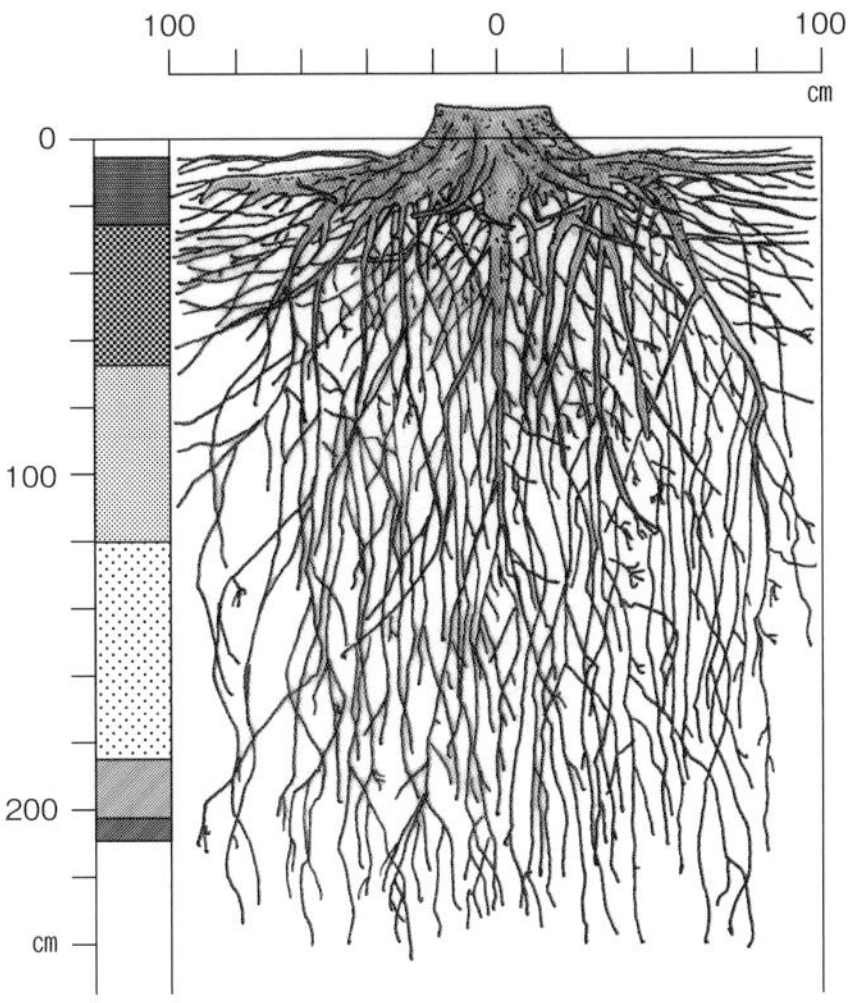

地中深くまで多数の直根が伸びて細かく分岐している。塩害にも強く、ある程度の塩分を含んだ海辺でも健全に生育する。

胸高直径25cm、樹高15m、樹齢55年、根系の最大長さ240cm
立地/適潤性黒色土・関東ローム、目黒・林試
出展『最新　樹木根系図説』　苅住 曻著
誠文堂新光社

図2　コナラやクヌギの根系

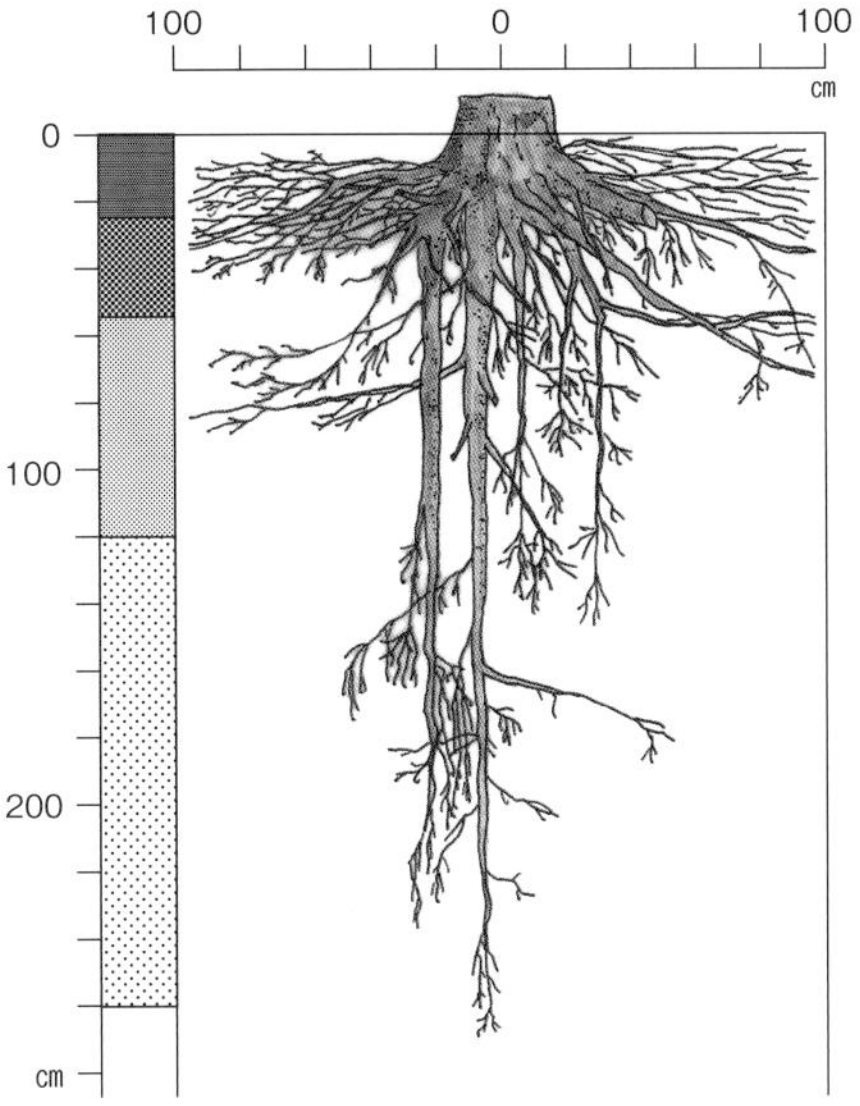

浅く水平に広がる根と、真下に深く差し込む垂直根がはっきりしている。

胸高直径26cm、樹高16m、
樹齢40年、根系の最大長さ280cm
立地/適潤性黒色土・関東ローム、目黒・林試
出展『最新　樹木根系図説』　苅住 曻著
誠文堂新光社

ておいてもそこに適応する土地本来の植物群が進入し、やがて豊かな多層群落の森となります。こうしてできた緑の壁は、火災だけでなく、台風や津波、土砂災害などからも人や街を守ってくれるのです。

2　樹木の根（根系）と防災機能

数百年、数千年にわたって生育するその土地本来のふるさとの木々は、その土地で起こったあらゆる天災人災、天変地異を乗り越えて、半ば永続的に森としての命をつないできたのですから、災害に強いということは当然といえば当然です。

かつての日本人はこうした身近な木々の力をじょうずに生かしつつ、時折、襲いかかる自然の猛威から地元住民の生活環境を守ってきたのでした。

鎮守の森と根の働き　その名残は今も社寺周辺を取り巻く鎮守の森に見られます。日本中の村落に何気なく祀《まつ》られる鎮守の神様、その多くは千年以上の長い歴史を有するものが少なくありません。

社寺を取り巻く鎮守の森は、神様の宿る森としてこれまで大切に守られ崇《あが》められてきたのですが、同時にこの森が長年の間、台風や竜巻からも人や建物を守り、地中深く張る樹木の根が土の流亡をくい止め、土砂災害を防ぎ、土中に降雨を蓄えて洪水を防ぎ、そして木々によって守られた豊かな環境が、人間を含めた多様な生き物たちの健全な成育を支えてきたのでした。

こうした自然樹木の防災機能を解く鍵の一つは、その根系にあるといえるでしょう。

潜在自然植生の森を構成する高木の根は土中深くまで分布し、張りめぐらされた根が土壌を強く保持します。また、根の伸長によって土中に有機物が供給されて土壌生物も豊かになり、保水力も増し、洪水を防ぐ効果を発揮します。

特に暖温帯気候域の潜在的な主木となるタブノキやシイノキ、カシノキなどの常緑高木は深根性で地中深くまで根が細かく分岐し、高い保水力と土壌束縛力を発揮して災害から土地を守るのに大きな役割を果たします（図1）。また塩害にも強いので、海岸防風林や防潮林として最も適する樹種といえます。

樹種と根の特徴　樹木の根系は、樹種によってその特徴が異なります。雑木林を構成するコナラやクヌギなどは、有機物の多い土壌表層に浅く水平に広がる根と、真下に深く差し込む垂直根とがはっきりしているところに特徴があります（図2）。根の伸長は早く、深く伸びていく直根は力強く地中を耕し、深いところから水を吸い上げ、そして風に揺られる幹を支えます。

右／力強く大地を握りしめるように伸びるネズミモチの根。根が浅い性質のこの木の場合、幹と区別がつかないほどの厚い根張りによって太くなった幹を支えている。左／千葉県九十九里浜のクロマツ林は県の防災林とされるが、根が伸びずに衰退したマツは、マツクイムシなどの病害虫の集中攻撃に耐えきれずに枯死していく。

図3　地下水位が低くて乾いた砂Aと、地下水位が高くなって湿った砂Bにおけるクロマツの根系

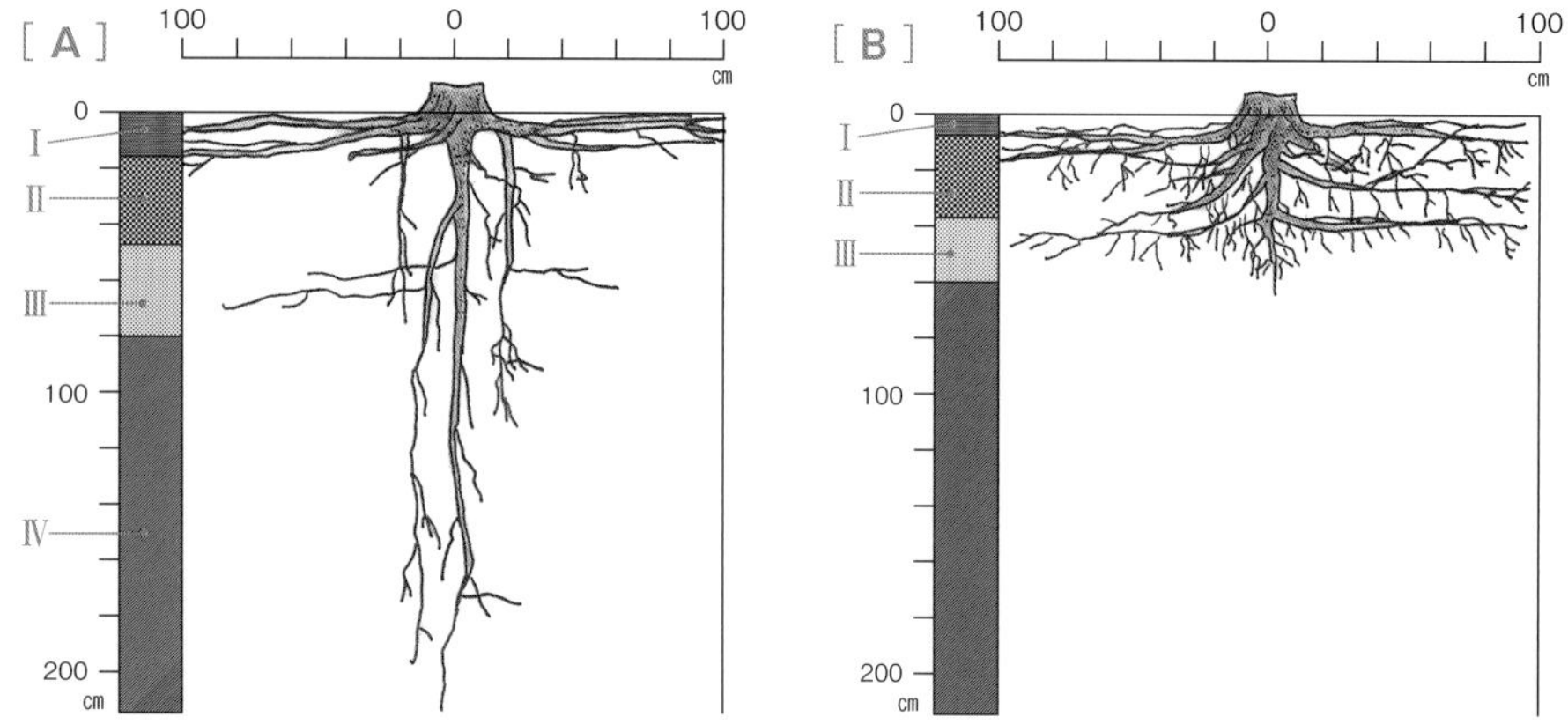

Aの砂土層
I層：細かい砂
II層：礫混じりのやや粗い砂
III層：細かい砂
IV層：やや粗い砂

Aは主根の生長が早くて根系の最大深さは210cm、Bは悪くて60cm程度。
胸高直径Aは24cm、Bが26cm。樹高：Aは8m、Bは9m。
出展『最新　樹木根系図説』苅住 曻著
誠文堂新光社

Bの砂土層
I層：細かい砂
II層：礫混じりのやや粗い砂
III層：細かい砂
以下土壌図の墨色は地下水

コナラやクヌギなどの深根性の雑木に、中高木のイロハモミジ、中低木を寄せ植えして根を絡み合わせる。それにより、樹木群全体で根系が一体化され、台風にも倒伏しない強い樹木植栽となる。

森の下でゆっくりと生長してくるシイノキやタブノキなどの常緑樹に比べて、コナラやクヌギのような、人の手による伐採のあとにすぐに生育して豊かな雑木林をつくる落葉樹は、移植後もいち早く根を伸ばし、樹体を支えます。

この性質は庭や街での高木植栽樹種としても非常に適しています。

健康なコナラであれば、冬から春までの間に植栽すれば梅雨から夏の間にどんどん根を伸ばし、台風の到来する秋には支柱などつけなくても、十分に樹体を支えるまでに根を張らせて、しっかりと土を捕捉します。

また、雑木の庭の中で樹木を階層的な群落として寄せ植えすることで、根系が絡み合い、樹木集団として一体化して大風にも倒れず、豪雨にも土が流亡せずに土中に水分を蓄えることができ、台風や砂埃、夏の強い日差しから住まいを守る、健全な植栽群をつくりやすいのです。

ここにも、樹木を単木だけで植栽するのではなく、多層的な群落として植栽するメリットがあるのです。

潜在的な自然林の根系のたくましさは、先の東日本大震災の折にも実証されています。海岸沿いの防潮林として画一的に植栽されたクロマツは、大津波の前に無力にも根こそぎなぎ倒されてしまったのでした。

それに対して、東北地方太平洋沿いの主要な潜在自然植生樹種であるタブノキやシイノキなどは、津波にも耐えてその命をつなぎ、津波のあとも元気に新しい芽を吹かせている事例が多数報告されています。（財団法人地球環境戦略研究機関国際生態学センター調査報告）

クロマツにしても本来は地中深くにまで太い直根を伸ばす深根性の樹種なのですが、それはクロマツにとっての良好な条件の下、自然に生育している状態だからということを知る必要があります。

図3左図は、地下水位が低く、健全な生育を見せているクロマツの根系です。太い直根が地中に深く差し込まれ、太く重い幹を支えるのです。

これに対して、図3右図は、海岸低地によくあるような、地下水位が高い環境に植えられたクロマツの根系です。地下水に浸った土の中には根は進入できず、地中ごく浅い部分に水平に伸びている様子がわかります。

太い直根が地中深く伸びていかなければクロマツのような重い幹を支え続けることはできません。

千葉県九十九里海岸沿いに、防潮林として植栽されたクロマツ林は、ひょろひょろと、なんとか生き残った木々が点在し、みるからに不健康な姿をしています。次々に枯れていき、そして何度補植されても失敗するという、同じことをどういうわけか、数十年も前から繰り返されています。

これではとても潮風から街を守る防潮林の役割を果たすことなどできるはずがありません。クロマツが塩害に強いといっても、地下水位の高い平坦地にマツを植えても健全に育たないということは、根系を分析すれば明らかなことなのです。

図4　潜在自然植生の森による緑の防潮堤

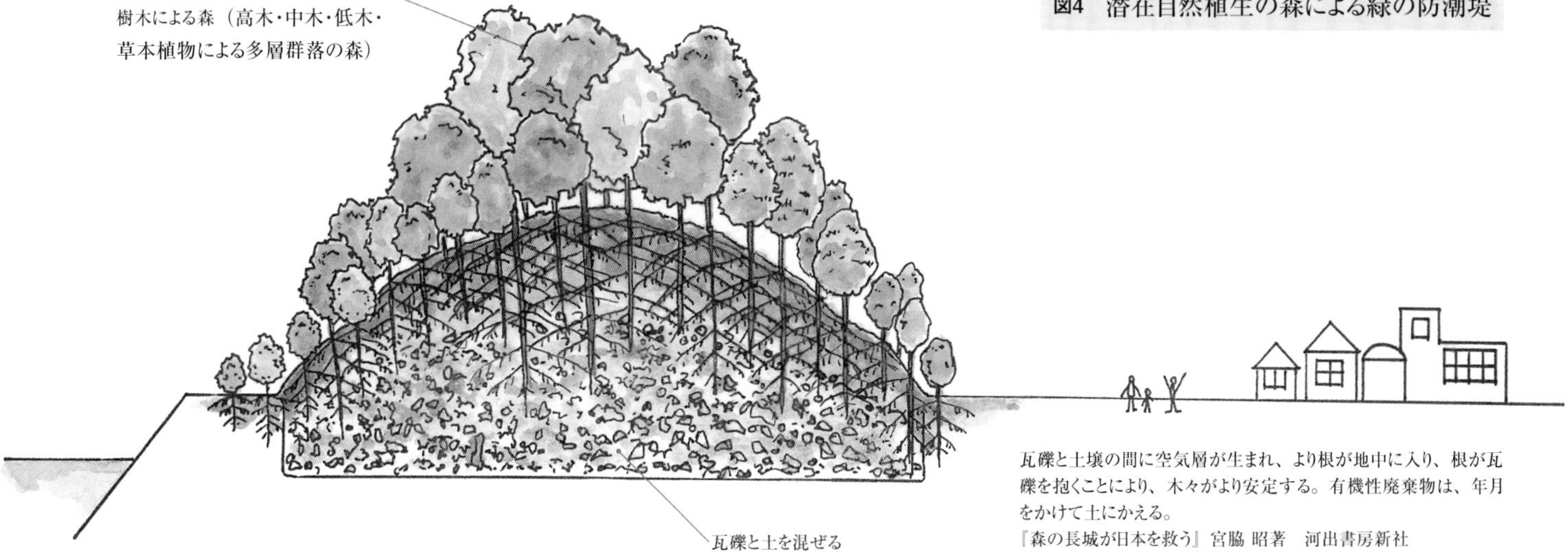

瓦礫と土壌の間に空気層が生まれ、より根が地中に入り、根が瓦礫を抱くことにより、木々がより安定する。有機性廃棄物は、年月をかけて土にかえる。
『森の長城が日本を救う』宮脇 昭著　河出書房新社

3 これからの防災林のあり方とは

一方で、九十九里浜のクロマツ林の縁には、自然と進入して健全に生育している木々も見られます。ハマヒサカキやシャリンバイをはじめ、トベラ、モッコク、マテバシイ、ヤマモモなどはこのような環境でも自然状態で健全に生育することができるのです。

江戸時代の名勝図絵などに見られるような海岸沿いの見事な松林のイメージのせいか、今も防潮林としてあちこちの海岸線でクロマツが植栽されることが多いのが現状です。しかし、人間の都合で人工的にクロマツを植えても、その木にとって適応できない環境条件であれば、見事な松林になることはけっしてありません。

木々本来の生育環境を尊重した樹種の選定がなされなければ、本当の意味での、暮らしと命を守る防災林などありえないということは、被災地各地の海岸沿いで松林が壊滅したこのたびの東日本大震災が、その教訓を残しています。

年月を経てその土地の最終的な姿となった潜在自然植生の森こそ、その土地におけるさまざまな大災害をものともせずに生き続け、そしてそれが住民を災害から守り、その生存基盤となる豊かな自然環境を与えてくれてきたのです。

潜在自然植生樹種の防潮堤を　東日本大震災の教訓から、被災地の連なる東日本太平洋岸の海岸線に、潜在自然植生樹種による緑の防潮堤が、地球環境戦略研究機関国際生態学センター長の宮脇昭氏らによって提唱されています。総延長400kmに及ぶ、生態系豊かな森の長城をつくろうとするものです。

この構想の概要は、海岸線に震災瓦礫と土を混ぜながらやわらかな土塁を築き、そしてそこに、津波被災地の海岸線における潜在自然植生樹種であるスダジイやタブノキなどのポット苗を中心に、密に植えつけていくというものです。

ポット苗は高さ30cm程度のもので、誰にでも簡単に植えつけできます。それを1㎡あたり3ポット程度、多種類を混ぜ合わせて密植することで、まるで自然状態のように苗木同士が競争し合い、自然淘汰されながら健全な森として生長していきます。

有害物質を取り除いた残りの瓦礫を、土と混ぜ合わせながら土塁のマウンドとして活用することで、土中に空隙ができて通気性と保水性が高まります。土塁を盛り上げることで滞水の心配もなくなり、自然樹木の生育に適する土壌の物理的な環境が生まれます。

そこに植えられた苗木は健全に根を伸ばし、数十年で多層群落の健康で強い森となるでしょう（図4）。

こうしてできた本物の森は、平時には潮風や台風から海岸沿いの生活環境を守ってくれます。また、その土地本来の森は人間ばかりでなく、さまざまな動植物の命を育みます。

そして地震や津波などの大災害の際には、しっかりと根づいて容易に抜けないこの森が、多くの住民の命を救ってくれることでしょう。

東北の太平洋岸を中心に壊滅的な被害をもたらした東日本大震災。我々はそこから学び、その教訓を生かして、社会のあり方、自然とのつきあい方を考え直し、将来、必ず繰り返される大災害から我々の子孫の命を守らねばなりません。

コンクリートの防波堤も人工的に植栽されたマツなどの単一樹種による防潮林も、今回の津波の前にはなすすべもありませんでした。

未曾有の被害をもたらした大津波、しかしそれを「想定外」という一言で片づけてしまっては、亡くなった多数の犠牲者の方々がどうして報われるというのでしょう。

我々人間も、自然界の大きなつながりの中の一員にすぎません。大きな自然の力に対して、人はどれほど無力なものか、まずはそこに立ち返り、これからの文明、これからの生活環境がどうあるべきかを考えていくことこそ、次世代への責任としてとても大切な使命なのではないでしょうか。

木々の性質を知り、そしてそれを健全でなるべく自然な姿で人間社会に生かそうとする試みの中にこそ、自然の中での文明のあり方に対するヒントが見えてくるように思います。

雑木の庭 植栽図鑑

よく用いられる樹木

参考までにここに取り上げる樹木は、雑木の庭で用いられる樹種の中のほんの一例にすぎません。

雑木の庭の樹木は、その土地で健全に生育する自然樹木の構成を参考に樹種を選ぶべきもので、あえていえばその地域に適応できる樹木の中で何を用いてもよいのです。また、環境を乱さない範囲で、低木を中心にさまざまな花木や園芸品種を取り入れるのも、庭を明るく楽しいものにしてくれます。

雑木の庭をつくるにあたり、樹種を限定する必要はなく、むしろ身近な樹種を積極的に取り入れながら健康な庭づくりを目指していただきたいと思います。

※植物名わきにある樹高による分類は、自然界における樹高による分類。データ中に示した「高木」、「中高木」、「中木」、「中低木・低木」は庭に植栽するときの樹高の目安です。高木は5〜8m、中高木は3・5〜4・5m、中木は2〜3・5m、中低木・低木は0・5〜2m程度です。

※表記した植物名は植物学上の正式名称ではなく、通称を表記しているものもあります。

落葉樹
・高木
・中高木

コナラの自然樹形。

幹肌も美しい。

コナラ 落葉高木

分布：北海道から九州まで、主に暖温帯気候域における二次的な自然植生として最も一般的に見られる。

自然状態の樹高：10〜15m　**庭での樹高目安**：5〜12m程度。高木

暖温帯気候域の雑木林の代表樹種で、雑木の庭の代表的な高木構成樹種。扱いやすく、庭の微気候改善のために最もすぐれた樹種といえる。雑木の庭では主要な高木として用いることで日差しを遮り、良好な生態系を生み出し、夏の熱環境を大きく改善するために欠かせない樹種といえよう。

カツラ 落葉高木

分布：北海道から九州まで、主に冷温帯気候域の冷涼な山地の渓谷沿いを中心に生育する。ハルニレなどと共に渓谷林を形成する。
自然状態の樹高：20〜30m　**庭での樹高目安**：6〜12m。高木

幹は直立し、端正な形状のために、雑木林の中に混植すると違和感が生じがちで、雑木の庭の中ではアクセントやシンボル的に扱うとよい。ハート形の葉は、新緑も紅葉も美しく、雑木の庭の人気樹種だが、暖温帯気候域の庭で長く健康状態を維持するためには乾燥させず、幹に直接日差しを当てないように配慮したい。

イヌシデ 落葉高木

分布：主に暖温帯気候域の山地、雑木林に普通に見られる。
自然状態の樹高：15m程度　**庭での樹高目安**：5〜10m。高木

コナラ、クヌギなどの雑木林に高木として混生する。つるっとした幹肌に絞りが入り、コナラなどと共に見慣れた雑木林の味わいを感じさせてくれる。葉音もカサカサと心地よい。放置するとかなり太くなるうえ、ほかの雑木高木と競合して伸長生長スピードも速い。

クヌギ 落葉高木

分布：本州、四国、九州の主に暖温帯気候域の山地や低地。コナラと共に薪炭林として植林されることも多い。
自然状態の樹高：15m前後　**庭での樹高目安**：5〜12m程度。高木

コナラと共に、暖温帯気候域の里山雑木林の代表的な樹種で、大きなどんぐりが子供たちに人気。根系は直根性で大木の移植にやや難あり。まっすぐに伸長する勢いが強いため、狭い庭では扱いにくい面もある。幹肌や葉は荒々しく、コナラと混植することで、雑木林らしい野趣と力強さが出てくる。クヌギの生長スピードと競合して、付近のコナラなども伸長生長が促進される。

ケヤキ 落葉高木

分布：本州、四国、九州の山地や低地で、土壌や水分条件のよい場所に生育。
自然状態の樹高：30〜40m　**庭での樹高目安**：8〜15m程度。高木

木目が美しく、かつては高級家具材や内装装飾材、あるいは社寺建築における高級木材として重宝されたために、今も暖温帯気候域の旧家などに大木が残存する。雑木の庭においても、中心的な主木として用いることで庭に風格が生まれる。大木になるイメージから敬遠されがちだが、ほかの雑木高木と組み合わせて用いることで生長スピードは十分にコントロールできる。大木の移植の際、幹の乾燥に弱いので、ほかの木々と組み合わせて幹を日差しから守るようにすると、移植後の経過が改善される。

イロハモミジ 落葉中高木

分布：福島県以南、九州までの暖温帯気候域の山地や渓谷に自生。
自然状態の樹高：10m程度　庭での樹高目安：4～6m。中高木

新緑も紅葉も美しく、雑木の庭に彩りを添える樹種として欠かせない。都会の環境では直射日光による乾燥によって傷むことが多いため、コナラなどの落葉高木の下に階層的に用いて、主に西日を遮るような配慮をするとよい。日陰のイロハモミジの枝葉は繊細でやわらかく、その風情はほかの樹種に代えがたい味わいがある。

イタヤカエデ 落葉高木

分布：暖温帯気候域の山地、あるいは太平洋側の高地ブナ林などに混在する。北海道から九州まで、生育範囲が広い。
自然状態の樹高：20m程度　庭での樹高目安：5～8m。高木・中高木

特徴的な葉の形で紅葉も美しい。庭の中で高山の風情を出すときなど、暖温帯気候域でも丈夫に生育するイタヤカエデは重宝される。しかし、厳しい都会の街中の環境では、コナラなど木陰をつくるほかの高木との組み合わせの中で用い、直射日光を緩和したほうが健康を維持しやすい。

アカシデ 落葉高木

分布：北海道から九州。冷温帯気候域、暖温帯気候域の山地、雑木林に普通に見られる。
自然状態の樹高：15m程度　庭での樹高目安：5～8m。高木・中高木

イヌシデと同様、コナラ、クリなどの雑木林に普通に見られるが、イヌシデに比べて葉は小ぶりで繊細な印象がある。生長は若干穏やかで、庭の中では扱いやすい雑木高木。コナラやクヌギなどと組み合わせる際は、中高木として、高木に寄せて用いるのも相性のよい組み合わせの一つ。

ヤマボウシ 落葉中高木

分布：本州以南、九州までの冷涼な山地の中高木として混在する。主にブナやミズナラ林の中木として自生する。
自然状態の樹高：10m程度　庭での樹高目安：4～8m。中高木・中木

大きくするのであれば日なたでもよいが、庭の中で中高木または中木としての大きさを保ちながら、繊細な自然樹形を維持するためには、落葉高木の下の半日陰が適当。

春から初夏にかけて咲く純白の清潔な花は、濃い緑の葉色とのコントラストが美しい。

ナツツバキ 落葉中高木

分布：冷温帯気候域南部から暖温帯気候域の山地。福島・新潟以南、四国、九州。
自然状態の樹高：15m程度　庭での樹高目安：4〜7m。高木・中高木

幹肌の模様や端正な樹形をもつ人気樹種。庭では枝先に日差しを受ける程度の半日陰でゆっくりと健康に生育する。乾燥を嫌うため、都会の日なたや西日を受ける場所では、枝枯れの末に衰弱しやすく、カミキリムシなどの病虫害を受けやすくなる。

雑木の庭の中では、木立との組み合わせでなく、やや独立した環境で用い、真上にほかの枝葉がかぶさらないようにする。

コハウチワカエデ 落葉中高木

分布：主に冷温帯気候域の山地。北海道から九州まで。
自然状態の樹高：8〜10m　庭での樹高目安：4〜6m。中高木

紅葉も美しく、子供の手のひらのようなかわいらしい葉と繊細な枝ぶりが人気の秘訣だが、暖温帯気候域の庭では、雑木高木の木陰によって日差しから守るように中高木として用いるとよい。高木の下に、のびのびと横に枝を張る空間があると、より趣が豊かになる。

ヤマザクラ 落葉高木

分布：暖温帯気候域。関東以西、四国、九州の山地、低地の森林内に生育。
自然状態の樹高：25m程度　庭での樹高目安：6〜10m。高木

雑木林にも混在し、半日陰でも比較的健全に生育できるため、雑木の庭の高木層に変化と彩りを添えるのに便利。ほかの雑木高木と混植する際は、日が当たりやすい木立の辺縁側に組み合わせるとよい。

ヒメシャラ 落葉高木

分布：暖温帯気候域。伊豆・箱根、近畿南部、四国、九州の山地。
自然状態の樹高：15〜20m　庭での樹高目安：5〜8m。高木・中高木

幹肌が赤く美しく、庭の中では幹の連なりの景に彩りを添える。人気の高い樹種。長く健康を保つためには、枝葉の上部に日差しが入るが、下部や幹にはあまり直射日光が差し込まないようにし、風通しよく、土壌・水分条件ともによい環境をつくることが大切。

エゴノキ 落葉中高木

分布：冷温帯気候域下部から暖温帯気候域の山地、二次林に生育。
自然状態の樹高：7〜8m　**庭での樹高目安**：4〜7m。中高木

梅雨の始まりの時期に清く美しい純白の小さな花をたくさんつける姿が印象的。葉は細かく、雑木の庭に変化と層の厚みをもたらしてくれる。暑さに強いが、幹に夏の日差しを直接受けると傷みやすい。だからといって、木陰では長く健康には生育しにくい。幹は枝葉の陰になり、なおかつ枝葉の先で日差しを受けるような場所が望ましい。

ハクウンボク 落葉中高木

分布：主に冷温帯気候域の山地谷側などの湿潤な場所に生育。
自然状態の樹高：6〜15m　**庭での樹高目安**：5〜8m。高木・中高木

暖温帯気候域でも丈夫な木だが、雑木の庭の高木として用いるときは、コナラなどの暖温帯気候域二次林の落葉高木の合間に挟み込むように用いるとよい。枝ぶりや大きな葉の形が雑木の木立に変化をもたらし、春に垂れ下がる白い花も美しい。

サイフリボク 落葉中高木

分布：岩手県以南、主に暖温帯気候域の山地や低地の二次林に生育。
自然状態の樹高：8〜10m　**庭での樹高目安**：4〜6m。中高木

別名ジューンベリー。人気の樹種。丈夫で都会の日なたの環境でも比較的健康に生育できるので、雑木の庭では木立の辺縁で日差しを受けてほかの高木の幹の乾燥を守る役目を与えられる。赤い実は甘く食用になり、小鳥を呼ぶ。

アズキナシ 落葉中高木

分布：北海道から九州までの冷涼な山地の森林内に生育。主に冷温帯気候域。
自然状態の樹高：8〜10m　**庭での樹高目安**：4〜5m。中高木

幹や葉の雰囲気に冷温帯気候域の野趣を感じさせるさわやかな木。暖温帯気候域の都会の環境では、落葉高木の木陰となるところに配置すれば健康を維持しやすい。秋になる赤い果実がまた冷涼な高地を感じさせる。

アオダモ 落葉高木

分布：主に冷温帯気候域の山地。
自然状態の樹高：15m程度　庭での樹高目安：5〜8m。高木・中高木

楚々とした枝葉の軽やかさと白い花、野趣に富む幹の雰囲気で人気がある。適応力があり、暖温帯気候域の庭でも適応するが、ある程度の日照が必要。強い木陰では樹勢が衰え、枝枯れしやすい。

庭の木立の主木として、あるいはほかの落葉高木との組み合わせの中で、中高木として用いる場合は、手入れの際に上部の高木の枝葉を透かして、日差しがアオダモの枝葉に差し込むようにする配慮が必要。

アオハダ 落葉中高木

分布：暖温帯気候域の山地、冷温帯気候域の主に二次林に見られる。
自然状態の樹高：8〜10m
庭での樹高目安：4〜6m。中高木

雌雄異株でそれぞれ5月から6月に花が咲くが、雌株が実をつけるには雄株との受精が必要なため、1本だけでの植栽では実は楽しめないことが多い。赤い実は落葉後の冬の景色にもなる。乾燥に強いが西日などには弱く、しかも比較的日照も必要。

都会の庭では、ほかの高木の合間で日差しを緩和でき、なおかつ枝葉に日照が届くような植栽をするとよい。

ナナカマド 落葉中高木

分布：主に冷温帯気候域の山地、例えばブナ林の中の小高木として生育。
自然状態の樹高：8〜10m　庭での樹高目安：4〜5m。中高木

適応範囲が広く、暖温帯気候域でも比較的適応するが、幹へ直射日光が当たると衰弱しやすい。紅葉も秋の赤い実も美しく、小ぶりな葉の雰囲気としなやかな枝ぶりが魅力的。雑木の庭の中では中高木として、半日陰程度の場所に組み合わせるとよい。

ネムノキ 落葉中高木

分布：暖温帯気候域の原野や河川敷、野原など。
自然状態の樹高：6〜10m　庭での樹高目安：6〜10m。高木

マメ科の肥料木として有効なため、自然に生えてきたネムノキが畑の縁などに残されることが多く、涼しげな葉や花の雰囲気は里の夏の風情を感じさせてくれる。なるべく剪定しないですむ、広い芝生広場の中に1本だけで用いるとこの木のよさが発揮される。

ダンコウバイ 落葉低木

分布：冷温帯気候域南部から暖温帯気候域の山地。
自然状態の樹高：3〜6m　**庭での樹高目安**：2〜3.5m。中木

恐竜の足跡のような裂けた葉の形状が、雑木の庭の中木としてやわらかみのある野趣を添える。黄色く小さな花も早春の雑木林を思わせる。半日陰でやわらかな枝ぶりを見せる。

ナツハゼ 落葉低木

分布：冷温帯気候域から暖温帯気候域の山地に見られ、生育気候帯は広い。
自然状態の樹高：2〜5m　**庭での樹高目安**：2〜3m。中木

野趣に富む美しい枝ぶりが魅力的で、雑木の庭にぜひ取り入れたい樹木の一つ。赤い紅葉と黒い実も楽しみ。ただし、山取りのナツハゼをいきなり日なたの庭で扱うと暑さや乾燥によって衰弱しやすく、かといって日陰すぎても樹勢がふるわない。気難しい樹木である。

マンサク 落葉中低木

分布：冷温帯気候域、暖温帯気候域ともに幅広く、山地の林内に中木として生育。
自然状態の樹高：2〜8m　**庭での樹高目安**：2〜4m。中木

耐陰性があり、環境適応力も強いが、日なたでは枝ぶりも粗い雰囲気になりがちなため、なるべく高木の下の木陰に植栽したほうが自然のマンサクらしい雰囲気を保ちやすい。芽吹き前の早春に真っ先に黄色い花をつける姿は、雑木の庭に春の訪れを知らせてくれる木としてぜひ取り入れたい。

アブラチャン 落葉低木

分布：冷温帯気候域南部から暖温帯気候域の山地で湿潤な場所。
自然状態の樹高：5〜6m　**庭での樹高目安**：2〜3.5m。中低木

香り高く、枝ぶりはやわらかく、木陰であれば都会の暑さにも耐え、萌芽力もあるため、雑木の庭の中低木として扱いやすい。病害虫も少なく、暖温帯気候域では冬も枯れ葉を落としきらず、冬らしい景色を添える。早春の黄色い花も楽しめる。

クロモジ 落葉低木

分布：冷温帯気候域南部から暖温帯気候域の山地に見られる。
自然状態の樹高：3〜5m　庭での樹高目安：1.5〜2.5m。中低木・中木

クスノキ科独特の香りが高く、高級ようじの材料に重宝される。春先の花も楚々として清潔感にあふれ、雑木の庭の中で中木として独特の存在感をもつ。移植の際に傷みやすいが、その後、根元から萌芽して伸びた幹や枝はその土地の環境条件によく適応する。

ミツバツツジ 落葉低木

分布：冷温帯気候域から暖温帯気候域の山地に見られる。
自然状態の樹高：2〜3m　庭での樹高目安：1.8〜2m。中低木・中木

適度な木陰で健康に生育するが、日陰が強いと樹勢を落とし、徐々に衰弱する。湿気を嫌い、土中滞水は禁物。若干、乾燥する程度の風通しのよい半日陰が適地。傾斜地であればなおよい。早春の雑木の庭に点々と紫色の花を咲かせる時期は、また独特の庭の風情を見せてくれる。

ツリバナ 落葉低木

分布：冷温帯気候域から暖温帯気候域の山地に見られ、生育気候帯は広い。
自然状態の樹高：3〜5m　庭での樹高目安：1.8〜3m。中低木・中木

やさしげな枝葉やぶら下がるようにつく花火のような白い花も魅力的だが、果実は開花後の6月ごろにつき始めて徐々に赤くなり、秋には裂けて黒いタネが見える姿がまた楽しい。

雑木の庭では、高木や中高木の下に中木として用いて強い日差しを避け、風の通る涼しい場所が適地。

マユミ 落葉低木

分布：冷温帯気候域から暖温帯気候域の山地に見られ、生育気候帯は広い。
自然状態の樹高：2〜4m　庭での樹高目安：1.5〜2.5m。中低木・中木

ツリバナと同じニシキギ科だが、ツリバナよりも暑さに強く、しかも日陰にも耐える。都会の庭で扱いやすい中木。枝ぶりは比較的かたく、花も小さくて目立たないが、適応力の強さとピンクの実は魅力的。

ソシンロウバイ

ロウバイ 落葉低木

中国原産の園芸種
自然状態の樹高：2〜3m　**庭での樹高目安**：1〜1.8m程度。中低木

園芸品種であるが、朝鮮経由で日本に入ってきたのは江戸時代初期とされる。都会の暑さにもよく耐えるので、雑木の庭では植栽群落の株元の西日除けなどに用いやすい。

日なたではかなり生育旺盛で枝が込み入ってくるため、雑木の庭の中では1日の半分程度、木陰となるところがよい。

トサミズキ 落葉低木

分布：暖帯気候域に適応。高知県の一部に自生。
自然状態の樹高：2〜4m　**庭での樹高目安**：1.5〜2.5m程度。中低木

暑さに強く、都会の庭で丈夫に適応する。いくつもの枝を毎年新たに伸ばすため、根元からの枝の抜き取りによって常にやわらかな枝ぶりに管理しやすく、扱いやすい。春先の黄色い花も独特の明るさがある。

ウメモドキ 落葉低木

分布：主に暖温帯気候域。冷温帯気候域南部の山中にも適応する。
自然状態の樹高：2〜3m　**庭での樹高目安**：1.8〜2m。中低木・中木

木陰に耐えて生長が遅く、雌株の赤い実が雑木の庭に景を添える。暖地の日なたでは枝ぶりが粗く暴れるため、半日陰から日陰くらいがよい。木陰では生長は遅く、暑さに耐えるため、都会の雑木の庭では落葉中木として扱うとよい。

ドウダンツツジ 落葉低木

分布：主に暖温帯気候域の山地。
自然状態の樹高：1.5〜2m　**庭での樹高目安**：1m程度。中低木

日照にも乾燥にも強く、新緑も紅葉も花も美しい。都会の日なたにも耐えるが、雑木の庭に似合う繊細な樹形を保つためには半日陰くらいが適当。こうした日照に強い低木は、雑木の植栽群の根元への日照を緩和する役目を兼ねることができ、非常に便利。

シラカシ

常緑高木

分布：暖温帯気候域に普通に見られる。関東地域に多い。
自然状態の樹高：20m以上　庭での樹高目安：4～8m。高木・中高木

関東地域では家屋の防風林としてよく見られる。アラカシに比べて葉が細く細かいため、雑木の庭を取り囲む外周林として用いるほうが似合う。関東の気候や土壌によく適応するが、生長も萌芽力も旺盛なため、やはり落葉樹の半木陰となる位置に植えたほうが管理しやすい。

スダジイ

常緑高木

分布：暖温帯気候域に普通に見られ、潜在自然植生の主木となる。
自然状態の樹高：20m以上　庭での樹高目安：5～8m。高木・中高木

防火や防風のため昔から家屋の外周に植栽されてきた。潮風に強く、丈夫で荒々しい幹の雰囲気が郷愁をそそる。新緑の葉色が輝くようで美しい。どんぐりは食用になる。耐陰性が高いので、無理なく生長スピードを抑えるためには落葉樹の木陰がよいが、できれば堂々と扱い、住環境の緩和に貢献させたい。

クスノキ

常緑高木

分布：関東以南の暖温帯気候域から亜熱帯気候域。
自然状態の樹高：20m以上　庭での樹高目安：6～8m。高木

防虫性のある独特の香りをもつ樟脳《しょうのう》は、このクスノキから精製される。葉の光沢は美しく、風格があり、独特の明るい雰囲気がある。雑木の庭の中では比較的独立して用い、外周林や家の裏側などに堂々と大きく用いたい。

ヤブツバキ

常緑小高木

分布：暖温帯気候域に広く普通に分布する。気候帯の目安となる樹種。
自然状態の樹高：5～15m　庭での樹高目安：2～4m。中高木

日本の暖温帯気候域に分布するなじみ深い樹種だが、最近はチャドクガの発生樹として嫌われる傾向にある。本来かなり強い木陰で水はけと保水性に富むやわらかい土壌に生育する木で、山中ではチャドクガの被害はめったにない。濃緑の葉に赤い花が対照的に美しく、暖温帯気候域の庭にはぜひ取り入れたい樹種である。

アラカシ

常緑高木

分布：暖温帯気候域に普通に見られる。関西以南に多い。
自然状態の樹高：20m　庭での樹高目安：3～6m程度。高木・中高木

葉の雰囲気がコナラなどの落葉雑木との相性がよい。暑さに強く適応力があり、都会の庭でも扱いやすい。半日陰では生長も穏やかで健康を維持しやすい。落葉雑木を高木に、その下の中高木として用いるとよい。

常緑樹
・中低木
・低木

ハルイチバンツツジ

ヨシノツツジ

ツツジ類

常緑低木

分布：林縁植物（森の縁の明るい場所に生育する植物）で、日なたで種類豊富。
自然状態の樹高：1～2m
庭での樹高目安：0.8～1.5m。低木

ヨシノツツジやハルイチバンツツジなど、雑木の庭の雰囲気に合うものをその樹種の生育条件に応じて用いるとよい。比較的耐陰性があり、葉が細かすぎない種類が雑木の庭に合わせやすい。

ニホンシャクナゲ

シャクナゲ

常緑低木

分布：ニホンシャクナゲは比較的冷涼な山中に生育。
自然状態の樹高：1～3m
庭での樹高目安：0.8～1.5m。低木・中低木

一般に庭では、葉の細い日本原産のシャクナゲよりもセイヨウシャクナゲの品種を用いることが多い。比較的、日陰に適応する品種が多いが、耐陰性はニホンシャクナゲのほうがすぐれている。大きな花を咲かせ、葉の雰囲気も雑木の庭に合わせやすい。

モチノキ

常緑中高木

分布：関東以南の暖温帯気候域から亜熱帯気候域。主に太平洋岸。
自然状態の樹高：10m程度　**庭での樹高目安**：3～5m。中高木

剪定によく耐え、萌芽力も発根力もあり、昔から庭によく用いられてきた丈夫な木。雑木の庭の中で落葉樹の下、半日陰の中高木、あるいは中木として用いることで、枝ぶりもやわらかく、葉色も健康になりやすい。外周などで用いれば、よい目隠し木として扱いやすい。

モッコク

常緑中高木

分布：千葉・東海道以南の暖温帯気候域から亜熱帯気候域。
自然状態の樹高：10～15m
庭での樹高目安：3～5m。中高木

モチノキと同様、古くから欠かせない庭木として用いられてきた。生長が遅く、放っておいても端正な形状を維持し、しかも剪定にも耐えて萌芽力もあり、日陰に強いので、庭木にうってつけの樹種といえる。雑木の庭では外周や、植栽群の中心的な常緑樹として用いるとよい。

ソヨゴ

常緑中木・低木

分布：関東・新潟以西、特にアカマツ林などの二次林によく見られる。
自然状態の樹高：2～5m　**庭での樹高目安**：2～3m。中木

丈夫で比較的乾燥にも強く、生長も遅く病害虫にも強い。都会の庭での常緑中木として非常に扱いやすい。庭でよく用いられるようになったのはごく最近のこと。ただし、根に直根が育たず、単木では大風で倒れやすく、あくまで雑木植栽群の中の中木として組み合わせるとよい。雑木の木陰では枝もまばらで、雑木の庭に非常に合わせやすい。

ウバメガシ

常緑低木

分布：暖温帯気候域南部の海岸沿い傾斜地など。
自然状態の樹高：3〜5m
庭での樹高目安：1〜2m。中低木

塩害にも暑さにも乾燥にも強く、都会の庭木に適するが、日なたで用いると葉が密に茂りすぎて、雑木の庭にはまったく似合わない。これも落葉樹を中心とした植栽群落の中低木として、木陰で細々と生育させたほうが雑木の庭には用いやすい。

アオキ

常緑低木

分布：暖温帯気候域の林床、木陰に生育。
自然状態の樹高：1〜2m　**庭での樹高目安**：1〜1.5m。低木・中低木

常緑樹林の林床など、暗い山中に点在するイメージから、あまり好んで庭に要望されることはないが、日陰で健康に育つアオキの葉色は清らかで美しく、比較的広い庭の中の日陰で用いたい樹種である。

ヒサカキ

常緑中木・低木

分布：暖温帯気候域全域。生育範囲が非常に広い。
自然状態の樹高：1〜6m
庭での樹高目安：1〜1.5m。低木・中低木

丈夫で暗い日陰でも萌芽力があるため、根元からの切り戻しによる管理がしやすく、雑木の庭の林床に扱いやすい。これもアオキと同様、積極的に要望される樹種ではないが、こうした目立たぬ脇役が庭の生態系をより豊かにし、庭を深く感じさせてくれる。

白い花をつけたアセビ。

アセビの若葉も美しい。

アセビ

常緑低木

分布：暖温帯気候域の山中。
自然状態の樹高：1〜3m　**庭での樹高目安**：0.8〜1.5m。低木・中低木

日陰に強く雑木の庭の低木として相性がよく、欠かせない樹種。細かな光沢のある葉が雑木の庭の足元に品のよい野趣を添えてくれる。日なたでは傷みやすく、庭の完成後数年経過し、木陰が濃くなるにつれて、アセビの樹勢がよくなってくる場合が多い。

シャリンバイ

常緑低木

分布：暖温帯気候域南部の海岸沿いなど。
自然状態の樹高：1〜4m
庭での樹高目安：0.5〜1.5m。低木・中低木

塩害にも暑さにも乾燥にも強く、火事にも強い。都会の劣悪な微気候に強く適応する。これからの雑木の庭の有用な樹種。白い花も楚々として美しい。日なたでは枝ぶりが粗くなるので、雑木の庭の中低木や低木として木陰で用いると扱いやすい。

下草図鑑

雑木の庭の足元に植える下草は、木陰になることを前提に種類を選ぶ必要があります。環境に適応すれば、木々が生長し木陰に覆われるに従って、下草はそれぞれ競合し合い淘汰されつつ広がって、まるで森の地表のような豊かな林床をつくってくれます。

ベニシダ

冬でも青々と、繊細な葉を揺らしてくれる。根づいてしまえばかなりの日陰でも健康に生育する。雑木の庭の足元で重宝する定番のシダ。

オニヤブソテツ

生育範囲の広い丈夫なシダで、庭の中でも扱いやすい。水辺にも海岸沿いにも、暗い山中でも見られる。葉はベニシダに比べてややごつい。

シュンラン

林床の代表的なランで、春の花はしっとりとした美しさを感じる。花は食用になる。生育範囲は広いが、雑木林や杉林など二次林に多い。

ヤブラン

里山に普通に点在するごく身近な林床植物の一つ。初夏に紫色の花穂を出して花を咲かせ、目を楽しませてくれる。

リュウノヒゲ

山中にごく普通に見られ、丈夫で庭の林床植物としても便利。リュウノヒゲの根は麦門冬《ばくもんとう》と称する有名な漢方薬。

ギボウシ

日本中の山中に自生し、その種類は多い。よく庭で用いるオオバギボウシの若葉は食用となる。春から初夏にかけてすっと伸びてくる花も美しい。

花をつけたギボウシ。

セキショウ

水辺に自生するショウブ科の常緑多年草。水辺に生育し、常に流水のあるところでは非常に丈夫で繁殖力も強い。春に咲く花はあまりかわいくない。

シャガ

アヤメ科の常緑多年草で春の白い花が独特で美しい。水辺や深い森の中にも自生する。光沢のある葉の雰囲気も明るい。

キチジョウソウ

ユリ科の常緑多年草。本来、常緑樹林の中などの濃い日陰で生育し、庭で用いるときは日陰がよい。林床で咲くピンクの花が涼しげでよい。

スギゴケ

一般的に園芸用に栽培される代表的な美しい苔。風通しと日照、水はけのよさも生育条件として必要で、日陰に植えると衰弱する。

クラマゴケ

苔といっても実際にはイワヒバ科のシダ植物。ぺたりと地上を這って覆う姿が苔のよう。ほかの苔と混ざり合うと自然味が出てくる。

ユキノシタ

日本中に生育し、民家の裏など、湿り気があるやや日陰に広がる丈夫な植物で、私たちの暮らしになじみ深い。春の白い花がまた繊細で美しい。

ハラン

ユリ科の常緑多年草で大きな葉をつける。日陰にも乾燥にも強く、地下茎で増える。これは日陰で濃い緑が欲しいときに使いたい。

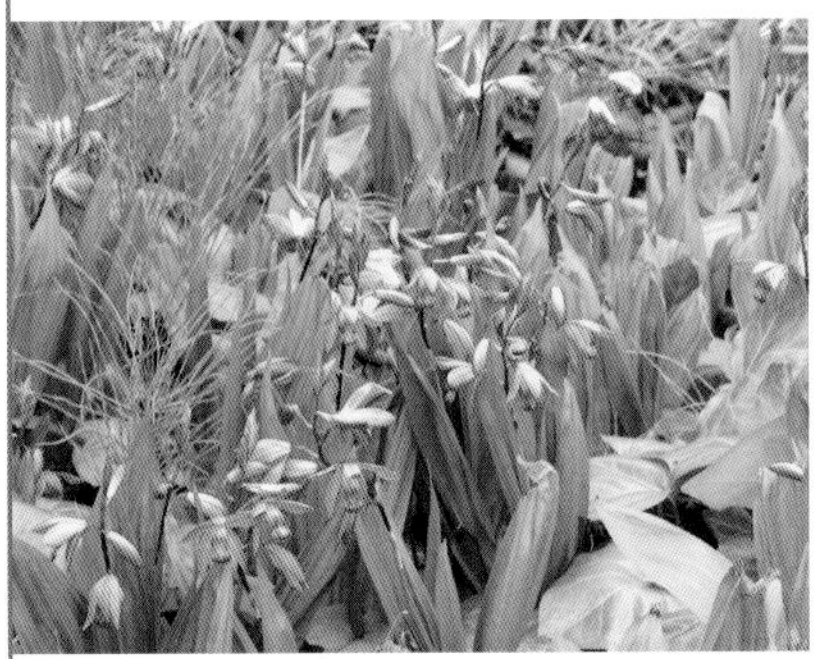

シラン

葉先のすっとした雰囲気、やさしい色合い、風に揺れるピンクの花穂など、魅力的な植物。半日陰から日なたまで、生育範囲は広くて丈夫。

ヤブコウジ

日陰の小さな林床植物で、秋には赤い実をつけて、正月飾りにも用いられる。半日陰で条件が合うと群生するが、日陰に点々と生育する状態もかわいらしい。

高田 宏臣 たかだ・ひろおみ

profile

1969年千葉県生まれ　東京農工大学農学部林学科卒業
株式会社高田造園設計事務所代表取締役。NPO法人地球守代表理事
その土地の風土環境を活かした庭づくりを通して、国内外を問わず、自然豊かな住環境や街づくりを提案。特に東日本大震災以降は庭だけでなく、里山や奥山の環境改善、自然災害被災地の環境再生など、伝統的な技法による自然環境の改善や再生の指導、啓蒙に取り組む。主な著書に「土中環境～忘れられた共生のまなざし、蘇る古の技」（建築資料研究社刊）がある。
［ 執筆ページ　2～3、55～91、106～159ページ ］

新版《しんばん》　これからの雑木《ぞうき》の庭《にわ》

令和3年6月1日　第1刷発行
令和5年4月10日　第8刷発行

著　者　高田《たかだ》宏臣《ひろおみ》
発行者　平野健一
発行所　株式会社主婦の友社
〒141-0021　東京都品川区上大崎3-1-1目黒セントラルスクエア
電話：03-5280-7537（編集）　03-5280-7551（販売）
印刷所　大日本印刷株式会社

取材協力

グリーンライフ・コガ
熊本県阿蘇市一の宮町坂梨 2017-2　☎ 0967-22-0093
https://www.greenlife-koga.com/

高田造園設計事務所
千葉県千葉市若葉区中野町 2171-2　☎ 043-228-5773
http://www.takadazouen.com/

庭　遊庵
京都府京都市山科区音羽前出町 33-1
☎ 075-501-0039
https://www.houzz.jp/pro/yuuan

藤倉造園設計事務所
東京都府中市浅間町 3-10-2　☎ 042-363-2452
http://www.fujikurazouen.com/

松浦造園
千葉県千葉市緑区東山科町 14-12
☎ 043-309-7366
http://www.matsuura-zouen.com/

Special thanks

宮脇　昭（地球環境戦略研究機関国際生態学センター）
金綱造園事務所
姶良土地開発
のざわ動物病院
cafeどんぐりの木
宮本一良（阿蘇一の宮門前町会副会長）
杉本蘇助（阿蘇とり宮）
古閑勝憲（グリーンライフ・コガ）

石井美沙　内田健一
川名健一　小松良誠
坂本榮一　田中昌枝
竹内純生　高野紘造
中井　元　平林久美子
増田喜弘　増田和成
松下直史　渡部弘章

参考文献

「日本の植生図鑑Ⅰ　森林」保育社　中西哲　大場達之　武田義明　服部保共著
「原色日本植物図鑑　木本編」保育社　北村四郎　村田源共著　／「日本植生便覧」至文堂　宮脇昭　藤原陸夫　奥田重俊編
「ヒートアイランドの対策と技術」学芸出版社　森山正和編　／「最新　樹木根系図説」誠文堂新光社　苅住昇著
「民家の自然エネルギー技術」彰国社　木村建一編　／「快適で安全な住まいのくふう」あかね書房　益子義弘監修
「民家造」学芸出版社　安藤邦廣著　／「住まいの伝統技術」建築資料研究社　安藤邦廣　乾尚彦　山下浩一共著
「生きている森」文研出版　宮脇昭　宮脇紀雄著　／「森の長城が日本を救う」河出書房新社　宮脇昭著
「瓦礫を活かす『森の防波堤』が命を守る」学研パブリッシング　宮脇昭著　／「森の都市EGEC」彰国社　奥野翔編著
「清澄庭園」編集・発行　公益財団法人東京都公園協会　／「虫といっしょに庭づくり」築地書館　曳地トシ　曳地義治著
「雑草と楽しむ庭づくり」築地書館　曳地トシ　曳地義治著

Staff

構成・編集　高橋貞晴
［ 執筆ページ　6～54、92～105ページ ］
撮影　鈴木善実・高田宏臣
写真　アルスフォト企画　入江寿紀
図版・イラスト　竹内和恵（高田造園設計事務所）
デザイン　monostore
（日高慶太、原 千尋）
表紙デザイン　regia
校正　大塚美紀（聚珍社）
編集デスク　平井麻理、木村晶子（主婦の友社）

ISBN978-4-07-448597-0

※この本は 2012 年刊行の『これからの雑木の庭』の内容の一部を変更し、カバーデザインを新たにして刊行したものです。実例紹介のデータは取材時のものです。